D.U.

DeutschUnterricht

5

C.C.Buchner

D.U.

DeutschUnterricht

Herausgegeben von Andreas Ramin und Thorsten Zimmer

D.U. 5

Bearbeitet von Simone Büchler, Ralph Ettrich, Gunter Fuchs, Cora Gierse, Veronika Glaser, Yvonne Goldammer, Stefanie Mauder, Ira Noss, Andreas Ramin, Kristina Schneider, Stefanie Strunz, Elisabeth Thiede-Kumher, Jessica Weppler und Thorsten Zimmer

Zu diesem Lehrwerk sind erhältlich:
• Arbeitsheft 5
• Lehrerband 5

Dieser Titel ist auch als digitale Ausgabe unter www.ccbuchner.de erhältlich.

1. Auflage, 1. Druck 2015
Alle Drucke dieser Auflage sind, weil untereinander unverändert, nebeneinander benutzbar.

Dieses Werk folgt der reformierten Rechtschreibung und Zeichensetzung. Ausnahmen bilden Texte, bei denen künstlerische, philologische oder lizenzrechtliche Gründe einer Änderung entgegenstehen.

Redaktion: Maria Ekwuazi
Layout und Satz: tiff.any GmbH, Berlin
Illustrationen: Anna Brenker, Bamberg
Umschlag: HOCHVIER GmbH und Co. KG, Bamberg
Druck und Bindung: Offizin Andersen Nexö Leipzig GmbH, Zwenkau

www.ccbuchner.de

ISBN 978-3-661-11005-9

Inhaltsverzeichnis

1 Neue Schule, neue Klasse – ich bin gespannt!

Sich kennenlernen, miteinander sprechen und lernen

Das lernst du

- Vor anderen sprechen
- Aktiv zuhören
- Aufmerksamkeit erzeugen
- Gesprächsregeln einhalten
- Eine Meinung begründen
- Ein Lernplakat erstellen
- Mit der Think-Pair-Share-Methode arbeiten
- Ein Interview führen
- Den Schulalltag organisieren

2 Draußen unterwegs

Spannend erzählen

Das lernst du

- Mündlich eine Geschichte erzählen
- Einen Schreibplan aufbauen
- Äußere und innere Handlung einer Erzählung erkennen
- Anschaulich und lebendig erzählen
- Spannung erzeugen
- In Briefen und E-Mails erzählen
- Eine Erzählung überarbeiten

3 Hexen, Gaukler, Zauberer

Sich und andere informieren: beschreiben und berichten

Das lernst du

- Informationen sammeln und ordnen
- Sich auf seine Zuhörer einstellen
- Textsorten und Textfunktionen unterscheiden
- Einen Bericht verfassen
- Einen Gegenstand genau beschreiben
- Eine Person beschreiben
- Eine schriftliche Beschreibung verfassen

4 Die Textdetektive bei der Arbeit

Erzähltexte untersuchen

Das lernst du

- Erzählende Texte kennenlernen
- Merkmale erzählender Texte erkennen
- Erzählende Texte beschreiben
- Texte erschließen
- Leerstellen füllen
- Hörfassungen von Büchern kennenlernen
- Geschichten nacherzählen
- Märchen erfassen
- Geschichten um- und weiterschreiben

5 „Wer lacht, hat Macht!"

Informationen aus Sachtexten gewinnen

Das lernst du

- Literarische Texte von Sachtexten unterscheiden
- Informationen beschaffen
- Im Internet recherchieren
- Sich in einem Text orientieren
- Einen Text inhaltlich auswerten
- Andere über ein Thema informieren
- Konstruktives Feedback geben

6 „Lügen wachsen schneller als Bambus“

Kinder- und Jugendliteratur entdecken und den Mitschülern vorstellen

Das lernst du

- Ein Jugendbuch auswählen
- Die Schauplätze eines Jugendbuchs kennenlernen
- Ein Lesetagebuch zum Jugendbuch führen
- Den Handlungsverlauf eines Jugendbuchs verfolgen
- Figuren in einem Jugendbuch bestimmen
- Die Vorstellung eines Jugendbuchs gliedern

7 Gedichte für mich, Gedichte für dich

Das lernst du

- Sprachliche Bilder verstehen
- Die Form von Gedichten beschreiben
- Ein Gedicht wirkungsvoll vortragen
- Ein Gedicht auswendig lernen

8 Banden

Theater spielen

Das lernst du

- Dialogische Texte kennenlernen
- Einen Text szenisch lesen
- Ein Standbild bauen
- Pantomime spielen
- Gestik, Mimik und Intonation einsetzen
- Eine Szene weiterschreiben
- Eine Rolle spielen
- Eine Theateraufführung erfassen

9 Robbi – ein Roboter lernt die Sprache kennen

Wortbedeutung und Wortbildung

Das lernst du

- Wörter als Sprachzeichen verstehen
- Synonyme, Antonyme und lautmalerische Ausdrücke einteilen
- Ableitungen erkennen
- Zusammensetzungen bilden
- Wortfamilien erweitern
- Wortfelder erstellen
- Gedanken in einer Mind-Map ordnen

10 Ab in die Ferien!

Wortarten unterscheiden und verwenden

Das lernst du

- Die Aufgaben und Formen des Verbs erfahren
- Die Tempusformen des Verbs kennenlernen
- Nomen verwenden
- Pronomen nutzen
- Adjektive und Adverbien einsetzen
- Steigerungsprobe zur Unterscheidung von Adjektiven und Adverbien nutzen
- Präpositionen beschreiben
- Konjunktionen verwenden

11 Und welchen Sport machst du?

Sätze analysieren und Satzglieder bestimmen

Das lernst du

- Satzarten unterscheiden
- Haupt- und Nebensätze unterscheiden
- Umstellprobe anwenden
- Subjekt und Prädikat kennenlernen
- Objekte einsetzen
- Weglassprobe anwenden
- Adverbiale Bestimmungen unterscheiden
- Ersatzprobe anwenden

12 Paulas Welt

Rechtschreibstrategien und Rechtschreibregeln kennen und anwenden

Das lernst du

- Texte sorgfältig schreiben
- Mitsprech-, Nachdenk-, Merkwörter unterscheiden
- Laute und Buchstaben unterscheiden
- Wortzerlegung zum richtigen Schreiben nutzen
- Wortverlängerung beim Schreiben nutzen
- Stammprinzip zum richtigen Schreiben nutzen
- Dehnung erkennen
- Schärfung erkennen
- Großschreibung von Satzanfängen, Nomen und Nominalisierungen beherrschen
- Großschreibung höflicher Anreden anwenden

Das lernst du

- Aussprache und Schreibung des s-Lauts beherrschen
- Schreibung von *das* und *dass* kennen
- Gleich und ähnlich klingende Laute unterscheiden
- Gleichklinger am Wortende und im Wortstamm unterscheiden
- Worttrennung beherrschen
- Zeichensetzung in wörtlicher Rede anwenden
- Zeichensetzung bei Aufzählungen anwenden
- Mit einer Fehlerkartei üben
- Eigene Texte Korrektur lesen
- Mit einem Wörterbuch arbeiten
- Die richtige Schreibung am Computer überprüfen

Das lernst du

- Das Schreiben einer Geschichte planen
- Eine Textseite am Computer übersichtlich gestalten
- Synonym- bzw. Thesaurusfunktion nutzen

Anhang

1 Neue Schule, neue Klasse – ich bin gespannt!

Sich kennenlernen, miteinander sprechen und lernen

1. Beschreibe, was auf den Fotos zu sehen ist. Achte z. B. auf Schülerinnen und Schüler, Lehrkräfte, Kleidung, Unterrichtsmaterialien und Möbel. Benenne Gemeinsamkeiten und Unterschiede der Schulsituationen.

2. Tauscht euch in der Klasse darüber aus, was ihr in eurer Grundschulzeit erlebt habt. Erinnert ihr euch an besondere Lehrerinnen oder Lehrer, interessante Schulstunden oder erlebnisreiche Ausflüge? Erkennt ihr Unterschiede zwischen euren Erzählungen?

Du bist gerade in deiner neuen Schule angekommen und nimmst Kontakt mit deinen neuen Klassenkameraden auf. In diesem Kapitel lernst und trainierst du, …

- … dich und andere in der Klasse vorzustellen,
- … vor und mit deinen Klassenkameraden zu sprechen,
- … anderen gut zuzuhören,
- … Gesprächsregeln einzuhalten,
- … Meinungen zu begründen,
- … deinen Arbeitsalltag zu organisieren.

1

Das bin ich!

Vor anderen sprechen und aktiv zuhören

Wortspeicher

Sonne – Regen – Gewitter – Hund – Katze – Giraffe – Pelikan – reden – schweigen – lachen – rennen – schleichen – spazieren – Badeanzug – Wintermantel – Computerspiel – Ferien – Winter – Mai – Sommer – November – Stadt – Bauernhof – Mathematik – Deutsch – Kunst – Sport – Kino – Freibad

1 Suche dir aus dem Wortspeicher einen Begriff aus, der zu dir passt. Formuliere einen Satz, der begründet, warum du dich genau für dieses Wort entschieden hast.

2 Tragt in Partnerarbeit eure Sätze vor. Antworte auf die Aussage deines Partners, indem du einen der folgenden Sätze beendest:

- Ich finde, das ausgesuchte Wort passt gut zu dir, weil ...
- Ich hätte eher das Wort ‚xy' für dich ausgesucht, weil ...

3 Gestalte nach dem hier abgebildeten Vorbild einen Klassenausweis zu deiner Person. Du kannst weitere Angaben hinzufügen. Ergänze auch ein Foto von dir.

4 Wähle eine Mitschülerin/einen Mitschüler, die bzw. den du mithilfe seines Klassenausweises in der Klasse vorstellen möchtest. Beachte die Ratschläge im Kasten.

Klassenausweis

Name: *Marie Jansen*
Klasse: *5a*
Schule: *Goethe-Gymnasium*
Unterschrift:
Marie Jansen

Alter: *10 Jahre*
Augenfarbe: *blau*
Haare: *lang, blond*
Geschwister: *Jan (2. Kl.)*
Haustier: *Kater Mikesch*
Lieblingsessen: *Spaghetti Bolognese*
Lieblingsfächer: *Deutsch, Sport, Kunst*
Mein größter Wunsch: *den Kilimandscharo besteigen*

Das musst du können

So sprichst du vor anderen

Wenn du vor anderen sprichst, solltest du Folgendes beachten:

- **Leite** deinen Redebeitrag **ein** *(Ich bin Marie und ...)*.
- Beende deinen Beitrag mit einer **Schlussformulierung** *(Habt ihr dazu noch Fragen?, Danke, dass ihr aufmerksam zugehört habt.)*.
- **Bleibe sachlich!** Äußerungen zu Gefühlen solltest du vermeiden.
- Achte auf deine **Lautstärke** und **Körperhaltung** (aufrecht stehen, nicht zappeln).
- Versuche, **Blickkontakt** mit den Angesprochenen zu halten.

5 Während der Vorstellungen hat sich die 5a sehr unterschiedlich verhalten. Entwirf Sprech- und Gedankenblasen zu Personen auf den Bildern. Entwirf auch eine Gedankenblase zu den Gedanken und Gefühlen des nicht im Bild zu sehenden Vortragenden.

Das musst du können

So verfolgst du Gesprächsbeiträge anderer und erzeugst Aufmerksamkeit

Als **Zuhörer** ...

- solltest du während eines Vortrags versuchen, **aktiv** (konzentriert) **zuzuhören**,
- kannst du dir **Notizen** machen, damit du dich besser konzentrieren kannst,
- kannst du **Fragen** notieren, die du am Ende des Vortrags stellen möchtest,
- solltest du dich **ruhig** verhalten, weil es fair und höflich gegenüber der/dem Vortragenden ist.

Auch als **Vortragende/r** kannst du für Konzentration während deines Vortrags sorgen, indem du ...

- erst beginnst, wenn alle ruhig sind,
- immer wieder **Blickkontakt** mit der Klasse hältst,
- deine Zuhörer auf ein Thema deines Vortrags hinweist, das besonders interessant ist,
- die Zuhörer zum Zuhören **motivierst**, z. B. durch Bilder, die du zeigst.

6 Probiert einmal Folgendes aus:

Schritt 1: Die Zuhörer werden in drei Gruppen eingeteilt: Gruppe A malt während der Vorträge ein Bild zu Wörtern aus dem Wortspeicher aus Aufgabe 1, Gruppe B hört einfach zu und Gruppe C fertigt Notizen zum Erzählten an.
Schritt 2: Zwei bis drei Schüler tragen etwas vor, z. B. berichten sie über ihr aufregendstes Ferienerlebnis oder erzählen, wie ihr Lieblingsessen zubereitet wird.
Schritt 3: Nach den Vorträgen fasst jeweils ein Schüler jeder Gruppe das Gesagte zusammen. A beginnt, dann B und C.

Erkennt ihr Unterschiede? Wer hat die meisten Informationen zusammentragen können?

1

Lass uns darüber reden!

Miteinander sprechen, miteinander diskutieren, miteinander arbeiten

1 Beschreibe die Konfliktsituation auf dem Foto. Entwirf Sprech- und Gedankenblasen zu den einzelnen Figuren.

Paula: „Wir sollten einen Schüler-Eltern-Abend organisieren, um alle über das Thema ‚Konflikte in der Schule' zu informieren."
Jakob: „Ich bin der Meinung, dass wir ein Plakat mit …"
Enya dazwischen: „Ach neee! Lasst uns Geschichten von typischen Konflikten sammeln und diese in einer kleinen Broschüre veröffentlichen, damit alle wissen, was manchen Schülern in oder vor der Schule angetan wird."
Samuel: „Ach ja, so eine Broschüre wie damals bei unserer Aktion zur sauberen Umwelt. Das war eine tolle Sache!"
Liam fällt Samuel ins Wort: „Alles Quatsch! Wenn ich Streitereien beobachte, gehe ich gleich zur Schulleitung."

2 Bei ihrem Gespräch über Konfliktsituationen vergessen die Hitzköpfe der 5a, Paula, Jakob, Enya, Samuel und Liam, die Gesprächsregeln. Finde zu jeder Regel ein Fehlerbeispiel aus dem Gespräch.

Das musst du wissen

Gesprächsregeln

- Ich höre anderen **aufmerksam** zu.
- Ich **lasse** andere **ausreden** und falle ihnen nicht ins Wort.
- Ich bleibe **höflich**, auch wenn ich anderer Meinung bin.
- Ich rede **immer zum Thema** und schweife nicht ab.

3 Ergänze zu jeder Gesprächsregel eine Begründung.
Beispiel: *Ich höre anderen aufmerksam zu,* ***weil ich alles Gesagte auch mitbekommen will.***

4 Entwerft in Gruppen ein Rollenspiel als Fortsetzung des begonnenen Klassengesprächs. Beim Spiel vor der Klasse überwachen vier Beobachter jeweils eine der Gesprächsregeln und melden jeden Regelverstoß durch ein Erkennungsgeräusch.

5 Notiere in je einem Satz, welche Absicht Paula, Jakob, Enya, Samuel und Liam mit ihren Äußerungen im Dialog auf der linken Seite verfolgen. Nutze die folgenden Vorschläge.

Wortspeicher

auffordern – Meinung äußern – begründen – informieren – wünschen – danken – wachrütteln

6 Paula hat die Begriffe *Konflikt* und *Schule* in eine Suchmaschine eingegeben. Übertrage die Äußerung über ihre Erfahrung in dein Heft und unterstreiche Textstellen, in denen sie ihre Mitschüler überzeugen möchte, weiter am Thema *Mobbing* zu arbeiten.

Bei meiner Suche nach Infos bin ich immer wieder auf das Thema Mobbing gestoßen. Jetzt bin ich der Meinung, dass wir dazu etwas machen sollten, da ich auch schon an unserer Schule beobachtet habe, wie Schüler immer wieder ausgegrenzt oder gehänselt wurden, aber niemand hat ihnen geholfen. Ich denke auch, viele wissen gar nicht, was Mobbing ist und wie man sich wehren kann.

7 Sollen wir eine Broschüre zum Thema *Mobbing* gestalten oder sogar eine Veranstaltung durchführen? – Gestalte ein Klassengespräch der 5a, in welchem diese Frage verhandelt wird. Achte darauf, dass alle Personen ihre Meinung begründen.

So begründest du deine Meinung

Das musst du können

Wenn du andere von deiner Meinung überzeugen möchtest, musst du deine Positionen klar benennen und begründen. Nutze die folgenden Formulierungen.

- Ich finde es richtig, dass …, weil …
- Dem stimme ich nicht zu, da …
- Meine Meinung ist …, denn …
- Das kann man so nicht sagen, weil …

8 Übe es, deine Meinung zu sagen. Wähle eine der Aufgaben und notiere dein Ergebnis.

- Untersuche noch einmal den Dialog auf der linken Seite. Wer von den fünf Schülern begründet seine Meinung?
- Hilf Jakob, seine Idee eines Plakats mit wichtigen Tipps gegen Mobbing zu begründen.
- Entwickle einen eigenen Vorschlag, wie man mit Mobbing umgehen sollte. Führe dafür mindestens eine Begründung an.

1

ACHTUNG FEHLER!

9 Auf Enyas Vorschlag hin ist dieses Plakat entstanden. Setze Jakobs Kritik daran fort: „Ich finde das Plakat nicht gelungen, weil …“

10 Entwerft in Kleingruppen ein gelungeneres Plakat. Nutzt dazu die folgenden Informationen und den Kasten rechts oben.

Mobbing – Schluss damit!

Wann spricht man von Mobbing?

Von Mobbing spricht man, wenn eine Person über einen längeren Zeitraum von mehreren anderen immer wieder schikaniert wird. Wer ein- oder zweimal geärgert wird, wird noch nicht gemobbt. Erst wenn erkennbar wird, dass sich andere auf ihn „eingeschossen“ haben und dass diese Gemeinheiten immer wieder passieren, spricht man von Mobbing.

Woran erkennt man Mobbing?

In einer Mobbing-Situation herrscht immer ein Ungleichgewicht. Wer gemobbt wird, steht alleine mehreren anderen gegenüber und hat keine Möglichkeit, alleine aus dieser Situation herauszukommen.

Wie wird gemobbt?

Mobbing kann verschiedene Formen haben. Es können körperliche Attacken sein (anrempeln, Bein stellen, verprügeln) oder Angriffe auf die Seele (ausgrenzen, lächerlich machen, Lügen verbreiten). Manchmal werden gezielt Dinge zerstört (Schulsachen, Sportzeug) oder es kommt zu Beleidigungen im Internet („Cybermobbing“).

Das musst du können

So erstellst du ein Lernplakat

Plakate sollen wichtige Informationen möglichst übersichtlich darstellen.

- Schreibe **sauber** und **groß** (Schriftgröße 1 cm = 1 m weit sichtbar).
- Arbeite mit **wenigen Farben**.
- Verwende **Zwischenüberschriften**.
- Vermeide zu viel Text. Gib Informationen mit **wenigen Worten** wieder.
- Nutze **Bilder, Grafiken** und **Zeichnungen**, um dein Plakat zu gestalten.

11 Formuliere zu jedem Ratschlag aus dem Kasten eine Begründung.
Beispiel: *Schreibe sauber und groß,* ***damit die Beschriftung von allen Plätzen aus zu lesen ist.***

12 Formuliert nun gemeinsam einen kurzen Einleitungsvortrag für einen Elternabend zum Thema *Mobbing*. Arbeitet nach der „Think-pair-share-Methode“:

Einzelarbeit: Notiere dir aus dem Text aus Aufgabe 10 Informationen zum Thema *Mobbing*, die du für den Vortrag wichtig findest. Ergänze Vorschläge dazu, was jeder gegen Mobbing tun kann.
Partnerarbeit: Vergleicht eure Ergebnisse und nehmt Ergänzungen vor.
Gruppenarbeit: Formuliert gemeinsam den Einleitungsvortrag für den Elternabend.

Das musst du können

So arbeitest du mit der Think-pair-share (Ich-Du-Wir)-Methode

Wenn du eine umfangreiche und schwierige Aufgabe lösen musst, kann es sinnvoll sein, dass du diese Aufgabe mit anderen zusammen in einer Gruppe erledigst. Dabei kann die Think-pair-share-Methode hilfreich sein:

- Jeder Schüler löst zunächst **in Einzelarbeit** die Aufgabe für sich und notiert sein Ergebnis. Die Zeit dafür ist begrenzt.
- **In Partnerarbeit** tauscht ihr eure Ergebnisse aus.
  Diskutiert die Lösungen und einigt euch auf ein gemeinsames Ergebnis.
- **In einer Gruppenarbeit** (idealerweise sind dies zwei Partnergruppen) stellt ihr eure Ergebnisse der Partnerarbeit vor, diskutiert diese und überarbeitet sie.
- Am Ende der Arbeitsphase präsentiert ihr eure Gruppenergebnisse der ganzen Klasse.

13 Gestaltet zusammen mit eurer/eurem Klassenlehrer/in einen der nächsten Elternabende zum Thema *Mobbing*. Spielt passende Szenen dazu vor. Informiert die Eltern darüber, was Mobbing ist und wen es treffen kann. Präsentiert eure Plakate und diskutiert anschließend mit euren Eltern über das Thema *Mobbing*.

1

Wer nicht fragt, ...

Die neue Schule kennenlernen

A
Enya: „Ich habe schon wieder vergessen, wo der Raum ist, in dem wir heute Englisch haben."

B
Liam: „Für meinen Fahrschein benötige ich noch einen Stempel. Weiß jemand, wo ich das Sekretariat finde?"

C
Samuel: „Mein Vater wollte wissen, wie alt unsere Schule ist. Wer kann mir da weiterhelfen?"

D
Paula: „Die neue Schule ist riesig. Wie viele Schüler werden hier denn unterrichtet?"

1 Erinnere dich: Welche Fragen hattest du an deinem ersten Tag an der neuen Schule? Tauscht eure Erfahrungen aus.

2 Besprecht in Partnerarbeit, wer Enya, Liam, Samuel und Paula weiterhelfen könnte. Übertragt die begonnene Sammlung in euer Heft und ergänzt eure Ideen.

Stempel für den Fahrschein – Sekretariat – **Wer weiß was?** – ...

3 Die 5a möchte eine Schulhauserkundung durchführen. Überarbeitet und ergänzt in Gruppen den Fragenkatalog, sodass er zu eurer Schule passt.

Schulhauserkundung:
- Seit wann gibt es das Goethe-Gymnasium?
- Wie viele Schüler werden von wie vielen Lehrern unterrichtet?
- Mit welchen ausländischen Schulen hat unsere Schule Kontakt?
- Fördert unsere Schule bestimmte Themen oder Fächer (Musik, alte Sprachen ...)?

4 Bereitet in Partnerarbeit ein Interview mit dem Schulleiter vor. Sammelt die Interviewfragen auf einem Stichwortzettel. Ordnet sie nach diesen Oberbegriffen.

Oberbegriffe
Geschichte der Schule – Zahlen und Daten – Partnerschaften der Schule – Besonderheiten der Schule

Das musst du können

So führst du ein Interview durch

Interviews (engl. für „Gespräch“ oder „Befragung“) kennst du sicherlich aus dem Fernsehen. Damit du wichtige Informationen gewinnst, solltest du wie folgt vorgehen:

- Überlege dir **vor der Befragung**, wen du interviewen willst. Vielleicht brauchst du einen Termin.
- Notiere **alle Fragen** auf einem Stichwortzettel. Sortiere diese nach bestimmten Oberthemen (Geschichte der Schule, Zahlen und Daten, aktuelle Entwicklungen ...).
- Eröffne das Gespräch mit einer **freundlichen Begrüßung** und nenne den Grund für das Interview.
- Rede **laut** und **deutlich**.
- Lasse deinen Gesprächspartner **ausreden**.
- **Frage nach**, wenn du etwas nicht verstanden hast.
- **Bedanke dich am Schluss** beim Interviewten für die Zeit und die Informationen.

5 Du hast nun vieles über deine Schule zusammengetragen. Ordne deine Ergebnisse und gestalte mit ihnen eine Seite in deinem Heft.

6 In vielen Schulen lernen auch Schülerinnen und Schüler, die nicht in Deutschland geboren sind. Sie selbst oder ihre Eltern/Großeltern sind in anderen Ländern zur Schule gegangen. Wenn diese Schüler Lust haben, etwas über ihr Land zu erzählen, interviewe sie doch zum Schulsystem ihrer Heimatländer.

- Fasse in einem Kurzvortrag die Aussagen des Interviewpartners zusammen.
- Erstelle ein Plakat zum fremden Schulsystem. Sammle dazu weitere Informationen.
- Verfasse einen Artikel für die Schülerzeitung („Schule hier und anderswo“), in dem du das fremde Schulsystem vorstellst und mit dem deutschen System vergleichst.

Tipp

Es gibt viele Möglichkeiten, Informationen zu deiner Schule zu sammeln:

- Info-Tafeln im und am Gebäude
- Chronik der Schule, Jahrbücher, Schulschriften, alte Fotos
- Homepage der Schule, Webseiten über die Schule (z.B. Wikipedia.de), Blogs ehemaliger Schüler
- Schulleitung oder andere langjährig Beschäftigte

Beachte: Bei allen Informationsquellen solltest du auf die Glaubwürdigkeit achten. Eine Schulchronik liefert meistens ernsthaftere Antworten als die Blogs Ehemaliger.

1

Wie schaffe ich das bloß?

Das Lernen organisieren

1 Jakob hat immer wieder Schwierigkeiten, seine Aufgaben für die Schule zu erledigen. Betrachte die Bilder seines Schreibtisches und seiner Schultasche und sammle Gründe, woran das liegen könnte.

2 Sprecht in der Klasse über Strategien, wie und wann man seine Schultasche packen sollte. Gestalte anschließend ein Infoblatt mit Hilfen und Tipps zum Thema *Meine Schultasche*. Klebe dieses Blatt in dein Hausaufgabenheft oder lege es vorn in deinen Ordner.

3 Für die Schularbeiten benötigst du auch einen passenden Arbeitsplatz. Wähle eine der folgenden Aufgaben.

- Zeichne den idealen Arbeitsplatz und beschrifte deine Zeichnung.
- Gestalte einen Werbeflyer zum Thema *Der ideale Arbeitsplatz*. Notiere wichtige Informationen zur Organisation des Arbeitsplatzes. Füge auch kleine Zeichnungen ein.
- Beschreibe den idealen Arbeitsplatz in einem kurzen Text für ein Elternmagazin. Führe auch negative Beispiele an und gib den Eltern Tipps, wie sie ihre Kinder unterstützen können.

4 Ergänze die folgenden Satzanfänge.

- Hausaufgaben sind für mich wichtig, weil …
- Ich erledige die Hausaufgaben immer gleich/erst …

5 Tragt eure Sätze in der Klasse vor. Besprecht gemeinsam Schwierigkeiten, die euch bei der Erledigung der Hausaufgaben begegnen. Beachtet die Gesprächsregeln (→ S. 16).

6 Entwickelt Lösungsvorschläge, um Schwierigkeiten bei der Erledigung von Hausaufgaben zu vermeiden. Arbeitet nach der „Think-pair-share-Methode“ (→ S. 19).

- **Einzelarbeit:** Lege eine Tabelle mit drei gleich großen Spalten an. Sammle in der ersten Spalte typische Probleme, die bei der Erledigung von Hausaufgaben auftreten. Notiere in der Spalte daneben zu jedem Problem einen möglichen Grund.
- **Partnerarbeit:** Vergleicht eure Ergebnisse und ergänzt die Tabelle.
- **Gruppenarbeit (zwei Partnergruppen):** Tragt eure Ergebnisse zusammen und überlegt zu jedem Problem einen sinnvollen Lösungsvorschlag. Gestaltet abschließend mit euren Ergebnissen ein Lernplakat (→ S. 19).

Probleme bei Hausaufgaben	Mögliche Gründe	Lösungsvorschläge
Ich kann mich während der Hausaufgaben nicht richtig konzentrieren.	*Ich erledige Hausaufgaben immer direkt, wenn ich nach Hause komme, ohne eine Pause.* *Während ich die Hausaufgaben mache, läuft …*	… *Schaffe dir eine stille Arbeitsumgebung.*
…		

7 Stellt euch in der Klasse die Plakate gegenseitig vor. Beurteilt die Vorschläge nach ihrer Machbarkeit. Gibt es Lösungsansätze, die du auf alle Fälle einmal ausprobieren möchtest?

So kannst du deinen Schulalltag organisieren

Das musst du können

Neue Schule, neue Fächer, neue Lehrer – das heißt oft auch mehr Stunden, anspruchsvollere Hausaufgaben und weniger Freizeit. Hier findest du einige kleine Tipps, wie du den „Schulstress“ meistern kannst.

- Packe jeden Abend deine Schultasche. Nimm nur Materialien mit, die du am nächsten Tag benötigst.
- Schaffe dir zu Hause einen gut organisierten Arbeitsplatz, an dem du in Ruhe deine Hausaufgaben erledigen kannst.
- Führe ein Hausaufgabenheft in Form eines Kalenders, in dem du alle Aufgaben einträgst, am besten an dem Tag, zu dem die Hausaufgabe erledigt werden muss.
- Führe einen sauberen Hefter, so findest du für Hausaufgaben und zur Vorbereitung auf Klassenarbeiten schnell wichtige Informationen.

8 Tauscht euch in der Klasse aus: Sammelt auf einem Plakat Probleme, die durch die neue Schulsituation auftreten. Widmet euch jeden Tag einem Problem und formuliert gemeinsam Tipps zur Lösung.

1

Was DU schon kannst!

Kompetenztest

Vor anderen sprechen

1 Der abgebildete Schüler möchte seinen Vortrag beginnen. Notiere aufgrund des Fotos, welche Fehler er dabei macht.

Gesprächsbeiträge anderer verfolgen und Aufmerksamkeit erzeugen

2 Ergänze die Sätze um jeweils zwei Hinweise:

- Um als Vortragender die Aufmerksamkeit und Konzentration deiner Zuhörer zu sichern, kannst du …
- Um als Zuhörer einem Vortrag besser folgen zu können, kannst du …

Gesprächsregeln kennen

3 Notiere drei Gesprächsregeln, gegen die im folgenden Gespräch verstoßen wird.

A *Enya:* „Wir sollten auch die Klassenpaten bitten, uns bei dem Thema zu unterstützen."

B *Samuel:* „Oh nein, da ist eine Klassenkameradin meines Bruders dabei. Die mag ich überhaupt nicht, die nervt nur. Vielleicht kö…"

C *Liam:* „Was du sagst, ist doch Quatsch. Die Klassenpaten haben uns beim letzten Mal auch …"

D *Paula:* „Ich hab' noch eine Idee. Wir könnten die Klassenpaten bitten, uns zu unterstützen."

Die Wirkungsabsicht von Äußerungen erkennen

4 Notiere zu jeder Aussage 1) bis 5) die entsprechende Wirkungsabsicht a) bis g).

1) Viele haben eine gute Note in der Klassenarbeit.
2) Ihr müsst endlich mehr lernen!
3) Hoffentlich haben sich die Übungen gelohnt.
4) Gute Klassenarbeit, weil viele von euch gelernt haben!
5) Schön, dass alle die Hausaufgaben erledigt haben!

a) auffordern
b) Meinung äußern
c) begründen
d) informieren
e) wünschen
f) danken
g) wachrütteln

5 Die 5a sammelt Vorschläge für einen Klassenausflug. Schreibe die Vorschläge ab und ergänze die fehlenden Begründungen.
Beispiel: *Enya: „Wir sollten ins Freibad fahren,* ***weil jeder gern schwimmt und man an der frischen Luft ist.***"

Enya: „Wir sollten ins Freibad fahren."
Samuel: „Nein, besser in den Freizeitpark."
Tarek: „Ich will lieber wandern und den Wald erforschen."
Paula: „Ein Museumsbesuch wäre doch eine gute Idee."
Liam: „Museen sind immer langweilig! Kanufahren ist cool, und danach grillen wir."

Die eigene Meinung begründen können

6 Kreuze die Person an, die dir am ehesten Auskunft geben kann. Beachte, dass auch mehrere Lösungen richtig sein können.

Durch gezieltes Fragen notwendige Informationen beschaffen

Frage	Schulleiter	Lehrer	Sekretärin	Hausmeister	Schüler
Wo finde ich den Fachraum Biologie?					
Wo bekomme ich ein Kühlpad für meine Beule?					
Wer kann mir eine Luftpumpe leihen?					
Wie viele Lehrer unterrichten an der Schule?					
Wer bewahrt Fundsachen auf?					
Wann findet das Berufspraktikum statt?					

7 Schreibe die Zahlen mit den richtigen Lösungen auf.

Das Lernen organisieren

Auf einen gut organisierten Schreibtisch gehören …

1) Stifte
2) Handy/Smartphone
3) Spielzeug/Spielkonsole
4) Lampe
5) benötigte Arbeitsmaterialien
6) Papierreste
7) ein Getränk
8) leere Colaflaschen
9) Radio
10) Taschenrechner/Wörterbuch

2 Draußen unterwegs

Spannend erzählen

1 Beschreibt die Bilder und ergänzt euch gegenseitig.

2 Erzählt in Gruppen eigene Geschichten, die zu den Bildern passen. Achtet darauf, dass ihr nicht nur von den Ereignissen berichtet, sondern dass ihr sie „erzählt“.

Während die Jugendlichen in diesem Kapitel „draußen unterwegs" sind und du von deinen eigenen Abenteuern erzählst, lernst und trainierst du, …

… Bekannten oder Freunden etwas zu erzählen,
… das Schreiben deiner Erzählungen zu planen und dir Wichtiges zu notieren,
… deine Erzählung spannend auszugestalten,
… deine Erzählungen sprachlich lebendig und anschaulich zu formulieren,
… Erzählteile und Reizwörter auszugestalten,
… in Briefen und E-Mails Geschichten zu erzählen,
… Erzählungen zu überarbeiten.

2

Und das hast du wirklich erlebt?

Jemandem etwas mündlich erzählen

„… und dann sind wir immer weitergegangen, es ist sehr steil gewesen. Und dann ist es noch steiler geworden. Könnt ihr euch vorstellen, wie anstrengend das gewesen ist? Doch das wäre noch nicht so schlimm gewesen. Doch am Horizont sind dunkle Wolken aufgezogen! Mir ist ganz anders geworden. Doch meine Mutter hat mich angetrieben: ‚Beeil dich!' Aber ich habe nicht mehr gekonnt. Plötzlich habe ich den Donner gehört. Und meine Beine sind schwer wie Blei gewesen. Und dann ist auch noch ein Blitz gekommen."

1 Lies Emmas Ferienerzählung laut vor und achte auf die Wirkung. Formuliert in Partnerarbeit mithilfe der Satzanfänge eine Rückmeldung.

- Emma, gut gefällt mir …
- Ich kann mir gut vorstellen …
- Nicht so gut gefällt mir …
- Überlege dir doch …

Das musst du können

So erzählst du deinen Zuhörern mündlich eine Geschichte

Erzähle mündlich im **Perfekt** (→ S. 175) und achte darauf, dass die Zuhörer sich deine Erlebnisse genau vorstellen und mit dem Geschehen mitfiebern können. Schildere dazu **Sinneseindrücke, Stimmungen** und **Gefühle** und verwende bei Gedanken die **direkte Rede**. Erzähle an spannenden Stellen auch im Detail. Vermeide Wiederholungen, suche treffende Ausdrücke und verändere je nach Situation deinen Tonfall (lauter, tiefer, schneller …) und deine Gestik (→ S. 147).

2 Überarbeitet in Kleingruppen Emmas Erzählung mithilfe des Kastens.

3 Überprüft eure Ergebnisse in der Klasse und wählt dazu eine der folgenden Möglichkeiten.

- Lies den überarbeiteten Text laut vor.
- Lies den überarbeiteten Text und begründe deine Veränderungen.
- Erzähle auf der Grundlage eurer Überarbeitung aus Aufgabe 2 frei von dem Erlebnis.

4 Emma hat sich für ihre Erzählung vor der Klasse einen Stichwortzettel geschrieben, der ihr beim mündlichen Erzählen helfen soll. Verbessere ihn zusammen mit einem Partner. Notiert an eurem Beispiel, was ihr bei einem Stichwortzettel für wichtig erachtet.

ACHTUNG FEHLER!

Stichwortzettel
- Wir sind lange gegangen.
- steil, sehr steil
- Dann auch noch Gewitter!
- Mama sagte, ich soll mich beeilen.
- Ich konnte nicht mehr.

5 Beurteile die abgebildeten Körperhaltungen und wähle dazu eine Aufgabe.

- Beschreibe die Bilder und gib an, wem du beim Erzählen zuhören möchtest.
- Nenne drei Gründe für deine Entscheidung, wem du beim Erzählen zuhören möchtest.
- Erstelle mithilfe der Bilder eine Liste mit Kriterien für eine geeignete Körperhaltung und einen lebendigen Tonfall.

6 Probiert in Kleingruppen für die folgenden Sätze unterschiedliche Körper- und Sprechhaltungen beim Erzählen aus. Macht euch Notizen zur Wirkung und gebt euch gegenseitig eine Rückmeldung (→ S. 100).

- „Im letzten Sommerurlaub unternahm ich mit meiner Familie eine Wanderung in den Berchtesgadener Alpen."
- „Ich zuckte heftig zusammen, als es direkt über uns blitzte."
- „Erleichtert und erschöpft trafen wir am frühen Abend in unserer Pension ein."

7 Wer erzählt am besten? Richtet in eurer Klasse einen Erzählwettbewerb aus. Entscheide dich für eine Geschichte, die du erzählen möchtest, und berücksichtige dabei alle Aspekte mündlichen Erzählens, die du hier gelernt hast.

2

Der erste Schritt

Den Aufbau einer Erzählung planen

1

2

3

4

1 Bringe die Bilder in die richtige Reihenfolge. Begründe deine Anordnung. Notiere zu jedem Bild in wenigen Stichwörtern, was zu sehen ist.

2 Vergleicht in der Klasse eure Ergebnisse und diskutiert, welches die spannendste Stelle ist.

3 Die Bilder zeigen dir nur die wichtigsten Erzählschritte der Handlung. Schreibe auf, was zwischen den Bildern passieren könnte.

4 Notiere in Stichpunkten, wie es zu der Wanderung kommt und wie sie endet. Begründe, warum diese Informationen zu einer Erzählung dazugehören.

5 Ordne deine Stichpunkte und die Bilder den Erzählteilen Einleitung, Hauptteil und Schluss zu.

6 Erstelle eine Tabelle mit den Spalten Einleitung, Hauptteil und Schluss und ordne die im Wortspeicher alphabetisch geordneten Begriffe richtig zu.

Wortspeicher

Auflösung – Aufregendes – ausführlich – Details – Ergebnis – Folgen – größte Spannung – Happy End – Hinführung – neugierig machen – Ort – Personen – Spannungssteigerung – Überraschung – Zeit

Das musst du können

So baust du eine Erzählung mit einem Schreibplan auf

Ein **Schreibplan** hilft dir, eine Erzählung folgerichtig aufzubauen. Hier notierst du dir in Stichpunkten wichtige Erzählschritte zum Ablauf der Geschichte.
In der **Einleitung** beantwortest du die W-Fragen (Wer? Wo? Was? Wann?) und weckst das Interesse des Lesers.
Im **Hauptteil** – er enthält den **Höhepunkt** der Geschichte – erzählst du anschaulich und in logischen Erzählschritten, was passiert. Du steigerst die Spannung.
Im **Schluss** erzählst du, wie die Geschichte ausgeht oder welche Folgen sie hat.
Erzählzeit ist das Präteritum.

7 Wähle eine der folgenden Aufgaben aus.

- Notiere in Stichpunkten einen Schreibplan zur „Höhlengeschichte“ und erzähle sie mündlich mit dessen Hilfe.
- Erarbeite mithilfe der folgenden Bilder den Schreibplan zu einer Geschichte mit der Überschrift „Die Mutprobe“.
- Erarbeite mithilfe der folgenden Bilder den Schreibplan zu einer Geschichte mit der Überschrift „Die Mutprobe“ und erzähle sie mündlich mit dessen Hilfe.

1

2

3

2

Mir ist ganz schön mulmig zumute

Innere und äußere Handlung gestalten

1 Erzählt lebendig und spannend zu den Bildern. Wechselt euch nach jedem Bild ab.

2 Führt in Partnerarbeit ein Brainstorming durch. Sammelt dazu eure Ideen, was am Ende der Geschichte passieren könnte, und schreibt sie unsortiert auf ein Blatt Papier um den Begriff „Ende der Geschichte“ herum. Diskutiert und stimmt ab, welche Idee am besten zu den vorgegebenen Bildern passt.

3 Ordne die Begriffe aus dem Wortspeicher einzelnen Bildern zu.

Wortspeicher

Beunruhigung – Vorfreude – Vergnügen – Furcht – Verzweiflung

4 Beschreibe die Sinneseindrücke und Empfindungen von Jonas in den einzelnen Bildern: Was sieht, hört, riecht oder spürt er?

5 Formuliere die Gedanken, die Jonas im dritten und vierten Bild durch den Kopf gehen könnten.

6 Übertrage die Tabelle in dein Heft und vervollständige sie in Stichpunkten.

Bild	äußere Handlung (was man sehen kann)	innere Handlung (Gedanken und Gefühle)
1		
2	*liest im Baumhaus*	
3		*beunruhigt, leicht ängstlich*
4		

Äußere und innere Handlung

Das musst du wissen

Die **äußere Handlung** in einer Erzählung beschreibt Ereignisse und Taten, die du beobachten kannst.
Gedanken und Gefühle spielen sich in einer Person ab. Deshalb bezeichnet man dies als **innere Handlung**. Die Darstellung der inneren Handlung trägt zur Spannung einer Geschichte bei. Du musst sie deshalb mit treffenden Verben und Adjektiven anschaulich beschreiben.

7 Liam fährt gern Skateboard und möchte zum ersten Mal einen neuen Sprung ausprobieren. Wähle eine der folgenden Aufgaben.

- Beschreibe mithilfe des Bilds seine Gefühlslage.
- Wie geht es Liam vor seinem Sprung? Schreibe einen kurzen Erzählausschnitt und kennzeichne innere und äußere Handlung.
- Liam hat seinen neuen Sprung geschafft. Schreibe die komplette Geschichte und kennzeichne innere und äußere Handlung.

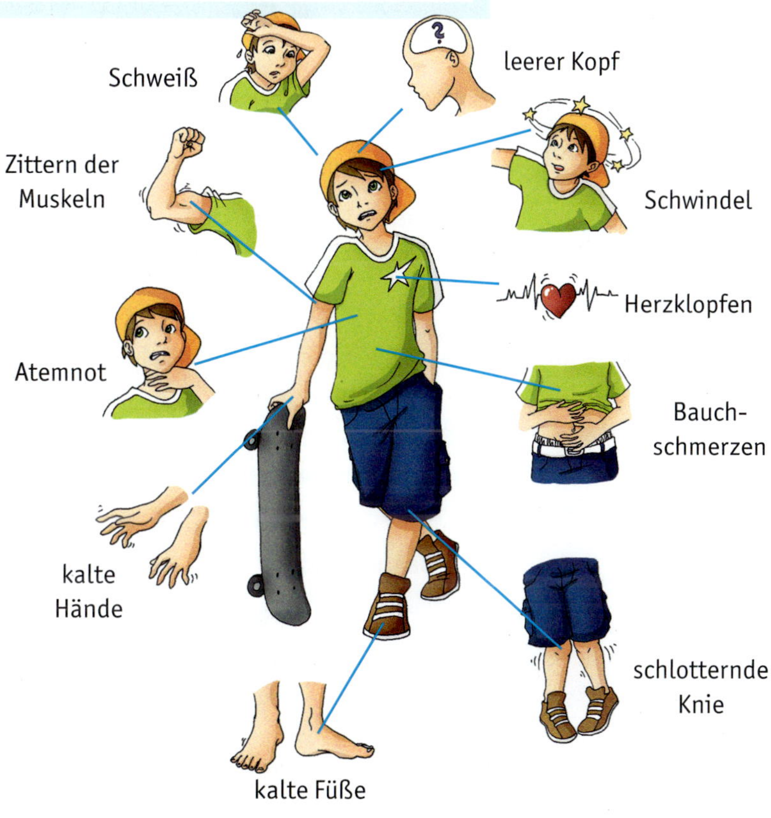

2

Ich kann mir gut vorstellen, was passiert ist

Anschaulich und lebendig erzählen

1 Jonathan besucht mit seinen Eltern während eines Campingurlaubs einen Waldseilgarten. Stelle mit einem Partner möglichst anschauliche Adjektive und Verben zusammen, die zu den Bildern passen.

2 Notiere zu jedem Bild, was Jonathan denken könnte und was er seinen Eltern zuruft.

3 Beschreibe Jonathans Sinneseindrücke und verwende dazu folgende Satzanfänge:

- Jonathan sah …
- Es roch nach …
- Er hörte …
- Er fühlte unter seinen Füßen …
- Seine Hände spürten …

4 Ergänze die begonnenen Wortfelder (→ S. 163), um Jonathans Gefühle im Waldseilgarten zu beschreiben.

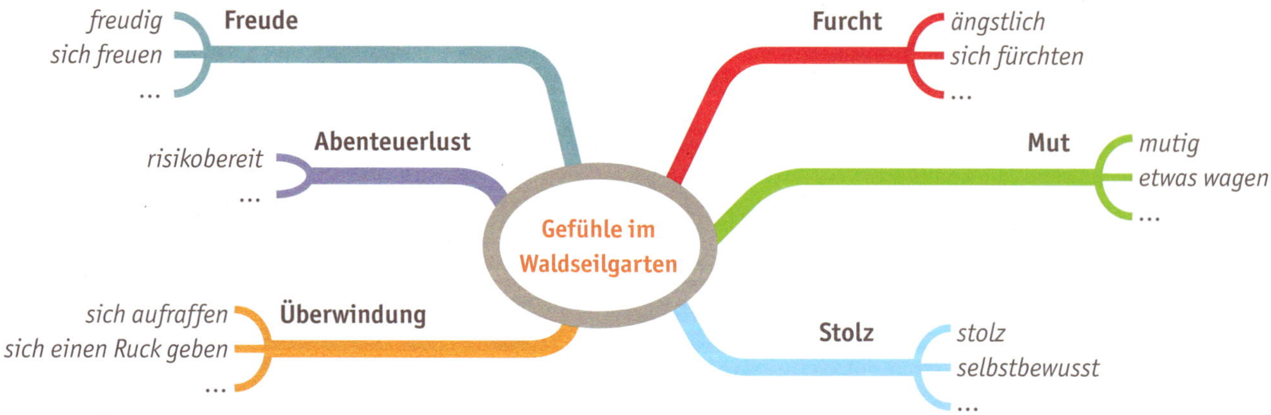

5 Am nächsten Morgen erzählt Jonathan seinen Eltern, dass er eine unruhige Nacht hatte. Überarbeite den Text und ersetze dabei *sein* und *machen* durch ausdrucksstarke Verben.

Nach dem anstrengenden Tag im Waldseilgarten wart ihr schnell eingeschlafen. Es ***war*** *schon weit nach Mitternacht. Plötzlich* ***war*** *da ein Geräusch. Ohne auch nur ein Rascheln zu* ***machen****, stieg ich aus meinem Schlafsack und griff vorsichtshalber nach meiner Taschenlampe. Ein Blick zu Papa verriet mir, dass er tief und fest schlief. Auf allen Vieren* ***machte*** *ich mich zum Zelteingang auf. Stück für Stück* ***machte*** *ich den Reißverschluss auf, bis ich in der kühlen Nachtluft war. Sekundenlang lauschte ich nach draußen. „Da* ***war*** *wohl doch nichts!“,* ***machte*** *ich mich für einen Moment ruhig und schüttelte den Kopf. Doch wohl fühlte ich mich dabei nicht! „Grrch“,* ***machte*** *es wieder.*

So erzählst du anschaulich und lebendig

Das musst du können

Damit du deine Zuhörer oder Leser fesselst, formuliere

- mit **ausdrucksstarken** Adjektiven und Verben,
- **Details** der Umgebung,
- **Sinneseindrücke** und **Gefühle** mit verschiedenen Wortarten,
- die **Auswirkungen** von Gefühlen,
- Gedanken und wörtliche Rede in Anführungszeichen mit passenden Redebegleitsätzen: *Jonathan jauchzte vor Vergnügen: „Yippie – dieses Kribbeln im Bauch ist echt super!“*

6 Erstellt **in Gruppen** zu den Begriffen *Dunkelheit* und *Mut* ein Lernplakat mit anschaulichen und lebendigen Formulierungen. Wählt dazu einen der beiden Begriffe aus und verwendet auch die Tipps aus dem Kasten.

7 Formuliere anschaulich und lebendig, wie Jonathans Erlebnis in der Nacht weitergeht.

- Führe den Text fort und verwende die angegebenen Wörter.

  Ich schlich mit der Taschenlampe in der Hand auf das Gebüsch neben unserem Zelt zu. Dort … Licht aus … lautlos … horchen … Mut sammeln … großer Schritt … leuchten … nur ein Wasserhahn.

- Schreibe die Erzählung passend zum Bild weiter.

- Führe Jonathans Erzählung mit einer eigenen Idee weiter.

2

Da halte ich die Luft an!

Erzählteile spannend ausgestalten

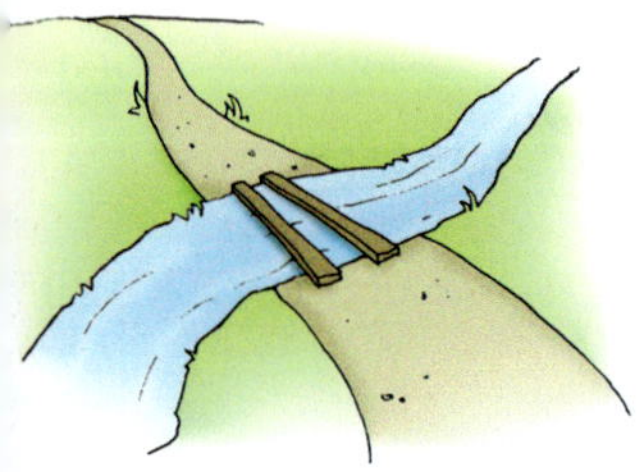

Die Radtour
Am Nachmittag unternahm die Klasse 5b vom Schullandheim aus eine Fahrradtour im Wald nahe Nüdlingen, bei der sie vom Weg abkam, weil dieser – von sehr viel nassem Laub bedeckt – nicht zu erkennen war. Nach einer turbulenten Fahrt durch den Wald abseits jedes Wegs stand die ganze Klasse vor der Entscheidung, den Bach auf einer schmalen Holzlatte, die als notdürftige Brücke von einem Jäger verwendet wurde, zu überqueren. Als Jana als Letzte über die Latte fuhr, brach diese, woraufhin das Mädchen in den Bach fiel. Ein LKW-Fahrer brachte das durchnässte Kind zurück zum Schullandheim.

1 Spannend ist aber anders! Erzähle die Ereignisse der Radtour aus Janas Sicht.

2 Sammelt Ideen, wie ein Regisseur den spannenden Höhepunkt verfilmen würde. Spielt diese Szene pantomimisch nach (→ S. 146) und beschreibt, wie sie auf euch wirkt.

3 Formuliere in den Sätzen „in Zeitlupe“, also detailgenau, was in kürzester Zeit passiert ist. Als Hilfe kannst du den angegebenen Wortspeicher verwenden.
Beispiel: *Ich steuerte mein Rad auf die Holzlatte zu. Als ich direkt über dem Bach war, brach die Latte.*

Wortspeicher
Gleichgewicht – hörte ein Knacksen – verlor den Halt – kalt – nass – Vorderrad – trat vorsichtig – konzentrierte mich – schrie auf – anderes Ufer – Brett federte – Holz gab nach

4 Sammle zusammen mit einem Partner treffende Wendungen, die beschreiben, wie Jana sich fühlt. Verwende anschließend diesen Wortspeicher und beschreibe Janas Gefühlslage.

Die Nachtwanderung
„Nach dem Abendessen treffen wir uns vor der Haustür zur Nachtwanderung! Das wird etwas ganz Besonderes!“, kündigte Frau Ledermann, die Lehrerin der 5b, an. Ausgerüstet mit festen Schuhen, Jacken und Taschenlampen versammelten sich die Schüler. Ralf überprüfte noch einmal seine Batterien, da hatte sich die Klasse schon in Bewegung gesetzt. Er bildete vorerst das Schlusslicht der Gruppe – ausgerechnet gemeinsam mit Max! Schon nach ein paar Minuten erreichten die Schüler den Wald, in dem es so dunkel war, dass …

5 Nenne die Formulierungen, die Spannung erzeugen, und wodurch ihnen das gelingt.

6 Sammle mehrere Ideen, was bei der Nachtwanderung passieren könnte. Wähle dazu eine der folgenden Aufgaben.

- Beantworte die W-Fragen: Wer könnte auftauchen? Wo taucht er auf? Welches Ziel hat er? Warum? Wie und womit erreicht er sein Ziel?
- Sammle in einer Liste Ideen, was während der Nachtwanderung passieren könnte.
- Übertrage die Mind-Map in dein Heft und ergänze die Hauptäste der Mind-Map.

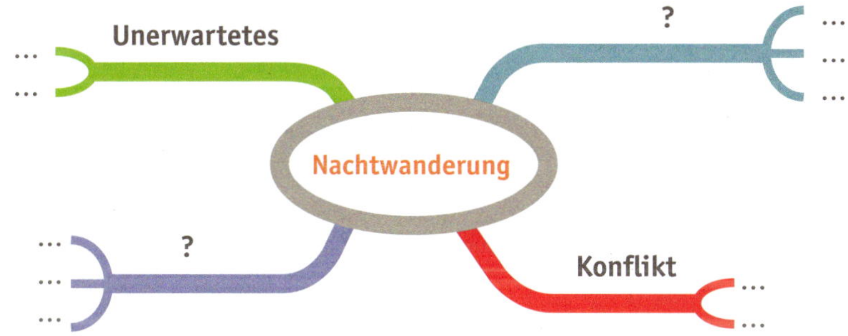

7 Überprüft in Partnerarbeit, welche der in Aufgabe 6 gefundenen Ideen am besten zu den Vorgaben passt und am spannendsten ist. Klammert die ungeeigneten Einfälle ein.

8 Die Überschriften der Erzähltexte in diesem Teilkapitel sind nicht besonders spannend. Finde neue Formulierungen und einigt euch in der Klasse auf die spannendste Alternative.

Das musst du können

So kannst du Spannung erzeugen

Damit deine Leser und Zuhörer mitfiebern, wie es weitergehen könnte, kannst du folgende Mittel einsetzen:

- Du schilderst innere Konflikte der Figuren.
- Du deutest an, was passieren wird.
- Du lässt Unerwartetes oder Unheimliches geschehen.
- Du schilderst ein Geschehen „in Zeitlupe".
- Du findest eine spannende und passende Überschrift.

9 Damit Jana die Erlebnisse im Schullandheim nicht vergisst, hat sie sich Stichpunkte zur Erinnerung notiert. Wähle eine Reizwortreihe aus und erzähle mit deren Hilfe eine spannende Geschichte, die an einem Tag im Schullandheim passiert sein könnte.

1) Experimente am Bach	2) klatschnass	3) Rettung
1) Abschlussabend	2) Akrobatik	3) Applaus

2

Viele Grüße aus dem Urlaub ☺!

In Mails und in Briefen erzählen

An: familie.reinhardt@web.com

Betreff: Urlaubsgrüße

Signatur: Ohne

E-Mail-Größe: 637 KB   Bildgröße: Originalgröße

Hallo Oma, hallo Opa!
Heute sind wir im Schwarzwald angekommen. Unser erster Ausflug führte uns auf den Berg Schauinsland, auf dem ihr ja auch schon einmal gewesen seid. Mama und Papa entschieden, dass wir nach oben wandern sollten – dabei gab es auch eine Seilbahn. Mann, war das mega-anstrengend! Im Anhang schicke ich euch ein Foto, das ich auf dem Weg gemacht hab. Oben stärkten wir uns dann mit Kässpätzle, bevor wir das Bergwerk besichtigten. Alle wurden mit Helmen und Lampen ausgestattet. Das war cool! Im Inneren des Bergs erklärte uns der Führer, dass hier Erz abgebaut wurde. Früher wurden viele Leute von herabfallenden Steinbrocken erschlagen. Mir wurde ganz schön mulmig. Zum Glück kamen wir heil wieder heraus. ☺
Ist Opas Arzttermin gut verlaufen?

Viele Grüße
Franziska mit Mama und Papa

Foto.jpg
620 KB

Zürich, 4. August 2014

Liebe Oma, lieber Opa!
Mittlerweile sind wir in die Schweiz weitergefahren. Vorgestern sind wir einen ganzen Tag lang durch Zürich gelaufen. Puh! Gestern konnte ich Mama davon überzeugen, dass ich auch mal das Programm bestimmen durfte. Natürlich suchte ich mir einen Ausflug in den Zoo aus. Es gab zum Beispiel eine Giraffenterrasse, sodass wir auch mal das Gesicht von Nahem sehen konnten. Das hätte euch sicher auch gefallen! Später konnten wir uns mit den Robben fotografieren lassen. Die Bilder zeigen wir euch dann, wenn wir wieder daheim sind. Es hat mir so viel Spaß gemacht, die Tiere zu beobachten, dass ich bald noch einmal in einen Zoo möchte. Habt ihr Lust, diesen Ausflug dann mit mir zu unternehmen? Morgen fahren wir weiter nach Italien und sind dann endlich am Strand!

Grüezi aus der Schweiz
Franziska, Angela
und Christoph

Franziska Reinhardt
Apfelweg 7
CH- 8029 Zürich

An
Renate und Peter Reinhardt
Bertolt-Brecht-Straße 17 b
D- 86179 Augsburg

1 Vervollständige die Tabelle im Heft, um Brief und E-Mail miteinander zu vergleichen. Tauscht euch auch in der Klasse darüber aus.

	E-Mail	Brief
Adresse		
Anlass und Zweck		
Gestaltung/Schrift		
Versanddauer		
Kosten		
...		

2 Franziska spricht in ihrem Brief und in ihrer E-Mail Oma und Opa direkt an. Sammle in der Tabelle in deinem Heft die Stellen, in denen das zum Ausdruck kommt.

Echte Fragen an die Adressaten	Formulierungen zum Nachvollziehen der Erlebnisse	Erwähnung von Verbindendem/ Gemeinsamem
	Mann, war das mega-anstrengend!	...auf dem ihr ja auch schon einmal gewesen seid.

3 Formuliere eine der beiden SMS zu einem Brief oder einer E-Mail um, baue sie entsprechend aus und binde die Adressaten in deine Erzählung ein.

Hey! Grüße aus Italien! Gestern waren wir wieder am Strand. Dieses Mal gab's voll viele Quallen. Würg! Lg, Franzi

Heute waren wir in Pisa – hab den Schiefen Turm gesehen, sind sogar hochgegangen. Cool, aber auch echt ein bisschen gruselig! Gleich gehen wir Pizza essen :-) Ciao, F.

So erzählst du in E-Mails und Briefen

Das musst du können

- Du sprichst den Leser direkt an.
- Du erzählst, was den Leser interessieren könnte.
- Du beziehst dich auf den Leser, indem du Gemeinsames und Verbindendes erwähnst.
- Sowohl im Brief als auch in der E-Mail formulierst du vollständige Sätze.
- Du beachtest die äußere Form.
- Einen Brief schreibst du in Handschrift, deshalb ist er noch persönlicher. Bemühe dich um eine saubere Gestaltung.
- Mit einer E-Mail kannst du z.B. Fotos als Anhang verschicken.

4 Stellt vor den Ferien Lose mit den Adressen aller Schüler eurer Klasse her. Schreibt euch dann gegenseitig Postkarten oder Briefe aus den Ferien.

2

Das kannst du noch besser!

Erzählungen gemeinsam überarbeiten

1 Stelle Merkmale und Tipps für eine lebendige und spannende Erlebniserzählung zusammen. Wähle dazu eine der Aufgaben.

- Formuliere Tipps für eine gelungene Erlebniserzählung.
- Erstelle eine Mind-Map zum Thema „eine gute Erlebniserzählung".
- Erstelle ein strukturiertes Lernplakat.

2 Schreibe zu den Bildern eine vollständige Erlebniserzählung.

3 Jakob möchte seine Erzählung mit Hilfe verschiedener Proben überarbeiten. Führt in Partnerarbeit die verschiedenen Proben durch, indem ihr die Sätze und je nach Probe eine Variante laut vorlest. Notiert die Variante, die euch besser gefällt.

Schock auf dem See
Es fing alles damit an, dass Jan zum Starnberger See ging. Er hatte zu seinem Geburtstag einen Schwimmreifen gekriegt. Er wollte ihn gleich ausprobieren. Im See waren schon seine Freunde, die mit einem Ball spielten. Er legte seinen Reifen ins Wasser. Dann setzte er sich in den Reifen rein. (...)

Tipp

- Bei der **Ersatzprobe** tauschst du einzelne Wörter aus.
- Bei der **Erweiterungsprobe** fügst du weitere Wörter oder einen neuen Satz ein.
- Bei der **Verschiebeprobe** veränderst du den Satzbau.

4 Paula hat ihre Erzählung den anderen Schülerinnen und Schülern gezeigt. Sie haben für sie die Textlupe auf der rechten Seite ausgefüllt. Ergänze einen weiteren Eintrag.

(...) Jan war sofort hellwach. Aus seinem Schwimmreifen entwich die Luft und es war nur eine Frage der Zeit, bis der Reifen keine Luft mehr hatte. Nun passierte es. Kurz bevor der Reifen keine Luft mehr besaß, fiel Jan vom Reifen. In Panik schlug Jan um sich. Doch seine Freunde kamen schnell herbei. (...)

Textlupe zur Erzählung „Schock auf dem See“ von Paula		
Das hat mir gut gefallen:	**Hier stört mich etwas:**	**Ein Vorschlag:**
Die Formulierung „es war nur eine Frage der Zeit“ ist sehr gelungen.	Die Wörter „Reifen“ und „Luft“ wiederholst du sehr oft.	Lass „kurz bevor der Reifen keine Luft mehr besaß“ einfach weg.

5 Liam hat seine Erzählung vorgetragen. Die anderen Schüler machen ihm im Gespräch Vorschläge zur Verbesserung. Überarbeite mit deren Hilfe Liams Erzählung.

(...) Plötzlich erschrak Jan fürchterlich. Die Luft ging aus dem Reifen. Im nächsten Moment war der Reifen untergegangen. Jan ruderte mit den Armen und schrie so laut, wie er konnte: „Hilfe, Hilfe, ich gehe unter!“ Sofort kamen ihm seine Freunde zu Hilfe. Die zwei Retter konnten ihn zum Ufer ziehen. (...)

Tarek: „Die wörtliche Rede ist sehr passend, Liam.“
Enya: „Vielleicht kannst du auch noch einfügen, was Jan denkt.“
Tarek: „Mir fällt noch das Adjektiv ‚panisch‘ ein. Das passt doch zum Höhepunkt, oder?“
Jakob: „Ja! Damit könntest du noch einen Satz schreiben, in dem steht, wie sich Jan fühlt, bevor er seine Freunde kommen sieht.“

6 Arbeitet in Kleingruppen mit euren Erlebniserzählungen. Jedes Gruppenmitglied schreibt Fragen oder kurze Kommentare mit Bleistift an den Rand. Orientiert euch dabei an den Kriterien einer gelungenen Erzählung. Überarbeitet nun eure eigene Erzählung.

So überarbeitest du eine Erzählung

Das musst du können

Es fällt leichter, einen fremden Text zu verbessern als einen eigenen. Deshalb tauschen die Mitschüler die Texte zum Lesen untereinander aus.

- **Methode: Textlupe**
  Jeder Text bekommt einen Rückmeldezettel (die Textlupe) mit auf den Weg. Schreibe deinen Kommentar zum anderen Text höflich auf. Gib den Text und die Textlupe an mehrere Mitschüler weiter.
- **Methode: mündliche Schreibkonferenz**
  Lies in der Gruppe deinen Text vor. Deine Mitschüler äußern sich spontan und stellen dir Fragen. Lies den Text noch einmal abschnittweise. Die anderen machen dir Vorschläge zur Verbesserung. Diese notierst du dir kurz.
- **Methode: Fragelawine/Kommentarlawine**
  Schreibe Fragen und Eindrücke an den Rand. Gib den Text an den Autor zurück.

2

Was DU schon kannst!

Kompetenztest

Abenteuer Schatzsuche

A Wir bahnten uns einen Weg durchs Unterholz. „Sollten wir nicht auf dem Weg bleiben? Was ist, wenn wir nicht mehr zurückfinden?", sorgte ich mich. Immer wieder wichen wir großen Ästen, herausgerissenen Baumwurzeln und sumpfigen Mulden aus. So kamen wir nur langsam voran. Ich hatte das mulmige Gefühl, dass wir uns im Kreis bewegten. „Schau noch mal nach, ob wir richtig sind!", forderte ich Christoph auf, der mittlerweile das GPS-Gerät um den Hals trug.

B Ich stürmte nach draußen, wo mein Freund mich bereits erwartete. Den Blick hatte ich fest auf das Display gerichtet. Ich war gespannt, wohin uns das Navigationsgerät führen würde. Zunächst konnten wir noch auf dem Schotterweg bleiben. Als der Pfeil dann aber in eine andere Richtung zeigte, schlug Christoph vor: „Max, jetzt müssen wir nach rechts zwischen den Bäumen hindurch!"

C Er verlangsamte seinen Schritt, nahm das Gerät in die Hand, blickte konzentriert darauf und drehte sich zu mir um. „Es funktioniert nicht mehr!", schimpfte er wie ein Rohrspatz. „Drück einfach noch einmal auf den Hauptschalter", schlug ich vor. Doch das Display blieb dunkel. Schlagartig wurde mir klar, dass wir nicht wussten, wo wir waren. Angst stieg in mir hoch. Verzweifelt schüttelte ich das GPS. Wir entschieden, unsere Schatzsuche abzubrechen und zum Schotterweg zurückzukehren. Doch das war leichter gesagt als getan. Entschlossen stapften wir in die Richtung, aus der wir gekommen waren. Nach einer Weile fragte ich besorgt: „Müssten wir nicht schon zurück am Weg sein?" Panisch riefen wir immer wieder: „Hallo! Hört uns jemand?" Mir schlug das Herz bis zum Hals. „Hoffentlich finden wir aus dem Wald heraus, bevor es dunkel wird!", dachte ich. Auf einmal kamen Motorengeräusche näher. Im nächsten Augenblick sahen wir auch schon das Auto. Außer Atem rannten wir dorthin, wo der Jeep angehalten hatte.

D Erleichtert standen wir einem Waldarbeiter gegenüber. „Ist das die Straße nach Aubing?", keuchte ich. „Ja, in einer Viertelstunde seid ihr dort. Folgt nur dem Schotterweg!" Mir fiel ein Stein vom Herzen. „So ein Glück!", freute sich Christoph. Erleichtert traten wir den Heimweg an.

E Frau Jordan hatte uns im Erdkundeunterricht erklärt, wie man mit GPS-Koordinaten einen Standpunkt genau bestimmen und so beim Geocaching versteckte Schätze finden kann. Christoph und ich wollten das sofort ausprobieren. Mein Bruder Felix vertraute mir am Nachmittag sein GPS-Gerät an.

1 Übertrage die Spannungskurve in dein Heft. Ordne die Teile A bis E in die Spannungskurve ein. Achtung: Ordne die Erzählteile dafür zuerst in die richtige Reihenfolge. Benenne die Teile der Erzählung unter der Erzählkurve.

Nach einem Schreibplan erzählen

2 Nenne drei Kriterien einer spannenden Erzählung, die der Textschreiber berücksichtigt hat, und gib dazu jeweils ein Beispiel aus dem Text an.

Erzählmittel für spannendes Erzählen kennen

3 Verbessere und erweitere den folgenden Satz aus Teil A der Erlebniserzählung mithilfe der „Zeitlupe“, sodass er spannender ist.

Wir bahnten uns einen Weg durchs Unterholz.

Das Erzählmittel „Zeitlupe“ anwenden

4 Notiere aus den Teilen A und B die Sätze, in denen innere Handlung erzählt wird.

Innere und äußere Handlung unterscheiden

5 Ergänze am Ende von Teil E einen Satz mit innerer Handlung.

Innere Handlung als Mittel des Erzählens nutzen

6 Max und Christoph haben sich verlaufen. Streiche die Verben aus dem Wortspeicher zum Wortfeld *gehen*, die nicht zu dieser aufregenden Situation passen:

Sprachlich anschaulich und lebendig erzählen

Wortspeicher

spazieren – hetzen – stolpern – eilen – stolzieren – sputen – rennen – schlendern

7 Ergänze das Wortfeld *leise sprechen* mit drei weiteren Verben.
Beispiel: *wispern*

3 Hexen, Gaukler, Zauberer

Sich und andere informieren: beschreiben und berichten

1 Sprecht über die Bilder. Geht zum Beispiel darauf ein, welche Szenen dargestellt sind und welche Einzelheiten ihr erkennen könnt.

2 Tauscht euch zu euren eigenen Erlebnissen auf Mittelalter- und Gauklermärkten aus.

3 Ihr habt eure Erlebnisse „erzählt“ und euch gegenseitig „informiert“. Besprecht, worin sich diese beiden Redeweisen unterscheiden könnten, und prüft, welche Redeweisen ihr verwendet habt.

Paula und ihre Freunde besuchen den Gauklermarkt, auf dem es einiges zu bestaunen und zu beschreiben gibt. Hier lernst und trainierst du, …

- … Informationen zu sammeln und zu sortieren,
- … Informationen präzise und adressatenbezogen weiterzugeben,
- … schriftlich von Ereignissen zu berichten,
- … Gegenstände präzise zu beschreiben,
- … das Aussehen von Personen sprachlich präzise zu beschreiben,
- … Gegenstände und Personen schriftlich zu beschreiben.

3

Welche Informationen sind wichtig?

Informationen sammeln und ordnen

1 Schaue dir die Angebote des Gauklermarkts an. Tausch dich mit einem Partner darüber aus, was Paula und ihre Freunde an den einzelnen Ständen wohl erwartet.

2 Ordnet in Partnerarbeit die Angebote nach den Aussagen „Muss man unbedingt hin", „Muss man nicht hin", „Kann man hin, wenn man noch Zeit hat".

3 Notiert auch einen Vorschlag, in welcher Reihenfolge die Kinder die einzelnen Stationen besuchen können. Begründet euren Vorschlag.

Tipp

Ordne Informationen nach Oberbegriffen

Deine Sammlung von Informationen wird übersichtlicher, wenn du sie ordnest. Oberbegriffe fassen einzelne Informationen in Gruppen wie in Schubladen zusammen.

Für Kinder
- *Wurfbude*
- …

Für Erwachsene
- *Weinstand*
- …

Für alle
- *Toiletten*
- …

Für Kinder:	Für Erwachsene:	Für alle:
– *Wurfbude*	– *Weinstand*	– *Toiletten*

4 Für einen Wettbewerb möchte Tarek einen Informationstext über den Gauklermarkt schreiben, der auf der Internetseite der Stadtverwaltung veröffentlicht werden könnte. Hilf ihm beim Sammeln und Ordnen der Informationen. Entscheide, ob du die begonnene Liste, die Mind-Map oder die Tabelle fortsetzt.

So sammelst und ordnest du Informationen

Das musst du können

Wenn du viele Informationen zusammenstellen musst, ist eine übersichtliche Ordnung hilfreich. Hierfür gibt es verschiedene Möglichkeiten.

- Stelle die Informationen in einer **Liste** zusammen, indem du Oberbegriffe als Überschriften wählst und in knappen Stichworten die einzelnen Informationen unter der passenden Überschrift notierst.
- Gestalte eine **Mind-Map**, die wie ein Netz angelegt ist. Zeichne für die einzelnen Oberbegriffe je einen Ast, der vom Mittelpunkt abzweigt. Notiere die einzelnen Informationen an dem Ast mit dem passenden Oberbegriff (→ S. 165).
- Nutze die Oberbegriffe in einer **Tabelle**, um jeweils eine Spalte der Tabelle genau zu bezeichnen. Trage die einzelnen Informationen in die passenden Spalten ein.

5 Tarek hat keine guten Oberbegriffe für seine Sortierung gewählt. Gestalte seine Informationssammlung neu. Wähle eine der Aufgabenstellungen.

- Notiere Oberbegriffe, die du für geeigneter hältst.
- Sammle die Informationen in einer besser sortierten Liste, Mind-Map oder Tabelle.
- Erkläre, warum Tareks Wahl der Oberbegriffe nicht gelungen ist, und stelle die Informationen mit neuen Oberbegriffen in einer Liste, Tabelle oder Mind-Map zusammen.

3

Wen willst du denn informieren?

Informationen sachlich formulieren und den Adressaten berücksichtigen

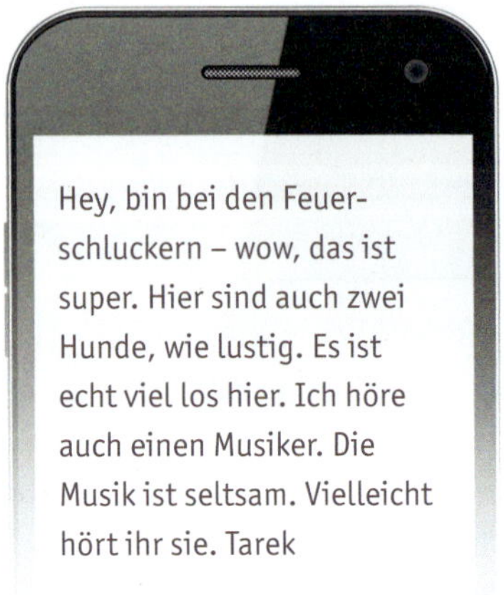

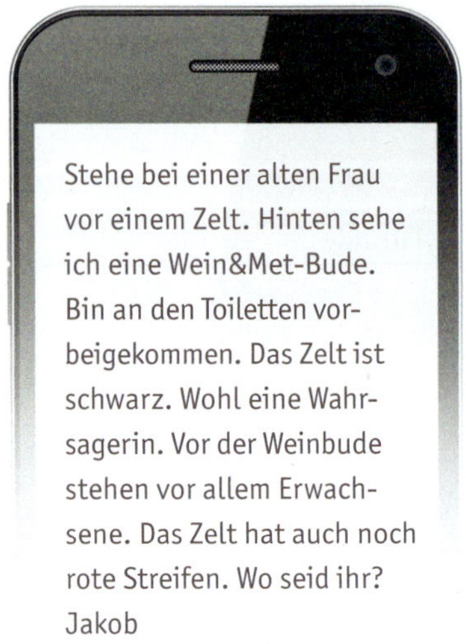

1 Die Freunde haben sich diese SMS-Texte zugesandt. Später sprechen sie über deren Brauchbarkeit. Entwerft und spielt den Verlauf des Gesprächs in Gruppen.

2 Damit sie sich beim nächsten Mal schneller finden, sammeln die Drei Regeln für ihre zukünftigen Suchmitteilungen. Notiert innerhalb eurer Gruppe mindestens drei mögliche Regeln.

3 Wende die gesammelten Regeln nun an. Du kannst dafür auch die Informationen im Kasten rechts zu Rate ziehen. Wähle eine der Aufgabenstellungen und bearbeite sie schriftlich.

- Wähle vier Sätze aus den Texten und notiere, gegen welche Regel sie verstoßen.
- Formuliere eine der SMS neu, sodass die neue Version den Regeln entspricht.
- Begib dich in deiner Fantasie selbst an einen Ort auf dem Gauklermarkt. Formuliere eine SMS, sodass dich die anderen gut finden können.

4 Immer wieder werden Paula, Jakob und Tarek nach dem Weg gefragt. Formuliert in Partnerarbeit Fragen, die zu ihren Antworten in den Sprechblasen passen.

A

„Das ist aber noch ein weiter Weg in dieser Ritterrüstung. Am besten gehen Sie hier außen um die Gauklerbuden herum, da sind nicht so viele Leute unterwegs. Dort hinten, wo Sie die weißen Fahnen erkennen können, finden Sie die anderen Schwertkämpfer. Ich denke, Sie erkennen sie."

B

„Was, Sie kennen sich hier gar nicht aus? Also, zuerst gehen Sie diesen Weg weiter, bis Sie die Feuerschlucker erreichen. Passieren Sie dann die Bühne der Minnesänger, die Sie an ihren mittelalterlichen Instrumenten identifizieren können. Dann liegt der Gastronomiebereich direkt vor Ihnen."

5 Notiere je eine Stelle, an denen die Sprechblasen erkennbar auf den Fragenden reagieren und ergänze die folgende Liste.

Wenn du Informationen weitergibst, beachte, ...
- ...wie gut sich dein Zuhörer auskennt
- ...

Also, da haben Sie sich ja wirklich ein schönes Ziel ausgesucht. Zum Spanferkel? Erst einmal würde ich immer der Nase nach gehen. Dort riecht es nämlich so wie bei uns zu Hause, wenn wir grillen. Ich mag den Geruch ja nicht wirklich. Aber wenn Sie zuerst hier an den Wurfbuden vorbeigehen und sich vorne an den Bühnen links orientieren, werden Sie es gut finden. Links ist die Richtung, in die auch der Wetterhahn dort zeigt. An einem der Stände arbeitet auch unsere Deutschlehrerin, die können Sie ruhig auch noch einmal fragen.

6 Beurteile die Qualität von Jakobs Wegbeschreibung. Wähle eine der Aufgabenstellungen.

- Notiere, gegen welche Regeln Jakob verstößt.
- Schreibe Jakobs ungenaue Aussagen nacheinander ab und erkläre seine Fehler.
- Formuliere eine bewertende Antwort der Person, die Jakob nach dem Weg gefragt hat.

So stellst du dich auf deinen Zuhörer ein

Das musst du können

Wenn du jemanden über einen Sachverhalt oder ein Ereignis informieren möchtest, musst du dich auf ihn einstellen. Beachte, dass dein Zuhörer
- das Ereignis nicht selbst gesehen hat,
- nicht über alle Informationen verfügt, die du hast.

Stelle dich auf ihn ein, indem du die Informationen
- vollständig benennst,
- in der richtigen zeitlichen Reihenfolge wiedergibst,
- nicht nur nennst, sondern auch kurz umschreibst und erklärst,
- sprachlich genau beschreibst,
- nicht bewertest.

3

Schreibe auf, was genau passiert ist

Schriftlich von Ereignissen berichten

1 Eigentlich begann der Ausflug recht angenehm. „Der Markt ist viel interessanter, als ich befürchtet habe", dachte Frau Mohn, während sie am Imbissstand wartete. Doch ihre Stimmung sollte sich abrupt ändern: Gerade als sie sich eine Bratwurst bestellen wollte, spürte sie, dass jemand an ihrer Handtasche zerrte …

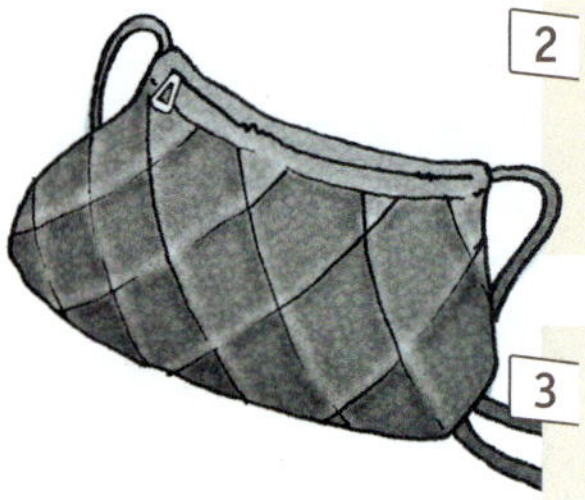

2 Zu einem bedauerlichen Ereignis kam es gestern Morgen gegen 11 Uhr auf dem Gauklermarkt. Zwei unbekannte Männer entrissen einer Besucherin eine schwarze Handtasche und brachten sich dabei in den Besitz von rund 100 Euro.

3 Schon wieder trieben Handtaschendiebe auf dem Gauklermarkt ihr Unwesen. Obwohl die Stadtverwaltung schon letztes Jahr versprochen hatte, sich um das Problem zu kümmern, gelang es zwei verkleideten Männern, gestern einer Besucherin ihre Handtasche zu stehlen. Es kann doch nicht sein, dass die Gäste des Markts Angst um ihr Geld und gar ihre Gesundheit haben müssen. Schlafen die Verantwortlichen in der Stadtverwaltung? Hat die Polizei Sommerferien?

1 Unterscheide die Absichten der drei Texte. Wähle eine der Aufgabenstellungen.

- Benenne mögliche Schreiber und Leser der Texte.
- Nenne die jeweilige Textfunktion (siehe Kasten) und notiere jeweils einen Satz als Beleg.
- Bestimme die Textsorten (siehe Kasten) und begründe deine Entscheidung schriftlich.

Das musst du wissen

Textsorten und Textfunktionen

Unterschiedliche Textsorten sollen in Bezug auf den Leser unterschiedliche Funktionen haben. Bekannte Textsorten und Textfunktionen sind:

- **Berichte** (z. B. Zeitungsbericht) – informieren
- **Erzählungen** (z. B. Erlebniserzählung) – Spannung aufbauen, unterhalten
- **Stellungnahmen** (z. B. Zeitungskommentar) – kommentieren, kritisieren, überzeugen

2 Der Sicherheitschef des Markts muss einen Bericht über den Handtaschendiebstahl verfassen und trägt alle Informationen zusammen. Hilf ihm, indem du passende W-Fragen (z. B. Was ist passiert? … → S. 115) notierst und kurz schriftlich beantwortest.

3 Verfasse einen Einleitungssatz für den Bericht des Sicherheitschefs, der möglichst viele der W-Fragen bereits knapp beantwortet.

A

„Ich habe die beiden Männer gesehen. Sie waren verkleidet. Der eine trug ein seltsames rotes Kostüm. Der andere ein hellbraunes Lederoberteil mit so einem Ding daran ..."

B

„Auf dem Besucherparkplatz in der Nähe des Stadtparks habe ich um 12 Uhr zwei Männer gesehen, die in einen weißen Kleintransporter stiegen und ziemlich schnell in Richtung Autobahn davonfuhren ..."

C

„So weit sind wir nun! Ich sage Ihnen, die meisten Verbrechen entstehen aus der Unzufriedenheit der Menschen ..."

4 Einige Besucher des Gauklermarkts geben dem Sicherheitschef diese weiteren Hinweise. Wähle eine der Aufgabenstellungen.

- Beurteile die Textqualität mit einer Schulnote, die du begründen kannst.
- Formuliere Notizen, die sich der Sicherheitschef zur Qualität der Aussagen macht.
- Erläutere schriftlich die Brauchbarkeit der Aussagen.

5 Diese Notizen des Sicherheitschefs sind nicht sehr ordentlich. Fertige einen neuen Notizzettel an, der fehlende Informationen ergänzt und die Ereignisse in der richtigen zeitlichen Reihenfolge ordnet.

Die Männer fliehen in Richtung Stadtpark.

Sie stehlen eine schwarze Ledertasche.

Frau Mohn betrachtet die Speisekarte.

Männer sind als Gaukler verkleidet.

So verfasst du einen Bericht

Das musst du können

Um deine Leser über ein Ereignis zu informieren, kannst du einen Bericht verfassen.

So bereitest du deinen Bericht vor
- Sammle die nötigen Informationen mithilfe der **W-Fragen**.
- Ordne die Informationen nach der zeitlichen Reihenfolge.

So verfasst du deinen Bericht
- Verfasse eine kurze **Einleitung**, die bereits wichtige W-Fragen beantwortet.
- Gib die Ereignisse in der **richtigen zeitlichen Reihenfolge** wieder.
- Lasse keine wichtigen Informationen aus.
- **Verzichte** auf **Ausschmückungen** und **persönliche Bewertungen**.

6 Verfasse einen Bericht, der dem Sicherheitschef und der Polizei als Grundlage für die weiteren Ermittlungen dienen kann.

3

Genau so sieht das aus

Gegenstände genau beschreiben

1 Arbeite mit einem Partner: Wähle ein Instrument aus und beschreibe es. Sobald dein Partner das Instrument erraten hat, wechselt ihr die Rollen.

2 Habt ihr die Gegenstände erkannt? Beurteilt die Qualität der Beschreibungen aus Aufgabe 1. Wählt dafür eine der Aufgabenstellungen.

- Notiert Aussagen aus euren Beschreibungen, die beim Erraten der Instrumente hilfreich waren, und solche, die weniger hilfreich waren.
- Formuliert eine Anleitung für eine gute Beschreibung: Welche Informationen sollte man in welcher Reihenfolge äußern?
- Entwerft ein Informationsblatt zu „Schwierigkeiten und Hilfen bei einer Beschreibung".

3 Suche im Wortspeicher mindestens drei Fachbegriffe zur Beschreibung einzelner Instrumenteteile. Notiere, zu welchem Instrument sie gehören und welche Funktion sie haben.

Wortspeicher

STAKNIJENCÖESAITEECNHSCBKJBWIRBELGSLEOQÖECECQECQVENTILSKJDCHB
JBDKORPUSKLKJHCKLJRESONANZKÖRPERKJHKDCJSTEGAKNIJENCGRIFFBRETTAKNIJEN
CAKNIJENHAMLSCAKNIJENCTSDSHFELLAKNIENCSCHALLLOCHAKNIJENCMUNDSTÜCK

4 Es kann hilfreich sein, die Funktion einzelner Teile des Gegenstands anzugeben. Notiere die Zahlen und Buchstaben, die zusammenpassen.

1) Mithilfe der Wirbel
2) Durch das Schließen der Löcher
3) Die gespannten Seile

a) dienen dazu, das Trommelfell möglichst stramm zu ziehen.
b) lassen sich die Saiten der Harfe stimmen.
c) werden bei der Flöte verschiedene Töne erzeugt.

5 Eine andere Möglichkeit, eine Beschreibung verständlicher zu machen, besteht darin, Vergleiche anzustellen. Ergänze die Sätze mit sinnvollen Vergleichen.

- Die Vorrichtungen, an denen die Spannseile des Trommelfells befestigt sind, erinnern an …
- Die Gesamtform der Harfe ähnelt einem …
- Die Öffnung der Flöte sieht ein bisschen aus wie …

6 Auch anhand genauer Farbangaben lassen sich Gegenstände gut beschreiben. Ergänze die Farbkleckse durch weitere Bezeichnungen.

7 Bereite die Beschreibung eines der Instrumente vor. Sammle die Eigenschaften des Instruments in einer übersichtlichen Darstellungsform. Bildet Arbeitsgruppen aus Schülern, die sich mit dem gleichen Instrument beschäftigt haben. Vergleicht eure Ergebnisse und erstellt eine gemeinsame Sammlung der Eigenschaften.

So beschreibst du einen Gegenstand genau

Das musst du können

Eine Gegenstandsbeschreibung soll deinen Zuhörer **möglichst vollständig** und **sehr gründlich** über das Aussehen und die Eigenschaften eines Gegenstands informieren.

- Beschreibe dafür den Gegenstand zunächst **im Ganzen**, gehe dann **schrittweise** auf seine **Einzelheiten** ein.
- Beschreibe auch die **Funktionen** einzelner Teile des Gegenstands.
- Veranschauliche die **Formen** des Gegenstands und seiner Einzelheiten durch Vergleiche. Diese können zum Beispiel
  – auf das Aussehen von Buchstaben zurückgreifen *(hat die Form eines U)*,
  – auf Alltagsgegenstände, deren Form jeder kennt *(ist birnenförmig)*,
  – geometrische Formen zur Beschreibung nutzen *(ist rechteckig)*.
- Verwende beschreibende Wörter (z. B. Farben, spezielle Verben, passende Adjektive), welche die **Eigenschaft** sehr anschaulich **wiedergeben**.

3

Erkennst du mich?

Personen sachlich und sprachlich genau beschreiben

1 Paula ist von einem verkleideten Mädchen in einem Kostümkatalog begeistert. Am Telefon beschreibt sie es ihrer Freundin Enya. Notiert in Partnerarbeit das Gespräch zwischen den beiden Mädchen.

2 Bildet nun Arbeitsgruppen aus vier Schülern. Vergleicht eure Ideen zum Telefongespräch und notiert gemeinsam geeignete Fragen, welche die Beschreibung einer Person vorbereiten können.

> Hi Paula,
> rate mal, wie ich mich verkleiden werde. Einen Rock trage ich allerdings leider nicht, obwohl ich das schön fände. Meine Haare werde ich färben, hoffentlich werden sie nicht wieder so komisch. Auf dem Kopf habe ich auch so ein Dings – du weißt schon. Mein Kostüm hat auch ganz unterschiedliche Teile. Ich habe an den Ärmeln auch so Dinger. Die Jacke lasse ich wohl offen. Da sieht man auch den Gürtel besser. Die Hose ist etwas ganz Besonderes, lass dich mal überraschen.

3 Enya hat bereits ein Kostüm. Formuliere Paulas kritische Antwort auf ihre Beschreibung.

4 Bestimmte Adjektive helfen bei der präzisen Beschreibung von Körperteilen. Zeichne die Gliederpuppe in dein Heft und notiere passende Adjektive bei den entsprechenden Körperteilen. Greife unter anderem auf die Adjektive im Wortspeicher zurück.

Wortspeicher

blond – braun – breit – brünett – dünn – feingliedrig – filigran – gedrungen – gefleckt – gescheitelt – gesträhnt – gestuft – glänzend – hübsch – kraus – kurz – lang – markant – milchig – oval – rot – rund – schlank – schmal – schwarz – wuchtig – zierlich

5 Tarek möchte seine Verkleidung beschreiben. Hilf ihm beim Sortieren seiner Notizen, indem du die Zahlen in der richtigen Reihenfolge notierst.

1) Dafür trage ich einen Umhang aus Jute.
2) Auffällig ist auch die alte Ledertasche, in der ich mein Hab und Gut trage.
3) Ich verkleide mich als mittelalterlicher Bettler.
4) Die Haare unter der Kapuze habe ich grau gefärbt.
5) Darüber hinaus trage ich eine Kapuze auf dem Kopf.
6) Interessant ist auch der Spazierstock, den ich mitführe.
7) Außerdem habe ich an den Füßen kaputte Sandalen.
8) Des Weiteren dient mir ein ausgefranstes Seil als Gürtel.

6 Tareks Sammlung enthält gute Überleitungen für eine geordnete Beschreibung. Notiere alle Überleitungen, die er verwendet, in dein Heft.

Tipp

Nutze Überleitungen zur Aufzählung

Um die Aufzählung der Einzelheiten in einer Beschreibung sprachlich gekonnt zu gestalten, solltest du abwechslungsreiche Überleitungen nutzen.

ACHTUNG FEHLER!

Ich bin Jakob. Ich bin rund 1,50 m groß und habe kurze, braune Haare.  trage ich keine Brille. Ich wollte mein Till-Eulenspiegel-Kostüm anziehen. Auf dem Kopf trage ich eine grün-gelb-rote Mütze mit drei Zipfeln. An den Enden der Zipfel sind kleine Glöckchen befestigt.  werde ich einen roten Pulli mit einem weiten Kragen anziehen.  ziehe ich eine rote Strumpfhose an.  sind vielleicht auch meine Schuhe, da ich hier ebenfalls einige Glöckchen befestigt habe.  werde ich einen Spiegel in der Hand tragen.

7 In Jakobs Beschreibung, die noch nicht ganz gelungen ist, fehlen unter anderem noch Überleitungen. Wähle eine der Aufgabenstellungen.

- Notiere eine Überleitung für jede Lücke.
- Notiere für die Lücken möglichst viele passende Überleitungen. Überprüfe, welcher Mitschüler die meisten richtigen Überleitungen gefunden hat.
- Schreibe den Text samt passender Überleitung ab. Ändere die Sätze und Formulierungen so, dass ein gut lesbarer, sinnvoll aufgebauter Text entsteht.

Das musst du können

So beschreibst du eine Person

Auch die Beschreibung einer Person muss **vollständig** und **genau** sein. Wenn du **treffende Adjektive** benutzt, die Beschreibung sinnvoll gliederst und mit **abwechslungsreichen Überleitungen** formulierst, kann sich dein Zuhörer die Person besser vorstellen.

Beschreiben kannst du zum Beispiel:
- Name, Geschlecht, Alter
- Gestalt, Figur, Körperbau
- Größe, Gewicht
- Gesicht: Augen, Ohren, Nase, Mund, Haare
- Kleidung: Grundsätzliches, Besonderes
- besondere Kennzeichen

Achte darauf, dass du zunächst das **Auffällige** und das **Ungewöhnliche** beschreibst.

3

Das hast du gut beschrieben

Beschreibungen formulieren und überarbeiten

1 Informiert euch in Dreiergruppen aus den vorangegangenen Teilkapiteln über die Anforderungen guter Beschreibungen. Gestaltet übersichtliche Informationsseiten für euer Deutschheft zur Personen- und Gegenstandsbeschreibung.

Beschreibung 1: Seine Kleidung besteht aus einem weißen Stoffhemd, einer Jacke, einem Umhang und einer hellbraunen Hose. Er trägt einen braunen Schlapphut. Er guckt ernst. Er trägt Schuhe und Socken. Die Jacke ist über dem Hemd. Sie hat keine Ärmel und unten ist ein Gürtel rumgebunden. Seine Ohren sind teils unter dem Hut versteckt. Der Hals schaut aus dem Hemd. Der Umhang ist braun und aus Wolle. Er hat auch eine Art Riemen um die Brust.

Beschreibung 2: Die Laute ist oben abgeknickt. In der Mitte hat sie einen großen und zwei kleine Kreise mit grauem Rand und Zacken. Über den großen Kreis gehen die Saiten. Unten ist sie abgerundet. Die Farbe der Laute ist braun. Oben bei dem Knick sind außen die Saitenfeststeller. Unten, wo sie abgerundet ist, ist sie auch grau. Unten und oben an der Laute sind Holzzacken, die die Saiten stramm halten. Wenn man an den Saiten zupft, entsteht ein Ton. Unter dem abgeknickten Griff gehen die Saiten weiter.

2 Gebt den Beschreibungstexten eine Schulnote. Begründet die Notenbewertung schriftlich aufgrund eurer Arbeitsergebnisse aus Aufgabe 1.

3 Wähle aus jedem der Beschreibungstexte eine Textstelle aus, die dir nicht gelungen scheint, und notiere eine Überarbeitung zu dieser Textstelle.

4 Bereite eine Beschreibung vor, indem du die wesentlichen Informationen übersichtlich sammelst. Entscheide dich für

- die schriftliche Beschreibung eines der hier oder auf Seite 52 abgebildeten Instrumente.
- die schriftliche Beschreibung einer der hier oder auf Seite 54 abgebildeten Figuren.

5 Verfasse mithilfe der gesammelten Informationen eine schriftliche Beschreibung des gewählten Gegenstands oder der Person.

6 Bildet Zweiergruppen und bewertet mithilfe einer Tabelle eure Beschreibungen.

Das kannst du schon gut:	Das gelingt dir noch nicht so gut:

7 Stellt euch die Ergebnisse eurer gegenseitigen Bewertung vor. Begründet und diskutiert die Bewertungen.

8 Markiert jeweils zwei Sätze im Text eures Partners, die dieser noch einmal überarbeiten sollte, und kommentiert diese Stellen mit euren Kritikpunkten und/oder Verbesserungsvorschlägen.

9 Überarbeite die von deinem Partner ausgewählten Stellen aus deiner Beschreibung schriftlich. Berücksichtige die Hinweise deines Arbeitspartners.

Das musst du können

So verfasst du eine schriftliche Beschreibung

Schriftliche Beschreibungen sind Sachtexte, in denen du deinen Lesern bestimmte Informationen möglichst vollständig und in sinnvoller Ordnung mitteilst. Wähle dafür einen sachlichen Stil; bewerte und beurteile nicht.

So **bereitest** du die Beschreibung **vor**:
- Schaue dir den Gegenstand oder die Person genau an.
- Notiere stichpunktartig möglichst viele Einzelheiten.
- Sortiere deine Notizen sinnvoll, z.B. in einer Mind-Map, in einer Tabelle oder in einer Liste.

So **verfasst** du die Beschreibung:
- Informiere in der **Einleitung** kurz darüber, was oder wer hier beschrieben wird. Nenne eventuell auch den Zweck der Beschreibung.
- Beschreibe im **Hauptteil** nun die Merkmale des Gegenstands, der Person oder des Ablaufs. Achte dabei auf eine übersichtliche Gliederung und eine sinnvolle Abfolge der Informationen. Benutze eine genaue und sachliche Sprache. Verwende Fachbegriffe, passende Adjektive und treffende Überleitungen.
- Runde die Beschreibung mit einem kurzen **Schluss** ab. Der Schluss kann noch einmal die Besonderheiten zusammenfassen oder auf den Anlass der Beschreibung eingehen.

3

Was DU schon kannst!

Kompetenztest

„Informieren“ als Textfunktion erkennen

a) Der Marktstand mit den Marionetten besteht aus einem Holzgerüst, das mit einem Leinentuch bespannt ist.
b) Die Materialien zum Basteln der Marionetten werden zur Verfügung gestellt.
c) Die Marionettenkleider sind mittelalterlichen Gewändern nachempfunden.
d) Der Marktstand müsste stabiler sein. Sonst fällt er beim kleinsten Windstoß um.
e) Freitags zwischen 15.00 Uhr und 16.30 Uhr können Besucher Marionetten basteln.
f) Das Bastelprogramm sollte häufiger angeboten werden.
g) Die Marionettenkörper bestehen aus Holz.
h) Die Marionetten tragen Kleidungsstücke aus Stoff.
i) Der Marionettenbastler ist von Beruf Schreiner.
j) Marionetten zu basteln ist langweilig.

1 Notiere die Buchstaben der Sätze, die nicht aus einem Bericht oder einer Beschreibung stammen können.

2 Begründe für einen der Sätze schriftlich, warum er nicht aus einem Bericht oder einer Beschreibung stammen kann.

Informationen sammeln und ordnen

3 Übertrage die begonnene Mind-Map in dein Heft und ergänze sie mit den Informationen aus den sachlichen Sätzen.

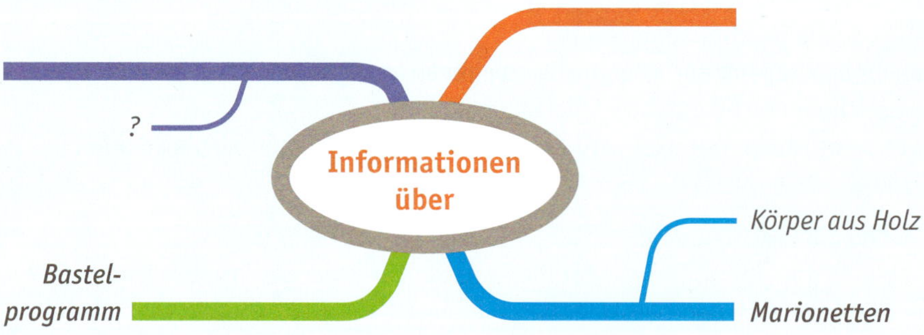

Die Adressatenorientierung von Informationen erfassen

A „Ja, natürlich passen wir gut auf. Die Teilnehmer werden von vier Erwachsenen beaufsichtigt.“

B „Es dauert ungefähr eine Stunde und kostet 7 Euro. Material musst du nicht mitbringen.“

C „Wir platzieren die Teilnehmer direkt vor unseren Stand. Mehr Platz benötigen wir nicht. Natürlich achten wir darauf, dass wir den Durchgang nicht versperren.“

4 Wer braucht welche Information aus den Sprechblasen: 1) ein interessierter Junge, 2) besorgte Eltern oder 3) der Ordnungsdienst? Ordne die Buchstaben A), B) oder C) diesen Adressaten zu.

5 Begründe eine der Zuordnungen aus Aufgabe 4 schriftlich.

6 Diese Beschreibungen sind nicht genau genug. Formuliere sie neu.

Gegenstände sachlich, klar und verständlich beschreiben

- Als Kopf der Marionette dient ein rundes Holzding.
- Der Mann am Stand hat auch so typische mittelalterliche Haare.
- Das Holzgestell des Marktstands besteht aus einzelnen Teilen. Sie stehen unten gerade auf dem Boden, oben zweigt dann noch so etwas ab.

7 Bringe die Aussagen a) bis h) zur Beschreibung des Mannes in eine sinnvolle Reihenfolge. Notiere dazu die Buchstaben entsprechend in dein Heft.

Einzelheiten einer Beschreibung in eine sinnvolle Reihenfolge bringen

a) Das Gewand ist an der Hüfte mit einem Gürtel umschlossen.
b) Am Hals hat der Mann eine Perlenkette.
c) Er trägt eine hellbraune Lederweste.
d) Der Mann, der die Marionetten mit den Kindern bastelt, trägt selbst ein mittelalterliches Kostüm.
e) Das Kostüm besteht aus einem einfachen, langen Gewand.
f) Er trägt auch Lederschuhe.
g) Die Weste ist ärmellos.
h) Das Gewand hat Glockenärmel.

8 Notiere zwei Regeln, die du beim Ordnen der Informationen angewandt hast.

9 Verfasse einen Teil der Personenbeschreibung, indem du drei der Informationen aus den Sätzen mit passenden Überleitungen verbindest.

Texte strukturiert und stilistisch stimmig gestalten

10 Diese Beschreibung hat Stärken und Schwächen: Notiere einen gelungenen Satz und einen Satz, der dir nicht so gelungen scheint.

Texte inhaltlich und sprachlich überarbeiten

Die Kleidung des Mannes besteht aus einem Kleid mit langen Ärmeln und einer Weste. Die Farbe des Kleides ist schwarz und die Weste ist so beige. Es ist eine Fellweste. Er trägt große Holzschuhe. Der Mann hat einen Ledergürtel an. Er trägt an der Seite einen kleinen Beutel am Gürtel. Das Kleid hat einen großen Ausschnitt. Sein Kleid sieht aus wie ein Priestergewand.

11 Formuliere den Satz, der dir nicht gelungen scheint, in verbesserter Form neu.

4 Die Textdetektive bei der Arbeit

Erzähltexte untersuchen

1 Tauscht euch in der Klasse darüber aus, welche Kinder- und Jugendbücher ihr kennt.

2 Erzähle von deiner Lieblingsgeschichte.

3 Sprecht darüber, welche Aufträge ihr den Textdetektiven erteilen würdet, die euch helfen könnten, neue oder bekannte Texte besser zu verstehen.

Tarek, Liam, Paula, Jakob, Samuel und Enya haben ein gemeinsames Hobby: Sie lesen gern. Mittlerweile haben sie ein Detektivbüro eröffnet, das sich auf etwas ganz Besonderes spezialisiert hat. Die sechs Freunde sind Textdetektive. Sie werden immer dann zu Rate gezogen, wenn jemand einen Text nicht versteht. Mit ihrer Spezialausrüstung nehmen sie den Text unter die Lupe, bis sie auch die letzte Wortbedeutung geknackt haben.

In diesem Kapitel liest du viele neue Texte, in denen etwas erzählt wird. Zusammen mit den Textdetektiven lernst du dabei …

… erzählende Texte kennen,
… erzählende Texte zu beschreiben,
… erzählende Texte zu erschließen,
… Märchen kennen,
… Märchen nacherzählen
… und sie um- und weiterzuschreiben.

4

Geschichten auf die Spur kommen

Wie erzählende Texte entstehen

Jean-Claude Carrière
Das Geheimnis des Bildhauers

Ein Bildhauer ließ sich einen großen Steinblock liefern und machte sich an die Arbeit. Einige Monate später hat er ein Pferd aus Stein gemeißelt.

Da fragte ihn ein Kind, das ihm bei der Arbeit zugesehen hat: „Woher wusstest du, dass ein Pferd im Stein steckte?“

1 Tarek hat seinen Freunden mit „Das Geheimnis des Bildhauers“ einen neuen Text mitgebracht und ist gespannt auf deren Reaktion. Lies Jean-Claude Carrières Geschichte und formuliere deinen ersten Leseeindruck.

2 Mit folgenden Äußerungen der Textdetektive kann Tarek nicht viel anfangen. Erläutere, warum Tarek unzufrieden ist.

3 Bei einigen Wörtern im Text sind sich sogar die Textdetektive unsicher. Wähle eine Aufgabe aus und vergleicht eure Ergebnisse anschließend in der Klasse.

- Zeichne den Bildhauer bei der Arbeit und beschrifte in deiner Zeichnung den Steinblock und den Meißel.
- Erkläre den Begriff *meißeln* schriftlich in eigenen Worten.
- Formuliere einen Lexikoneintrag zum Begriff *Bildhauer*.

4 Was meinst du: Ist die Geschichte tatsächlich passiert oder hat Jean-Claude Carrière sie erfunden? Schreibe eine kurze Antwort auf diese Frage und begründe deine Meinung.

5 Tarek liest aus dem Buch vor, in dem er den Text gefunden hat: „Geschichten kann man finden oder erfinden oder erleben, aber man muss sie auch machen. Die kleine Geschichte vom Geheimnis des Bildhauers, die wir Jean-Claude Carrière verdanken, ist dafür ein Beispiel." Diskutiert in kleinen Gruppen, welche Aussagen der Textdetektive richtig sind, und notiert diese in euer Heft.

A „Eine Geschichte ist also wie das Pferd des Bildhauers."

B „Wenn man eine Geschichte ‚macht', dann erfindet man immer etwas."

C „Um eine Geschichte zu ‚machen', braucht man eine Idee."

D „Einen Bildhauer kann man mit einem Schriftsteller vergleichen."

E „Wenn man eine Geschichte erlebt hat, dann ist nichts erfunden."

F „Nur in einer Fantasie-Geschichte ist die Handlung erfunden."

G „Wie ein Bildhauer Skulpturen erschafft, erschafft ein Schriftsteller Geschichten."

Das musst du wissen

Erzählende Texte

Erzählende Texte werden von einer Autorin bzw. einem Autor geschrieben, der bei Märchen und Fabeln aber oft unbekannt ist. Ihre Handlung ist zum Teil erlebt oder vollkommen erdacht. Man nennt sie deshalb auch **fiktionale Texte**.

6 Arbeite zusammen mit einem Partner und gestalte für ein bebildertes Kinderlexikon eine Seite mit der Überschrift „Wie eine Geschichte entsteht".

4

Spannende und manchmal lustige Texte

Erzählende Texte kennenlernen

Silke Wolfrum

Der Stinkwettbewerb

Kaum ist die Schiebetür des Schuhschränkchens zugezogen, klappern und klackern die Schuhe aufgeregt durcheinander. Die mittlere Reihe wird freigeräumt, denn sie dient nun als Laufsteg. Ein dunkelblauer Plastik-Badeschlappen sorgt für Ruhe:

„Meine Damen, meine Herren! Ich begrüße Sie herzlich zum siebenundzwanzigsten Stinkwettbewerb unseres Schuhschränkchens. Sicher sind Sie alle genauso gespannt wie ich, wer heute siegen wird. Und ich begrüße sogleich den Gewinner der letzten sechsundzwanzig Stinkwettbewerbe: das Paar Turnschuhe!“ Zwei Paar Lederschuhe schlagen einen Trommelwirbel, alle anderen applaudieren. Lässig schwingen sich zwei Turnschuhe in die mittlere Reihe und schreiten wippend den Laufsteg entlang. „Die Turnschuhe, meine Damen und Herren“, fährt der Badeschlappen fort, „Größe 42, auch heute wieder in Top-Form. Beachten Sie die sportliche Figur, die Elastizität der Schnürsenkel, das durchtrainierte Profil. Doch kommen wir gleich zum Höhepunkt: dem Stinktest. Ich darf die Jury nach vorne bitten.“ Zwei Damenhalbschuhe, zwei Herrenhalbschuhe und eine vergessene Socke treten nach vorn. „Ich bitte nun die Turnschuhe, uns eine Probe ihres Stinkvermögens zu geben. Ruhe, meine Damen und Herren, Ruhe bitte!“

Die beiden Turnschuhe wippen noch einmal lässig nach vorn, dann ziehen sie sich eng zusammen, schlingen ihre Schnürsenkel um den Körper und lassen dann mit einem Schlag los. Aus ihrem Inneren steigt eine glasige Stinkschwade auf, gefolgt von einem „Ahhh!“ und „Ohhh!“ aus allen Reihen. Ein Paar Sandalen fängt an zu röcheln und ein Stöckelschuh fällt in Ohnmacht. Applaus von allen Seiten!

Unter Husten meldet sich der Badeschlappen wieder zu Wort: „Ich muss sagen, das ist wohl kaum noch zu überbieten. Ein einfach umwerfender Gestank. Bravo! Und ich sehe gerade, die Jury gibt einstimmig eine glatte Eins für diese beeindruckende Vorführung. Und dennoch haben wir einen Herausforderer, einen, der sich traut, es mit dieser Größe an Gestank aufzunehmen. Ich fürchte, er wird kein großes Glück haben. Doch ich begrüße trotzdem herzlich die – die – die Kinderschuhe!"

Verhaltener Applaus ertönt im Schuhkasten. Neugierige Blicke folgen einem Paar kleiner roter Lackschuhe, das etwas schüchtern auf den Laufsteg hüpft und verlegen seinen Klettverschluss öffnet und schließt. Der Badeschlappen räuspert sich: „Nun, die Herausforderer, zwei rote Kinder-Lackschuhe, Größe – ähm – 26. Ich kann nur sagen: mutig! Und nun bitte ich auch diese Teilnehmer, uns eine Kostprobe ihres Gestanks zu geben. Achtung! Bitte Ruhe!"

Aus der untersten Schuhreihe ertönt höhnisches Gelächter. Die Turnschuhe lächeln überlegen. Der wiedererwachte Stöckelschuh ratscht ungeniert mit einem Winterstiefel. Als endlich Ruhe einkehrt, ziehen sich die beiden Kinderschuhe ganz eng zusammen, wickeln sich ihre Klettverschlüsse um den kleinen Körper und lassen dann mit einem Schlag los. Aus dem Inneren der Schuhe erhebt sich eine schwefelige Dunstwolke von ungeahnter Größe.

Ein Geruch von jahrelang gelagertem Stinkkäse breitet sich im Schuhschränkchen aus und verschlägt dem gesamten Publikum den Atem. Es entsteht ein Moment verdutzter, atemloser Stille. Dann kippen die zwei Herrenhalbschuhe, der Winterstiefel und eine Sandale betäubt nach hinten. Den Sandalen haut es glatt die Sohle weg. Sofort erschallt ein wildes Geschrei. Wer noch atmen kann, macht seiner Begeisterung Luft. Die Jury – jedenfalls der noch wache Teil davon – gibt den Kinderschuhen eine Eins mit Stern. Die Kinderschuhe haben gewonnen! Feierlich überreicht der Badeschlappen ihnen den Goldenen Schuhlöffel und einen Gutschein für eine Ganzkörper-Bürstenmassage.

Noch Jahre später erzählen sich die Schuhe von dem unerwarteten Sieg der roten Kinderschuhe und fragen sich, wessen Käsfüße da wohl dringesteckt haben.

1 Lies die Geschichte von Silke Wolfrum laut und beschreibe, welche Wirkung sie auf dich hat.

2 Die Textdetektive möchten die Geschichte genauer unter die Lupe nehmen. Halte in deinem Heft Fragen fest, die für diesen genauen Blick auf die Geschichte hilfreich sind: *Wo und wann spielt die Geschichte? Wie verhalten sich die Turnschuhe gegenüber den Kinderschuhen?* usw. Formuliere weitere Fragen.

3 Jakob will zunächst das Thema der Geschichte benennen. Auf seinen Block hat er bereits mehrere Möglichkeiten geschrieben. Wähle die treffendste Formulierung aus und begründe deine Meinung.

- Kinderschuhe gewinnen überraschend den Stinkwettbewerb
- Turnschuhe verlieren gegen Kinderschuhe
- Schuhe treten gegeneinander in einem Stinkwettbewerb an
- Der Stinkwettbewerb
- Der Badeschlappen lädt zum 27. Stinkwettbewerb ein

4 Liam und Enya müssen über die Geschichte immer noch lachen. Zeichne die begonnene Sammlung in dein Heft und wähle eine der folgenden Aufgaben aus.

- Ergänze die Sammlung.
- Ergänze die Sammlung und umkreise anschließend *Ideen* und *Formulierungen* mit zwei unterschiedlichen Farben.
- Verändere und ergänze die Sammlung, indem du in unterschiedlichen Farben auf die linke Hälfte Ideen und auf die rechte Formulierungen schreibst.

durcheinanderklackern

?

?

Silke Wolfrum:
Der Stinkwettbewerb
lustige Ideen und
lustige Formulierungen

?

?

?

5 Erstellt in kleinen Gruppen zu den Figuren der Geschichte ein Lernplakat. Ordnet die handelnden Figuren nach ihrer Funktion in der Geschichte (z. B. Wettbewerbsteilnehmer) und schreibt zu jeder Figur eine wichtige Information aus dem Text.

6 Beschreibe in Stichworten, wie sich die anderen Schuhe im Schuhschränkchen gegenüber den Kinderschuhen verhalten.

7 Tarek findet die Geschichte spannend und will wissen, wie sie aufgebaut ist. Insgesamt hat er acht Abschnitte gezählt. Ergänze zusammen mit einem Partner die folgende Tabelle und übertrage sie in dein Heft.

Abschnitt	Zeile	Zusammenfassung der Handlung
1	1–7	Umräumen des Schuhschränkchens
2		
3		
4		
5		
6		
7		Wirkung des Gestanks, Sieg der Kinderschuhe
8		

8 Male in der Tabelle die Zeilen, die zur Einleitung, zum Hauptteil und zum Schluss der Geschichte gehören, mit drei unterschiedlichen Farben an.

9 Zeichnet in kleinen Gruppen die begonnene Spannungskurve auf ein Plakat. Tragt für jeden Abschnitt ein Spannungskreuz ein und verbindet diese dann zu einer Kurve. Vergleicht eure Ergebnisse anschließend in der Klasse.

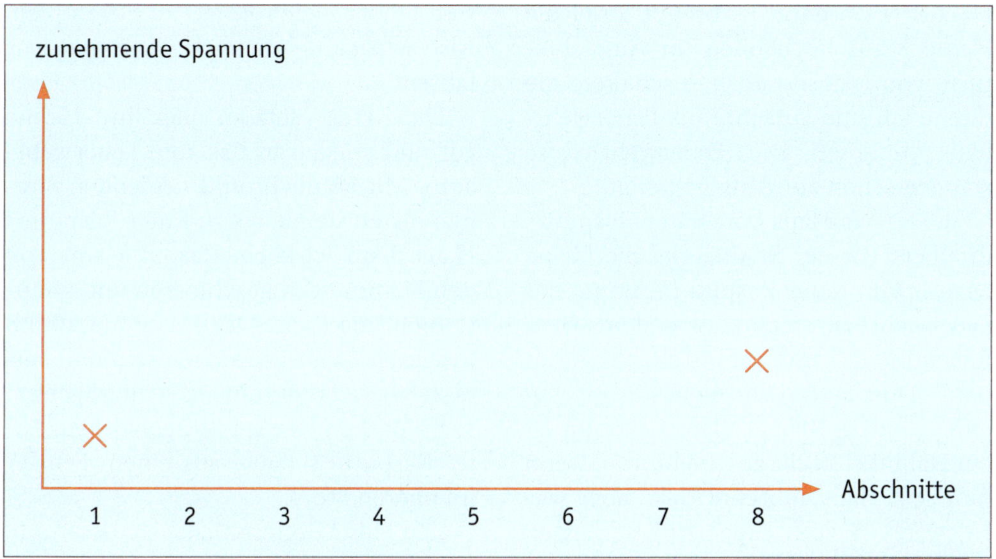

10 Ergänze einen der folgenden Sätze.

- Das Spannungskreuz für den ersten Abschnitt ist nicht ganz unten gezeichnet, weil der Leser bereits wegen der Überschrift …
- Das Spannungskreuz für den letzten Abschnitt ist nicht ganz unten gezeichnet, weil …
- Die Spannungskreuze für den ersten und den letzten Abschnitt sind nicht ganz unten gezeichnet, weil …

11 Im siebten Abschnitt ist die Spannung besonders groß. Nenne einen Satz aus dem Text, der für diese Spannung sorgt, und begründe deine Meinung.

Das musst du wissen

Merkmale erzählender Texte

Erzählende Texte haben ein **Thema**, um das sich die Geschichte dreht. Für das Geschehen spielen neben **Ort** und **Zeit** die handelnden **Figuren** und ihre Beziehung zueinander eine wichtige Rolle. Meist sind sie in **Einleitung**, **Hauptteil** und **Schluss** unterteilt, wobei man den spannendsten Teil in der Handlungsabfolge **Höhepunkt** nennt. Besondere Ideen, Wörter oder Formulierungen machen erzählende Texte interessant, spannend oder lustig.

4

Wer erzählt was?

Merkmale erzählender Texte beschreiben

Erwin Moser

Feuer!

ACHTUNG! UNVOLLSTÄNDIGER TEXT

„Feuer! Es brennt! Es brennt!“, rief die kleine Maus hoch oben im Aussichtsturm von Mäusestadt. Sie schaltete die Sirene ein und rutschte ins Feuerwehrhaus hinunter. Die Feuerwehrmäuse standen schon zur Abfahrt bereit.

„Es ist das Haus von Kater Rasputin, draußen, vor der Stadt!“, rief die kleine Maus. „Von Kater Rasputin?“, fragte der Feuerwehrhauptmann. „Von demselben Rasputin, der uns schon so oft gejagt hat?“ „Dort fahren wir nicht hin!“, riefen einige andere Mäuse. „Der Rasputin ist ein Halunke! Recht geschieht ihm, wenn nun sein Haus abbrennt!“ „Ja, aber was ist, wenn er vom Feuer eingeschlossen ist?“, sagte der Feuerwehrhauptmann. „Einen Tod in den Flammen wünsche ich meinem ärgsten Feind nicht. Außerdem sind wir Feuerwehrleute, und es ist unsere Pflicht, jeden Brand zu bekämpfen. Also, Mäuse, nehmt euch zusammen, wir fahren!“

Die Mäuse setzten eilig ihre Helme auf und stiegen in das rote Feuerwehrauto. Mit Blaulicht und heulenden Sirenen rasten sie hinaus zu Kater Rasputins Haus. Und wirklich, Rasputin war von den Flammen eingeschlossen und konnte nicht ins Freie. Das Feuer musste im Erdgeschoss ausgebrochen sein und hatte sich bereits bis zum Dach durchgefressen, Löschen war sinnlos geworden. Kater Rasputin schaute aus einem Fenster im oberen Stock.

„Zu Hilfe! Rettet mich!“, schrie er und winkte verzweifelt mit den Armen. Die Feuerwehrmäuse holten schnell das Sprungtuch aus dem Auto, breiteten es aus und liefen unter Rasputins Fenster. Sie hatten ein etwas mulmiges Gefühl. Wie würde der Kater reagieren, wenn er gerettet war? Würde er sie jagen, wie er es immer getan hatte? Sie nahmen ihren ganzen Mut zusammen und spannten das Sprungtuch. Rasputin ließ sich fallen. Sein Gewicht riss den Mäusen beim Aufprall das Sprungtuch aus den Pfoten. Aber der Schnee dämpfte den Sturz. Die Mäuse wichen ängstlich zurück, doch der Kater hatte andere Sorgen. […]

1 Paula und Liam sind sich nicht einig, ob die Mäuse nun eher mutig oder eher ängstlich sind. Entscheide dich auf der Angst-Mut-Skala für eine Ziffer und begründe deine Meinung mithilfe von Textbelegen.

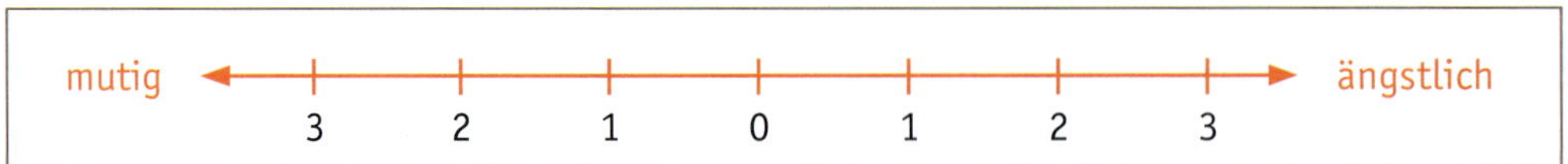

2 Paula möchte ihren Standpunkt mit den Gedanken und Gefühlen der Mäuse bekräftigen. Hilf ihr, indem du dazu passende Sätze aus dem Text angibst.

3 Liam hat inzwischen den nicht ganz vollständig gedruckten Text um zwei Sätze ergänzt: *Es wird schon nichts passieren, dachte eine der Mäuse. Recht hat er ja, dachte eine andere, wir müssen jetzt wohl tapfer sein.* Wähle eine der folgenden Aufgaben aus und besprecht eure Ergebnisse anschließend in der Klasse.

- Ergänze Liams Sätze um einen weiteren Gedanken der Mäuse.
- Notiere die Textstelle, in die Liams Sätze passend eingefügt werden können.
- Formuliere zwei entsprechende Sätze mit Gedanken und Gefühlen des Katers und füge sie an einer passenden Stelle ein.

4 Tarek fahndet mittlerweile nach dem Erzähler in der Geschichte. Er formuliert dazu einige Aussagen. Notiere, welche davon richtig sind, und belege sie an einem Beispiel aus dem Text.

Wortspeicher

Die Geschichte wird in der Ich-Form erzählt. – Die Geschichte wird in der Er-Form erzählt. – Der Erzähler kennt alle Handlungsteile. – Der Erzähler weiß mehr als die Mäuse. – Der Erzähler weiß weniger als die Mäuse. – Der Erzähler kennt die Gedanken und Gefühle der Figuren.

5 Lies die ersten beiden Abschnitte des Texts „Der Stinkwettbewerb" (→ S. 64) noch einmal und begründe, warum es sich nicht um einen Ich-Erzähler handelt.

Das musst du wissen

Beschreibung erzählender Texte

Wenn du einen Erzähltext beschreiben willst, musst du klären, **wer** die Geschichte erzählt, **was** erzählt wird und **aus welchem Blickwinkel**.

- Die **Erzählform** gibt an, wer die Geschichte erzählt: Der **Er-Erzähler** ist allwissend, der **Ich-Erzähler** dagegen kennt Vorgänge und Figuren nur aus seiner eigenen eingeschränkten Sicht.
  Achtung: Der Erzähler ist nicht der Autor der Geschichte!
- Als **äußere Handlung** bezeichnet man das, was passiert; als **innere Handlung** die Gedanken und Gefühle der Figuren.

6 Schreibe die Geschichte von Erwin Moser zu Ende und unterstreiche in deinem Text die innere Handlung.

7 Erzähle die Geschichte schriftlich aus der Sicht von Kater Rasputin. Überarbeitet eure Texte anschließend im Rahmen einer Schreibkonferenz (→ S. 41).

Texte verstehen leicht gemacht

Erzählende Texte erschließen

Root Leeb

Klein

Wir waren furchtbar viele Kinder zu Hause. So viele, dass ich sie gar nicht alle zählen konnte. Überall liefen langbeinige, schlaksige und ewig hungrige Brüder von mir herum. Dazwischen gab es auch Unmengen von Schwestern in allen Größen und Formen. Nur – so klein wie ich war keine.

Ich glaube, wir waren mindestens zwanzig. Und eine Mutter. Und ein Vater. Aber die sah ich nicht besonders oft, irgendwie waren immer irgendwelche anderen dazwischen. Und dann waren da immer wieder ein paar ältere, meist rundliche Mädchen, die immer nur kurz blieben und keine Schwestern von uns waren. Das waren die Kindermädchen. Kinderbuben hatten wir keine. Tiere auch nicht. Dafür mindestens fünftausend Bälle und Turngeräte. „Bewegung ist gesund“ und „Sport macht stark“ tönte es pausenlos um mich herum und alle hüpften und rannten ohne Unterbrechung durch die Gegend.

Der Vorteil bei dieser Familie war, dass keiner auf einen aufpasste, weil niemand den Überblick hatte. Der Nachteil bei dieser Familie war, dass keiner auf einen aufpasste, weil niemand den Überblick hatte. Und darum merkte auch niemand etwas. Zum Beispiel, dass ich als einzige so fürchterlich klein war. Kleiner als mich gab es weit und breit niemanden!

Wenn ich nicht so furchtbar klein gewesen wäre, hätte ich mit den anderen alles mitmachen können. Und die hätten mich nicht dauernd übersehen. Keiner sah, dass mir die Hüpfseile viel zu lang, die Bälle viel zu groß und die Gewichte viel zu schwer waren und dass die Schaukel für mich viel zu hoch hing.

Und wenn ich nicht so furchtbar klein gewesen wäre, hätte ich sicherlich nicht fortwährend so riesengroße Angst gehabt. Nicht vor Nachbars Stallhasen, den vielen steilen Treppen im Haus, dem Wind und anderen Gefahren draußen und auch nicht vor diesen vielen herumrasenden, -springenden und -trampelnden Beinen.

Wenn ich nicht so furchtbar klein gewesen wäre, hätte ich vielleicht auch die Geschichten geglaubt, die die Kindermädchen manchmal vorlasen. Kleine seien mutig und besiegten alle und würden mit allem fertig. Pah! Pfiffkäse, Pustekuchen, Papperlapapp! Mich schüttelte es vor Grauen, wenn ich mir nur vorstellte, was der kleine Däumling und Pinocchio und alle anderen Winzlinge alles durchmachen und aushalten mussten.

Ach, wenn ich doch nur ETWAS größer geworden wäre. Wie würde ich dem Hasen entgegenpupsen, die Treppen wie ein Federball hinauf- und hinunterfliegen, dabei dem einen oder anderen Langhaxigen ein Bein stellen und wie die Windsbraut persönlich ums Haus brausen.

Aber ach – ich war eben nicht größer.

So blieb mir nichts anderes übrig, als mich möglichst sicher zu verstecken und abzuwarten. Vielleicht wuchs ich doch einmal.

Ich wartete viele Ewigkeiten.

Und beobachtete mich – war ich nicht doch schon ein bisschen gewachsen? – und die anderen. Doch irgendwann musste ich in dem ungeheuren Gewurle und Gerenne etwas übersehen haben. Jemand Neuer war angekommen.

Und dieser Jemand war viel kleiner als ich! Und er hatte von vornherein schon einmal mindestens doppelt so viel Angst wie ich. Das sah man doch schon aus zehn Meter Entfernung. Das heißt – außer mir sah es wieder einmal niemand.

Wahrscheinlich hatte er meine Portion Angst gleich mitbekommen, denn auf einmal war ich mutig und wollte ihm helfen.

Und er himmelte mich an.

Als Erstes trug ich ihn zum Stallhasen.

1 Enya hat die Wörter *Langhaxigen* (→ Z. 68), *Windsbraut* (→ Z. 69) und *Gewurle* (→ Z. 80) unterstrichen. Die Begriffe findet man in einem Lexikon nicht, man muss sie sich aus dem Zusammenhang erschließen. Erklärt euch die Begriffe gegenseitig.

2 Liam ist auf der Suche nach Schlüsselwörtern. Das sind Wörter, die für das Textverständnis eine wichtige Rolle spielen. Bearbeite mit einer Textkopie eine der folgenden Aufgaben und begründe dein Ergebnis.

- Finde das Schlüsselwort, das am häufigsten vorkommt, und unterstreiche es mit der Farbe Blau in allen Formen.
- Zu den Wörtern *Bewegung* (→ Z. 20) und *Sport* (→ Z. 21) passen viele Wörter, in denen vom Sinn her Bewegung enthalten ist: z. B. *hüpften* (→ Z. 23) und *rannten* (→ Z. 23). Suche diese Wörter im Text und unterstreiche sie rot.
- Aus der folgenden Aufzählung kann nur ein Wort als Schlüsselwort bezeichnet werden. Finde es heraus und unterstreiche es mit allen vorkommenden Formen in deiner Textkopie: *Kinderbuben* (→ Z. 18) – *Familie* (→ Z. 25) – *Angst* (→ Z. 45) – *ETWAS* (→ Z. 64).

3 Ordne die aufgeführten Fragen den drei grün gedruckten Textstellen zu. Vergleicht anschließend eure Ergebnisse.

1) Wodurch unterscheidet sich das Verhalten des Erzählers von dem seiner Geschwister?
2) Auf welche Art und Weise soll der Erzähler seine Angst verlieren?
3) Welche konkreten Vor- und Nachteile könnte der Erzähler meinen?
4) Was bewirken die Geschichten von Pinocchio und vom Däumling?
5) Weshalb passt in der Familie niemand auf den Erzähler auf?
6) Welche Erfahrung macht der Ich-Erzähler zum ersten Mal?

4 Arbeitet in sechs Kleingruppen und beantwortet alle Fragen schriftlich.

4

Das musst du können

So erschließt du Texte

Um Texte besser verstehen zu können, werden sie **analysiert**. Dabei helfen dir sogenannte **Texterschließungsmethoden**:

- **unbekannte** Wörter unterstreichen und klären,
- **Schlüsselwörter**, die für die Handlung eine wichtige Rolle spielen, markieren,
- **Fragen** an den Text stellen und sie beantworten.

Angelika Ehret

Wunder über Wunder

„Mit denen werden wir noch unser blaues Wunder erleben", sagen die Leute, die im Stockwerk über Kemals Familie wohnen. „Na, das ist doch kein Wunder bei denen", sagen die Leute, die in der Wohnung neben Kemals Familie wohnen. „Also, ich wundere mich bei denen eigentlich über gar nichts mehr", sagte die Nachbarin aus dem Haus gegenüber. „Wir sind eine wunderbare Familie", sagt Kemals Vater.

5 In der kurzen Geschichte von Angelika Ehret ist das Schlüsselwort bereits in der Überschrift angegeben. Stelle zusammen, welche unterschiedlichen Bedeutungen es im Lauf der Geschichte hat.

6 Tarek ärgert sich über die Nachbarn von Kemals Familie. Welche Fragen würdest du ihnen stellen? Notiere zwei davon und tausche sie **mit einem Partner** aus. Beantwortet eure Fragen dann gegenseitig.

Manfred Mai

Hier bin ich!

Am Strand bauen ein paar Kinder eine Sandburg.

„Sie muss noch höher werden", sagt Ayshe und holt Wasser. Damit panschen sie frischen Sandmörtel, der nur so durch die Finger quillt. Als die Burg fertig ist, betrachten die Kinder ihr Werk – und sind sehr zufrieden.

„Und was tun wir jetzt?", fragt Lasse.

Zuerst lutschen sie mal ein Eis. Dann spielen sie Blindekuh. Lasse bekommt als Erster die Augen verbunden. Er spitzt die Ohren, um die anderen zu hören.

„Hier bin ich! Nein hier! Und schon wieder da!", rufen die Kinder.

Lasse dreht sich, greift hierhin und dorthin, aber immer ins Leere.

„Mama, was spielen die Kinder?", hört er plötzlich eine Mädchenstimme fragen.

„Ein Junge mit verbundenen Augen muss versuchen, die anderen Kinder zu fangen", antwortet die Mutter.

„Da kann ich mitspielen, ohne dass sie mir die Augen verbinden", sagt das Mädchen.

„Hä?" Lasse versteht den Satz nicht, nimmt das Tuch von den Augen und sieht erst jetzt, was die anderen Kinder längst gesehen haben. Das Mädchen ist blind.

„Darf ich mitspielen?", fragt das Mädchen.

Die Kinder sind so durcheinander, dass sie nur nicken. Und Lasse streckt dem Mädchen das Tuch entgegen.

„Darf ich?", wiederholt es.

„Klar", antwortet Ayshe.

Die Kinder sind etwas gehemmt und wissen nicht so recht, wie sie sich verhalten sollen. Deswegen erwischt das Mädchen schnell einige von ihnen.

„Ihr dürft es Amelie nicht so leicht machen", sagt die Mutter des Mädchens.

Nach und nach werden die Kinder munterer. „Hier bin ich! Hallo, Amelie! Fang mich doch! Kuckuck", rufen sie.

Amelie hört ganz genau hin, und es dauert nicht lange, bis sie Ayshe und Lasse erwischt. Da strahlt sie über das ganze Gesicht.

7 Erläutere in eigenen Worten, was man unter dem Begriff *Sandmörtel* (→ Z. 5) versteht.

8 Nenne das Schlüsselwort, das in der Geschichte von Manfred Mai vorkommt.

9 Erkläre, warum die Mutter von Amelie das Spiel der Kinder anders bezeichnet als die Kinder selbst.

10 Formuliert in kleinen Gruppen drei Fragen, die für das Verständnis der Geschichte eine wichtige Rolle spielen. Tauscht die Fragen dann mit einer anderen Gruppe aus und beantwortet sie gegenseitig.

4

Was fehlt denn hier im Text?

Erzählende Texte produktiv erschließen

Kristina Dunker
Traumtauscher

Sehr still ist es in meiner Stadt. Die Straßen liegen lautlos da wie steinerne Schlangen. Die Menschen schlafen. Ich bin zwar nur ein kleiner Vogel, aber mit meinem Morgenlied mache ich die Menschen froh und lasse ihre schlechten Träume wie Regenwolken weiterziehen.

Für Merle singe ich besonders gerne. Sie kennt meine Stimme und sagt zärtlich Amselprinz zu mir. Aber ausgerechnet ihr kann ich mit meinem Gesang nicht helfen. Jede Nacht erschreckt sie der gleiche böse Traum. [...] So schön ich auch singe, ihr Traum ist zu stark. Nun kann nur noch der Traumtauscher helfen und ich allein weiß, wo er wohnt.

„Tock, tock, tock“, rufe ich und winke Merle mit dem Flügel. „Komm!“ Sie zieht weder Schuhe an noch eine Jacke über den Schlafanzug, nimmt aber zwei Dosen Knackwürstchen mit. So folgt sie mir durch den frühen Morgen. Jetzt träumen die Menschen am meisten.

Der Traumtauscher wohnt in einem windschiefen blauen Haus auf einer kleinen Insel in der Mitte der Flussmündung. Um hinzukommen, müssen wir ein Boot nehmen. Die Zeit drängt: Der Traumtauscher arbeitet nur nachts. Es riecht seltsam auf der Insel.

„Drachenmist“, flüstert Merle erschrocken. Und schon stürmt der Drache aus dem Gebüsch. „Amselfleisch!“, brüllt er, reißt mit seinen Krallen die Erde neben uns auf und schnaubt mit seinem feurigen Atem. Merle schreit so laut wie in ihren Albträumen. „Ich werde zuerst deinen kleinen Freund fressen“, sagt der Drache genüsslich und beugt sich zu mir herunter. Verzweifelt schlage ich mit den Flügeln. Da wirft Merle dem Drachen eine Würstchendose an die Schnauze. „Lass meinen Freund in Ruhe!“, ruft sie und stellt sich vor mich. Sie ist sehr mutig [...] . Der Drache schnaubt so kräftig, dass er ein Bäumchen ansengt. „Ich geb dir Knackwürstchen!“ Merle reißt tapfer die zweite Dose auf und streckt ihm eins entgegen. „Hier, friss die!“ Erstaunt schielt der Drache Merle mit seinen großen Augen an. Merle schielt auch ein

bisschen. Vielleicht gefällt ihm das. Oder er mag ihren Mut. Merle lächelt vorsichtig. „Fang!“, ruft sie und wirft ein zweites Würstchen in die Luft.

Plötzlich erscheint der Traumtauscher. In dem Moment ist der Drache verschwunden, der erste Sonnenstrahl fällt auf Merles Gesicht. Der Traumtauscher trägt eine orangefarbene Jacke mit 89 verschiedenen Knöpfen. Manche sagen, jeder der Knöpfe erinnere ihn an eine verlorene Liebe. Andere glauben, die vielen Knöpfe seien zusätzliche Augen, mit denen der Traumtauscher seine Kunden beobachte. „Ich möchte einen Albtraum loswerden“, sagt Merle.

Der Traumtauscher winkt uns in sein Haus. Viele Treppen geht es hinab in ein Gewölbe. Dort stehen Regale mit Einmachgläsern voller gesammelter Träume. In einigen kann man kleine Monster sehen, in anderen explodieren winzige Vulkane. In einem kriecht ein Kind aus einem brennenden Schneckenhaus. Wieder andere sind voll Wasser gelaufen, vielleicht weil jemand eine Sintflut herbeigeträumt hat. „Meine Schätze“, sagt der Traumtauscher stolz. Die Knöpfe auf seiner Strickjacke blinken. Seine Augen sind blassblau wie helle Nächte. „Lass deinen Traum hören. Mal sehen, ob ich ihn bei mir unterbringen kann.“ Er schraubt ein leeres Einmachglas auf. „Wo ist der Drache?“, fragt Merle, aber er antwortet nicht, sondern reicht ihr das Glas. „Mein Traum ist aber sehr böse.“ „Ich weiß.“

Merle erzählt. Leise. Nur der Traumtauscher soll sie hören. Wenn etwas so beängstigend ist, kann man es nicht jedem sagen. Ich setze mich auf ihre Schulter. Der Traumtauscher hört einfach nur zu. Und so spricht sie weiter. „An der Stelle schreie ich immer, so laut ich kann!“, sagt sie. „Jetzt will er mich fressen!“ Da durchzuckt ein greller Blitz den Raum und Merles Traum ist in das Glas gesperrt. Es ist … der Drache!

„Ein prächtiges Exemplar!“ Der Traumtauscher freut sich. „Den nehme ich gern. Oder möchtest du ihn wieder mitnehmen?“ Er hält ihr das Einmachglas hin. „Nein, das möchte ich nicht!“, sagt Merle. „Aber dein Mut hat ihn gezähmt. Du hast deinen Traum hier zu Ende geträumt und er wird dir nichts mehr tun. Du möchtest ihn trotzdem tauschen?“ „Ja.“ Zum Abschied gibt er ihr die Hand. „Der eingetauschte Traum wartet zu Hause auf dich. Ich hoffe, er gefällt dir.“ Mir nickt er zu. „Bis bald, Amselprinz.“

Wir steigen die Stufen hinauf. Noch bevor wir oben sind, überfällt Merle mächtige Müdigkeit. „Amselprinz, ich hab was Verrücktes geträumt! Du und ich haben einen Ausflug gemacht, da war wieder der Drache, aber er hat mir nichts getan, er hat mir zugeblinzelt!“ Merle springt fröhlich aus dem Bett. „Toll! Das muss ich Mama erzählen!“

Ich lasse mir ein Stück Erdbeere schmecken und breite meine Flügel aus. Auf Wiedersehen Merle. Es warten noch viele unruhige Schläfer auf einen geflügelten Prinzen.

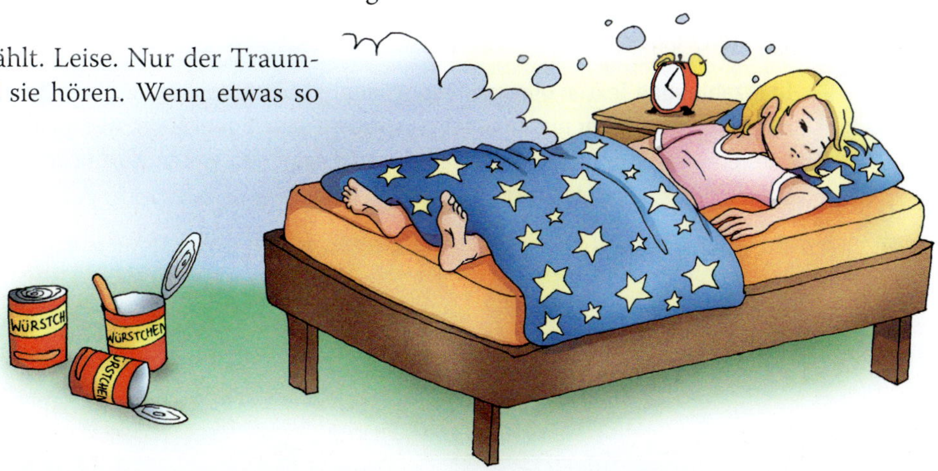

1 Enya möchte den Textdetektiven den „Traumtauscher“ vorlesen. Um das Interesse ihrer Zuhörer zu wecken, erzählt sie in einer kurzen Vorrede, was sie in der Geschichte erwartet. Schreibe Enyas Vorrede in dein Heft und ergänze sie.

> *Der „Traumtauscher“ ist eine spannende Geschichte von…*
> *Es geht darin auch um… Aber ich möchte euch nicht zu viel verraten. Hört selbst.*

2 An den Auslassungszeichen auf der Seite 74 in Zeile 13 siehst du, dass im Text etwas fehlt. Wähle eine der folgenden Aufgaben und vergleicht anschließend eure Ergebnisse.

- Welcher der folgenden Sätze passt am besten? Gib die richtige Lösung an.
  - Das bekommt sie aber gar nicht so richtig mit und schläft nach kurzer Zeit schon wieder ruhig weiter.
  - Dann japst sie und schnappt nach Luft, wirft sich im Bett hin und her und tritt mit den Füßen gegen die Decke.
  - Dann runzelt sie die Stirn, dreht sich einmal nach links und einmal nach rechts und streckt ihre Beine richtig aus.
- Welcher der Sätze passt am besten? Gib die richtige Lösung an und begründe deine Meinung.
- Verfasse einen eigenen Satz, der in den Zusammenhang von Merles Albtraum passt.

3 Auch in Zeile 45 gibt es Auslassungszeichen. Im Originaltext geht der Satz mit einer Einschränkung weiter: „… aber ich weiß, …“ Schreibe den Satz zu Ende.

4 Was passiert genau, bevor der Traumtauscher erscheint? Verlängere das Ende des dritten Abschnitts um einige Sätze.

5 Am Ende der Geschichte verlässt der Amselprinz Merle. Füge in den zweiten Teil des Satzes „und breite meine Flügel aus“ (→ Z. 124) ein Adjektiv ein, das seine Gefühlslage treffend beschreibt.

Das musst du können

So füllst du Leerstellen

In erzählenden Texten gibt es oft sogenannte Leerstellen, wo äußere oder innere Handlung vom Autor nur angedeutet wird. Du selbst denkst dir, was an diesen Stellen passieren könnte. Indem du diese Leerstellen mit passenden Worten oder einigen Sätzen füllst, verstehst du den Text noch besser.

6 Jakob und Tarek möchten zum „Traumtauscher" ein Hörspiel erstellen und haben zur Information die Kinderhörspieltage in Karlsruhe besucht. Dort haben sie viel über Lesen, Vorlesen und Hören von Büchern erfahren. Betrachte zusammen mit einem Partner die drei Bilder und notiere Gemeinsamkeiten und Unterschiede der jeweiligen Lesesituation. Vergleicht eure Ergebnisse anschließend in der Klasse.

7 Nun soll das Hörspiel zum „Traumtauscher" von Kristina Dunker entstehen. Arbeite zusammen mit einem Partner an einer Textkopie. Legt die verschiedenen Rollen für die Hörspielfassung fest und markiert den jeweiligen Text mit einer anderen Farbe.

8 Übt in kleinen Gruppen das flüssige, einfühlsame und spannungerzeugende Lesen des Texts. Verteilt dazu die Rollen. Gebt euch gegenseitig eine Rückmeldung.

9 Sprecht in der Klasse darüber, welche Musik und Geräusche ihr an geeigneten Stellen einfügen wollt. Haltet eure Ergebnisse in einem Regieplan (→ S. 141) fest.

10 Klärt, welche technischen Möglichkeiten ihr in der Schule für eine Aufnahme habt, und notiert, wie die Aufnahme erfolgen soll.

11 Erstellt in Kleingruppen nun das Hörspiel.

12 Spielt euch eure Hörfassungen in der Klasse gegenseitig vor und formuliert eine Rückmeldung an die Verfasser.

Hörfassungen von Büchern

Das musst du wissen

Hörbücher gibt es sowohl zu Sach- als auch zu literarischen Texten. Hörfassungen literarischer Texte können entweder nur gelesen oder als Hörspiel gestaltet sein mit mehreren Sprechern, Geräuschen und Musik.

4

Märchenhaftes lesen

Märchen erkennen und nacherzählen

Brüder Grimm
Die sieben Raben

Ein Mann hatte sieben Söhne und immer noch kein Töchterchen, so sehr er sich auch eins wünschte; endlich gab ihm seine Frau wieder gute Hoffnung zu einem Kinde, und wie's zur Welt kam, war's ein Mädchen. Ob es gleich schön war, so war's doch auch schmächtig und klein und sollte wegen seiner Schwachheit die Nottaufe haben. Da schickte der Vater einen der Knaben eilends zur Quelle, Taufwasser zu holen, und die andern sechs liefen mit. Jeder wollte aber der erste beim Schöpfen sein, und darüber fiel ihnen der Krug in den Brunnen. Da standen sie und wussten nicht, was sie tun sollten, und keiner getraute sich heim. Dem Vater ward unter der Weile angst, das Mädchen müsste ungetauft verscheiden, und wusste gar nicht, warum die Jungen so lange ausblieben. „Gewiss", sprach er, „haben sie es wieder über ein Spiel vergessen"; und als sie immer nicht kamen, fluchte er im Ärger: „Ich wollte, dass die Jungen alle zu Raben würden." Kaum war das Wort ausgeredet, so hörte er ein Geschwirr über seinem Haupt in der Luft, blickte auf und sah sieben kohlschwarze Raben auf und davon fliegen.

Die Eltern konnten die Verwünschung nicht mehr zurücknehmen, und so traurig sie über den Verlust ihrer sieben Söhne waren, trösteten sie sich doch einigermaßen durch ihr liebes Töchterchen, das bald zu Kräften kam und mit jedem Tage schöner ward. Es wusste lange Zeit nicht einmal, dass es Geschwister gehabt hatte, denn die Eltern hüteten sich, ihrer zu erwähnen, bis es eines Tages von ungefähr die Leute von sich sprechen hörte, das Mädchen wäre wohl schön, aber doch eigentlich Schuld an dem Unglück seiner sieben Brüder. Da ward es ganz betrübt, ging zu Vater und Mutter und fragte, ob es denn Brüder gehabt hätte, und wo sie hingeraten wären? Nun durften die Eltern das Geheimnis nicht länger verschweigen, sagten jedoch, es sei so des Himmels Verhängnis gewesen, und seine Geburt nur der unschuldige Anlass. Allein das Mädchen machte sich täglich ein Gewissen daraus und glaubte, es müsste seine Geschwister wieder erlösen. Es hatte nicht Ruhe und Rast, bis es sich heimlich aufmachte und in die weite Welt ging, seine Brüder irgendwo aufzuspüren und zu befreien, es möchte kosten, was es wollte. Es nahm nichts mit sich als ein Ringlein von seinen Eltern zum Andenken, einen Laib Brot für den Hunger, ein Krüglein Wasser für den Durst und ein Stühlchen für die Müdigkeit.

Nun ging es immer zu, weit bis an der Welt Ende. Da kam es zur Sonne, aber die war zu heiß und fürchterlich und fraß die kleinen Kinder. Eilig lief es weg und hin zu dem Mond, aber der war gar zu kalt und auch grausig und bös, und als er das Kind merkte, sprach er: „Ich rieche Menschenfleisch." Da machte es sich geschwind fort und kam zu den Sternen, die waren ihm freundlich und gut, und jeder saß auf seinem besondern Stühlchen. Der Morgenstern aber stand auf, gab ihm ein Hinkelbeinchen und sprach: „Wenn du das Beinchen nicht hast, kannst du den Glasberg nicht aufschließen, und in dem Glasberg, da sind deine Brüder."

Das Mädchen nahm das Beinchen, wickelte es wohl in ein Tüchlein und ging wieder fort, so lange, bis es an den Glasberg kam, dessen Tor verschlossen war. Nun wollte es das Beinchen hervor holen, aber wie es das Tüchlein aufmachte, so war es leer, und es hatte das Geschenk der guten Sterne verloren. Was sollte es nun anfangen? Seine Brüder wollte es erretten und hatte keinen Schlüssel zum Glasberg. Das gute Schwesterchen nahm ein Messer, schnitt sich sein kleines Fingerchen ab, steckte es in das Tor und schloss glücklich auf. Als es hinein getreten war, kam ihm ein Zwerglein entgegen, das sprach: „Mein Kind, was suchst du?“ „Ich suche meine Brüder, die sieben Raben“, antwortete es. Der Zwerg sprach: „Die Herren Raben sind nicht zu Haus, aber willst du hier so lang warten, bis sie kommen, so tritt ein“. Darauf brachte das Zwerglein die Speise der Raben getragen auf sieben Tellerchen und in sieben Becherchen, und von jedem Tellerchen aß das Schwesterchen ein Bröckchen, und aus jedem Becherchen trank es ein Schlückchen, in das letzte Becherchen aber ließ es das Ringlein fallen, das es mitgenommen hatte.

Auf einmal hörte es in der Luft ein Geschwirr und ein Geweh, da sprach das Zwerglein: „Jetzt kommen die Herren Raben heim geflogen.“ Da kamen sie, wollten essen und trinken, und suchten ihre Tellerchen und Becherchen. Da sprach einer nach dem andern: „Wer hat von meinem Tellerchen gegessen? Wer hat aus meinem Becherchen getrunken? Das ist eines Menschen Mund gewesen“. Und wie der siebente auf den Grund des Bechers kam, rollte ihm das Ringlein entgegen. Da sah er es an und erkannte, dass es ein Ring von Vater und Mutter war, und sprach: „Gott gebe, unser Schwesterlein wäre da, so wären wir erlöst.“ Wie das Mädchen, das hinter der Türe stand und lauschte, den Wunsch hörte, so trat es hervor, und da bekamen alle die Raben ihre menschliche Gestalt wieder. Und sie herzten und küssten einander und zogen fröhlich heim.

1 Notiere für die folgenden Wörter jeweils ein Synonym (→ S. 159).

Verwünschung (→ Z. 29) – *Hinkelbeinchen* (→ Z. 75) – *herzten* (→ Z. 128)

2 Liam möchte seinen Freunden das Märchen „Die sieben Raben“ erzählen. Er hat als Gedächtnisstütze zum Nacherzählen die oben stehenden Bilder gefunden. Bring sie in die richtige Reihenfolge und ordne sie jeweils einem Textabschnitt zu.

3 Zum Nacherzählen braucht Liam eine kleine Unterstützung. Lege einen Stichwortzettel an und vermerke darauf zu jedem Bild eine Überschrift. Erzähle das Märchen anschließend nach.

Das musst du können

So erzählst du Geschichten nach

Wenn du eine Geschichte nacherzählst, richtest du dich nach dem Verlauf der Handlung. Wenn du die Geschichte vor einer Gruppe vorträgst, ist es hilfreich, dir als Gedächtnisstütze einen Stichwortzettel mit den wichtigsten Handlungsschritten anzulegen.

4 Zeichne die begonnene Mind-Map in dein Heft und arbeitet dann in Fünfergruppen. Verteilt innerhalb der Gruppen jeweils eine der folgenden Aufgaben. Achtung: Alle Aufgaben müssen am Ende bearbeitet sein. Tauscht eure Ergebnisse anschließend in der Gruppe aus und ergänzt die Mind-Map in eurem Heft.

- Trage in die offenen Äste die Figuren des Märchens ein.
  Trage in die offenen Äste die verbleibenden Handlungsorte ein.
- Formuliere den ersten Ast bei „Zeitangabe“ um, damit daraus eine Zeitangabe wird, und suche im Text eine weitere Zeitangabe für den zweiten Ast.
  Suche die verschiedenen Wunder des Märchens und füge dafür jeweils einen neuen Ast in der Mind-Map ein.
- Formuliere zwei Möglichkeiten, das Thema der Geschichte anzugeben, und trage sie ein.

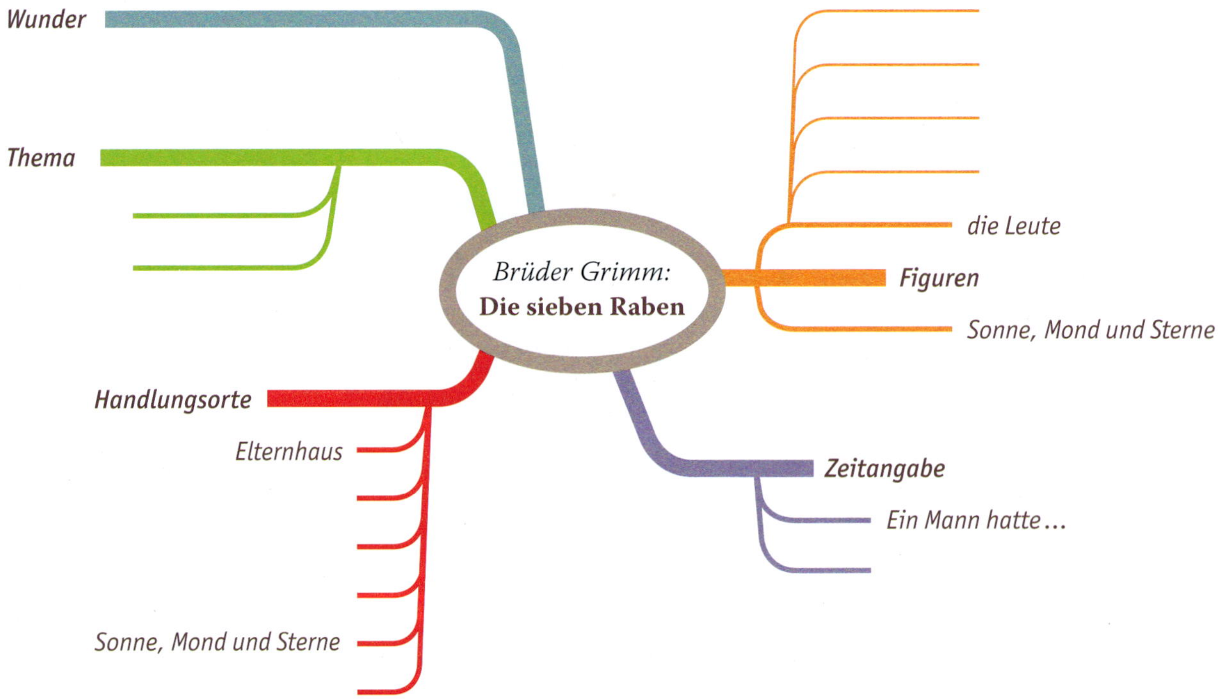

Das musst du wissen

Märchen

Märchen gibt es auf der ganzen Welt, seit sich Menschen Geschichten erzählen. Sie entstammen einer **mündlichen Tradition**, das heißt, sie wurden durch das Erzählen an Kinder überliefert. Daher gibt es zu einem Märchen oft auch verschiedene Fassungen. Im 19. Jahrhundert wurden die deutschen Märchen zum ersten Mal systematisch gesammelt und aufgeschrieben. Daraus ist die bekannte Märchensammlung der Brüder Grimm entstanden. Märchen weisen einige charakteristische Merkmale auf: Es gibt eine deutliche Unterscheidung zwischen **Gut und Böse**, die sich vor allem in den handelnden Figuren zeigt. Die Heldenfigur hat **Abenteuer** zu bestehen oder wird schweren Prüfungen unterzogen. In der Märchenwelt gibt es **keine genauen Orts- und Zeitangaben, Zauber** und **Wunder** sind feste Bestandteile der Handlung. Märchen gehen fast immer gut aus.

5 Erstellt in kleinen Gruppen ein Informationsplakat zu Märchen. Verwendet dazu die Informationen aus den Wissenskasten und nehmt jeweils passende Textbeispiele aus dem „Sterntaler" auf. Achtet auf eine übersichtliche Darstellung.

Brüder Grimm
Sterntaler

Es war einmal ein kleines Mädchen, dessen Vater und Mutter gestorben waren. Es war so arm, dass es kein Kämmerchen mehr hatte, um darin zu wohnen, und kein Bettchen mehr hatte, um darin zu schlafen. Irgendwann hatte es gar nichts mehr außer den Kleidern auf dem Leib und ein Stück Brot in der Hand, welches ihm ein gutes Herz geschenkt hatte. Es war aber gut und fromm und so ging es im Vertrauen auf den lieben Gott hinaus ins Ungewisse. Da begegnete ihm ein armer, alter Mann, der sprach: „Ach bitte, ich bin so hungrig. Gib mir etwas zu essen!" Da reichte es ihm das ganze Stück Brot und sagte: „Gott segne es dir", und ging weiter. Da kam ein Kind, das jammerte und sprach: „Es friert mich so an meinem Kopfe! Bitte schenk mir etwas, womit ich ihn bedecken kann." Da nahm es sein Mützchen ab und gab es ihm. Und als es noch ein Stück gegangen war, kam wieder ein Kind, das fror, und bat um sein Röcklein und das gab es auch noch hin. Endlich gelangte es in einen Wald und es war schon dunkel geworden. Da kam noch ein Kind und bat um ein Hemdchen. Das fromme Mädchen dachte: „Die Nacht ist dunkel, da sieht mich niemand. Du kannst wohl auch dein Hemd weggeben", und zog das Hemd ab und gab es auch noch hin.Und wie es so stand und gar nichts mehr hatte, fielen auf einmal die Sterne vom Himmel und waren lauter harte, blinkende Taler. Und auch wenn es sein Hemdlein weggegeben, so hatte es ein neues an und das war vom allerfeinsten Linnen. Da sammelte es die Taler hinein und war reich für sein Lebtag.

6 Sucht euch in eurer Kleingruppe ein Märchen aus, notiert in Stichworten den Handlungsgang und erzählt das Märchen dann in eurer Klasse.

Wie es weitergehen könnte

Märchen um- und weiterschreiben

Brüder Grimm

Das Hirtenbüblein

Es war einmal ein Hirtenbübchen, das war wegen seiner weisen Antworten, die es auf alle Fragen gab, weit und breit berühmt. Der König des Landes hörte auch davon, glaubte es nicht und ließ das Bübchen kommen. Da sprach er zu ihm: „Kannst du mir auf drei Fragen, die ich dir vorlegen will, Antwort geben, so will ich dich ansehen wie mein eigen Kind, und du sollst bei mir in meinem königlichen Schloss wohnen." Sprach das Büblein: „Wie lauten die drei Fragen?" Der König sagte: „Die erste lautet: Wie viel Tropfen Wasser sind in dem Weltmeer?" Das Hirtenbüblein antwortete: „Herr König, lasst alle Flüsse auf der Erde verstopfen, damit kein Tröpflein mehr daraus ins Meer lauft, das ich nicht erst gezählt habe, so will ich Euch sagen, wie viel Tropfen im Meere sind." Sprach der König: „Die andere Frage lautet: Wie viel Sterne stehen am Himmel?" Das Hirtenbübchen sagte: „Gebt mir einen großen Bogen weiß Papier" und dann machte es mit der Feder so viel feine Punkte darauf, dass sie kaum zu sehen und fast gar nicht zu zählen waren und einem die Augen vergingen, wenn man darauf blickte. Darauf sprach es: „So viel Sterne stehen am Himmel, als hier Punkte auf dem Papier, zählt sie nur." Aber niemand war dazu imstand. Sprach der König: „Die dritte Frage lautet: …

1 Entscheide, welche der folgenden Fragen sich für eine Fortsetzung des Märchens eignen, und begründe deine Entscheidung.

1) Wie viel Schnee liegt auf den Bergen meines Landes?
2) Wie viele Sekunden hat ein Jahr?
3) Wie lange dauert die Ewigkeit?
4) Wie viele Bücher stehen in der Bibliothek meines Schlosses?

2 Schreibe das Märchen zu Ende und vergleicht eure Ergebnisse.

Hans Christian Andersen

Die Prinzessin auf der Erbse

Es war einmal ein Prinz, der wollte eine Prinzessin heiraten, aber es sollte eine wirkliche Prinzessin sein. Da reiste er in der ganzen Welt herum, um eine solche zu finden, aber überall war da etwas im Wege. Prinzessinnen gab es genug, aber ob es wirkliche Prinzessinnen waren, konnte er nicht herausbringen, immer war etwas, was nicht in der Ordnung war. Da kam er wieder nach Hause und war ganz traurig, denn er wollte doch gern eine wirkliche Prinzessin haben.

Eines Abends zog ein furchtbares Wetter auf; es blitzte und donnerte, der Regen stürzte herunter, es war ganz entsetzlich. Da klopfte es an das Stadttor, und der alte König ging hin, aufzumachen. Es war eine Prinzessin, die draußen vor dem Tore stand. Aber wie sah sie vom Regen und dem bösen Wetter aus! Das Wasser lief ihr von den Haaren und Kleidern herunter und lief in die Schnäbel der Schuhe hinein und aus den Hacken wieder heraus, und sie sagte, dass sie eine wirkliche Prinzessin sei. „Ja, das werden wir schon erfahren!“, dachte die alte Königin, aber sie sagte nichts, ging in die Schlafkammer hinein, nahm alle Betten ab und legte eine Erbse auf den Boden der Bettstelle. Darauf nahm sie zwanzig Matratzen, legte sie auf die Erbse […]. Da sollte nun die Prinzessin die ganze Nacht liegen. Am Morgen wurde sie gefragt, wie sie geschlafen habe. „O, schrecklich schlecht!“, sagte die Prinzessin. „Ich habe meine Augen die ganze Nacht nicht geschlossen! Gott weiß, was da im Bette gewesen ist. Ich habe auf etwas Hartem gelegen, so dass ich ganz braun und blau über meinem ganzen Körper bin! Es ist ganz entsetzlich!“ Nun sahen sie wohl, dass es eine wirkliche Prinzessin war, da sie durch die zwanzig Matratzen […] die Erbse verspürt hatte. So empfindlich konnte niemand sein, außer einer wirklichen Prinzessin.

Da nahm der Prinz sie zur Frau, denn nun wusste er, dass er eine wirkliche Prinzessin besitzt, und die Erbse kam in die Kunstkammer, wo sie noch zu sehen ist, wenn sie niemand genommen hat.

3 Paula möchte eine moderne Fassung von Andersens Märchen schreiben. Sie hat sich drei Anfänge ausgedacht. Wähle einen aus, übertrage die Tabelle in dein Heft und ergänze sie.

- Es war einmal ein junger Mann, der wollte ein Mädchen heiraten, aber er wollte wissen, ob es ihn wirklich liebte …
- Es war einmal ein Schulleiter, der sollte einen neuen Schüler aufnehmen, aber er wollte wissen, ob …
- Es war einmal eine Mutter, die …

	Die Prinzessin auf der Erbse (1837)	Die Prinzessin auf der Erbse (heute)
Figuren		
Eigenschaften der Figuren		
Prüfung		
Ende		

4 Schreibe die moderne Fassung des Märchens auf der Grundlage deiner Tabelle.

So schreibst du Geschichten um und weiter

Das musst du können

Wenn du eine Geschichte weiter- oder umschreiben möchtest, musst du genau darauf achten, dass sie zum vorgegebenen Teil passt (z. B. Handlungsgang, Verhalten der Figuren). Beim Modernisieren hilft es dir, zuerst zu überlegen, wie du die wichtigsten Personen und Handlungsteile ins „Heute“ übertragen kannst.

4

Was DU schon kannst!

Kompetenztest

Den Handlungsverlauf einer Geschichte erkennen

1 Bringe die folgenden Sätze in die richtige Reihenfolge, sodass eine sinnvolle und zusammenhängende Geschichte entsteht.

A Da wurden zuletzt die Kinder so ungeduldig, dass sie warteten, bis eines Sonntags die Nixe in der Kirche war, da entflohen sie. Und als die Kirche vorbei war, sah die Nixe, dass die Vögel ausgeflogen waren, und setzte ihnen mit großen Sprüngen nach.

B Ein Brüderchen und ein Schwesterchen spielten an einem Brunnen, und wie sie so spielten, plumpsten sie beide hinein. Da war unten eine Wassernixe, die sprach: „Jetzt habe ich euch, jetzt sollt ihr mir brav arbeiten“ und führte sie mit sich fort.

C Die Kinder erblickten sie aber von weitem und das Mädchen warf eine Bürste hinter sich, das gab einen großen Bürstenberg mit tausend und tausend Stacheln, über den die Nixe mit großer Mühe klettern musste; endlich aber kam sie doch hinüber.

D Da warf das Mädchen einen Spiegel hinterwärts, welches einen Spiegelberg gab, der war so glatt, so glatt, dass sie unmöglich darüber konnte. Da dachte sie, ich will geschwind nach Haus gehen und meine Axt holen und den Spiegelberg entzweihauen. Bis sie aber wiederkam und das Glas aufgehauen hatte, waren die Kinder längst weit entflohen, und die Wassernixe musste sich wieder in ihren Brunnen trollen.

E Dem Mädchen gab sie verwirrten garstigen Flachs zu spinnen, und es musste Wasser in ein hohles Fass schleppen, der Junge aber sollte einen Baum mit einer stumpfen Axt hauen und nichts zu essen bekamen sie als steinharte Klöße.

F Wie das die Kinder sahen, warf der Knabe einen Kamm hinter sich, das gab einen großen Kammberg mit tausendmal tausend Zinken, aber die Nixe wusste sich daran festzuhalten und kam zuletzt doch drüber.

Textarten erkennen

2 Bestimme die Textart der Geschichte und begründe deine Meinung.

Märchen erschließen

3 Entscheide, welche Überschriften nicht zur Geschichte passen. Begründe.

- Die Wassernixe
- Der Spiegel
- Der Bürstenberg
- Die Geschwister auf der Flucht

4 Lies den folgenden Text und gib an, ob es sich bei den markierten Ausschnitten um innere oder äußere Handlung handelt. Begründe deine Wahl.

Innere und äußere Handlung erkennen

Heute ist der erste Samstag im März. Jonas und Jule sind Geschwister und leben gemeinsam in einem schönen Haus in Karlsruhe, an dessen Bau sich nur noch Jonas erinnern kann, weil er der Ältere der beiden ist. Immer wenn sich Jule versucht daran zu erinnern, wie das Haus im Rohbau aussah, (1) verschwimmen die Bilder vor ihrem Gesicht und sie sieht sich selbst in einem bunten Kinderwagen.

Jonas und Jule sollen ihrem Vater Jörg heute beim Bau der neuen Terrasse helfen. Jule freut sich darauf, weil sie später einmal Architektin werden möchte. (2) Jonas dagegen hat wieder einmal nur Fußball im Kopf. Er schiebt den Schubkarren mit den Pflastersteinen deshalb auch nur sehr unwillig zur Terrasse hin. (3) Ganz anders Jule, sie klopft die einzelnen Steine mit großer Sorgfalt fest. Dabei träumt sie schon von der neuen Terrasse und wie sie zusammen mit ihrer Mutter Annette in der Schaukel sitzt, die sich so sehr gewünscht hat. (4) Jonas schaut schon wieder auf die Uhr. Er hat das Gefühl, dass der Berg mit den Pflastersteinen nie abnimmt und spätestens in einer Stunde muss er zum Training. Während er immer schneller die Steine in die Schubkarre lädt, wird Jule immer langsamer. (5) Bei ihr ist es längst Sommer geworden, sie sitzt auf der Terrasse und schaut bei einem kühlen Glas Limonade auf die untergehende Sonne.

5 Welche der folgenden Aussagen ist falsch? Begründe mithilfe des Texts.

Die Handlung erzählender Texte erschließen

- Jonas spielt gern Fußball.
- Jule ist älter als Jonas.
- Die neue Terrasse ist im Sommer fertig.
- Jonas kann sich noch an den Rohbau erinnern.
- Jule arbeitet sorgfältig.
- Jule arbeitet sorgfältiger als Jonas.

6 Lies die folgenden Textausschnitte, in der die Geschichte aus der Sicht von Jonas erzählt ist. Welche Möglichkeit geht nicht? Begründe.

Leerstellen passend füllen

A Wenn die wieder so langsam ist, dann verpasse ich zum zweiten Mal das Fußballtraining in dieser Woche. Ich weiß gar nicht, warum die so lange braucht, um so einen blöden Stein festzuklopfen.

B Ich weiß genau, was sie wieder denkt. Letzte Woche hat sie sich von Mama schon wieder eine neue Schaukel gewünscht. Und jetzt träumt sie wieder.

C Ich verstehe meine Schwester nicht. Wie kann die jetzt mitten in der Arbeit auf der Terrasse sitzen und eine Limonade trinken.

7 Ordne den richtigen Lösungen aus Aufgabe 6 jeweils die passende Aussage zu.

Texte kreativ erschließen

1) Jonas redet nicht mit seiner Schwester.
2) Manchmal findet Jonas seine Schwester komisch und weiß nicht, was sie denkt.
3) Jonas und Jule kennen sich ganz gut. Manchmal erzählt sie ihm auch von ihren Träumen.

5 „Wer lacht, hat Macht!“

Informationen aus Sachtexten gewinnen

1 Tauscht euch darüber aus, warum oder worüber die Menschen auf den Bildern möglicherweise lachen.

2 Erzählt euch ähnliche Situationen, die ihr erlebt oder in denen ihr in letzter Zeit herzhaft gelacht habt.

3 Erarbeitet in kleinen Gruppen jeweils eine Mind-Map: Was bringt uns zum Lachen? Tauscht eure Ergebnisse anschließend aus.

4 Sammelt Wörter, in denen *lachen* bzw. *Lachen* enthalten ist, wie z. B. *lächeln, Lächeln, Lachanfall* etc.

Damit du dich zukünftig immer mit einem lachenden Auge mit Sach- und Gebrauchstexten beschäftigen kannst, lernst und übst du in diesem Kapitel, ...

... Sachtexte zu erkennen und sie von literarischen Texten zu unterscheiden,
... dir zu einem Thema in verschiedenen Medien Informationen zu beschaffen,
... einem Sachtext Informationen zu entnehmen,
... andere über ein Thema zu informieren.

5

Erfunden oder wirklich passiert?

Sachtexte von literarischen Texten unterscheiden

Text 1

James Krüss

Timm Thaler oder Das verkaufte Lachen *(Auszug)*

Der Steuermann zerrte Timm hinter sich her – über die Straße, eine steile enge Stiege hinunter. „Tu sofort, was Kreschimir sagt", flüsterte Jonny. Aus dem Dunkel tauchten zwei Gestalten auf: Kreschimir und Herr Rickert. „Gib mir die Hand, Timm, und wette mit mir, dass du dein Lachen wiederbekommst. Mach schnell!" Es war die vertraute Stimme Kreschimirs. Trotz seiner Verwirrung gab Timm ihm die Hand. „Ich wette mit dir ..." Kreschimir sagte ruhig und fest: „Ich wette, dass du dein Lachen nicht zurückbekommst, Timm. Um einen Pfennig!" „Dann wette ich mit dir, dass ich mein Lachen zurückbekomme, Kreschimir. [...]"

Jonny schlug die Hände durch, wie es üblich war. Dann wurde es unheimlich still. Der Junge im Dunkeln sah zu Boden. Er ergriff nicht Besitz von seinem Lachen: Das Lachen ergriff von ihm Besitz. Timm lachte und weinte in einem.

Text 2

Stichwort „Lachen"

Lachen ist eine angeborene Ausdrucksbewegung des Menschen.
Es kommt in verschiedenen Formen vor:
- als natürliche Reaktion auf komische oder erheiternde Situationen,
- als Entlastungsreaktion nach überwundenen Gefahren,
- als Abwehrreaktion gegen plötzlich auftretende Angstzustände,
- als Zeichen der Geringschätzung gegenüber anderen.

Der Wissenschaftszweig, der sich mit dem Lachen beschäftigt, ist die **Gelotologie**.

1 Die folgenden Sätze charakterisieren jeweils einen der beiden oben stehenden Texte. Teile eine Heftseite in zwei Spalten und ordne jede Feststellung einem der Texte zu. Gib an, welches der Sachtext und welches der literarische Text ist.

- Die Sprache des Texts enthält Fachbegriffe, ist sachlich und erklärend.
- Durch den Text soll sich der Leser in das Geschehen hineinversetzen können.
- Das äußere Erscheinungsbild des Texts macht deutlich, dass er für den Leser Informationen knapp und übersichtlich zusammenfassen will.
- Der Text enthält Worte und Formulierungen, die Spannung aufbauen.
- Der Text ist für den Leser lebendig erzählt, um ihn zu unterhalten.
- Man merkt, dass es sich nur um einen kurzen Textauszug handelt.

2 Ergänze die Tabelle durch weitere Angaben, die die Unterschiede der Texte verdeutlichen. Berücksichtige zum Beispiel die Wirkungsabsicht der Texte und mögliche Situationen, in denen die Texte verfasst oder gelesen werden könnten.

Text 3

Ärger, den man nicht gehabt hat, hat man nicht gehabt

1. **Vorbereitung treffen**
   Die Rote Nase griffbereit verstauen (z. B. in der Schultasche).
2. **Bedarfsfall erkennen**
   Plötzlich wirst du wütend (z. B. weil dich jemand ärgern möchte).
3. **Notfallmaßnahme ergreifen**
   – Du sagst laut: „Ich könnte mich aufregen. Ich bin aber nicht dazu verpflichtet!"
   – Rote Nase aufsetzen!
   – Anfänger schauen mit der Nase nach rechts und links. Profis wissen: Du hast noch mehr Spaß, wenn du mit der Roten Nase im Gesicht stur geradeaus starrst und dir die Gesichter der anderen nur vorstellst!

Gesundheitlicher Nutzen der Roten Nase

Stress und Ärger (Blutdruck)

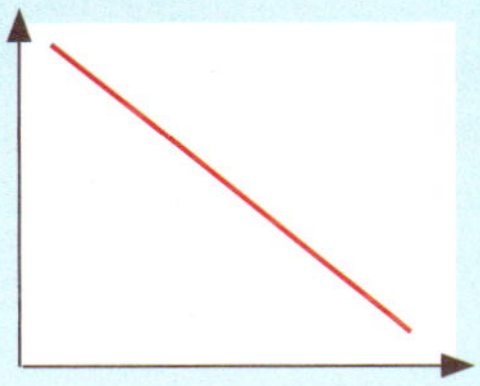

Häufigkeit des Gebrauchs der Roten Nase

3 Setze den Satz fort: Manches an diesem dritten Text bringt dich zum Schmunzeln, dennoch handelt es sich um einen Sachtext, denn …

4 Untersuche die beiden Abbildungen, die neben dem dritten Text stehen.

- Notiere die zusätzlichen Informationen, die man den Abbildungen jeweils entnehmen kann.
- Formuliere zwei Stellungnahmen, in denen die beiden Abbildungen ihre Aufgaben erklären. Beginne jeweils folgendermaßen: „Ich bin wichtig für den Leser des Texts. Ohne mich …"
- Der Geschäftsführer der Spielwarenfirma, die die Rote Nase herstellt, möchte entweder nur den Text oder nur die Abbildungen in den Beipackzettel drucken. Formuliere eine überzeugende Stellungnahme gegen diesen Vorschlag.

Das musst du wissen

Unterscheidung literarischer Texte von Sachtexten

Literarische Texte sind oft frei erfunden; sie wollen vor allem unterhalten und beziehen dich als Leser gefühlsmäßig ein.
Sachtexte erkennst du an ihrer Wirkungsabsicht und ihrer äußeren Gestaltung.
Sie informieren dich über einen tatsächlichen Sachverhalt.
Sie verwenden dazu eine eher sachlich-nüchterne, möglichst genaue Sprache (auch mit Fachbegriffen).
Sie stellen die Informationen möglichst übersichtlich dar (z. B. durch Hervorhebungen, Zwischenüberschriften, Aufzählungen). Dazu kommen oft Abbildungen, Grafiken, Tabellen u. Ä. zur Veranschaulichung.

5

Lexikon oder Internet?

Informationen zu einem Thema aus verschiedenen Medien beschaffen

Lache – und die Welt lacht mit dir!

Interview mit Dr. Eckart von Hirschhausen (Auszug)

Arzt und Kabarettist Dr. Eckart von Hirschhausen ist überzeugt: „Humor hilft heilen." In seiner gleichnamigen Stiftung macht er sich für mehr Clowns in Kliniken stark. Im Gespräch erzählt er von seiner Motivation und seinen Erfahrungen.

Sind der Mediziner und der Comedian in Ihnen sich einig: Trägt Humor tatsächlich zur Heilung bei?

Lachen ist die beste Medizin – sagt nicht nur der Volksmund, sondern auch die Wissenschaft. Lachen wirkt als Entspannungsmittel, regt Atmung und Immunsystem an und wirkt sogar als Antidepressivum.

Fröhlich sein fällt in guter Gesellschaft leichter …

Haben Sie sich schon mal mit dem Hammer auf den Daumen gehauen? Das tut weh. Aber es macht einen großen Unterschied, ob man dabei alleine ist oder in Gesellschaft. Bist du allein, tut es lange weh. Mit jemandem in der Nähe musst du lachen und der Schmerz lässt nach. Wer Schmerzen hat, sollte also nicht alleine sein und etwas zu lachen haben.

Bleibt einem beim Besuch von kranken Kindern nicht manchmal das Lachen im Halse stecken angesichts der Schicksale, denen man begegnet?

Ein einschneidendes Erlebnis hatte ich, als ich einmal vor seelisch gestörten Kindern auftrat. Ein Junge […] wollte einfach nicht mehr reden, über Wochen. Beim Mitzaubern „vergaß" er seine Störung und schrie aus vollem Hals mit allen anderen Kindern mit. Als mir das der Arzt später erzählte, ahnte ich das erste Mal, dass Humor auch helfen kann zu heilen. Das ist viele Jahre her, aber ich habe es nie vergessen, und es motiviert mich noch heute, Lachen ernst zu nehmen – so komisch es klingt.

1 Beschreibe den Text: Was fällt dir besonders auf? Wie ist er aufgebaut?

2 Der Text enthält einige Fachbegriffe und Fremdwörter. Notiere sie in der Reihenfolge ihres Auftretens in dein Heft.

3 Versteht ihr den Text auch, ohne die Fachbegriffe und Fremdwörter nachzuschlagen? Fasse für einen Partner den Inhalt der einzelnen Abschnitte mündlich zusammen und erkläre ihm die notierten Fachbegriffe und Fremdwörter.

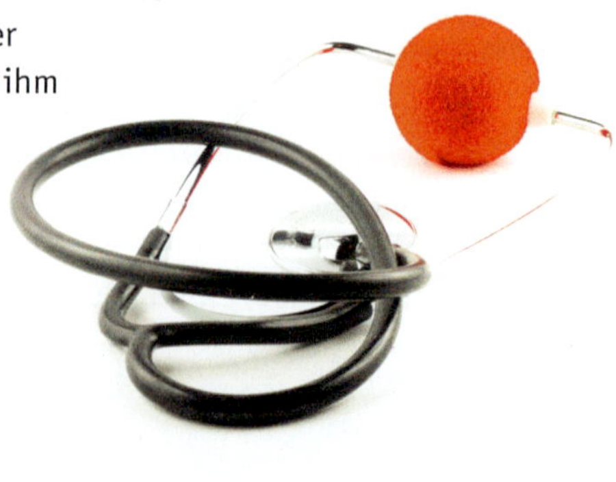

4 Die folgenden Worterklärungen stammen aus dem Duden-Fremdwörterbuch. Ordne ihnen jeweils die passenden Begriffe aus dem Text zu.

1) Arzneimittel gegen Depressionen
2) (engl.) humoristischer Unterhaltungskünstler
3) Fähigkeit eines Menschen, über bestimmte Dinge zu lachen
4) Summe der Beweggründe, die jemandes Entscheidung beeinflussen
5) Abwehrsystem des Körpers

5 Zum Stichwort *Immunität* hat Samuel in einem Schülerlexikon, in einer Suchmaschine für Kinder und in einem Fremdwörterbuch nachgeschaut. Welcher Eintrag gehört zu welchem Nachschlagewerk? Beschreibe Gemeinsamkeiten und Unterschiede, achte auf die Gestaltung und die Sprache der Texte.

Immunität [lat.], die

- *Medizin:* Unempfänglichkeit für die Erreger von ↑ Infektionskrankheiten. Es gibt eine angeborene oder natürliche Immunität und eine erworbene Immunität, die darauf beruht, dass vom Körper als Reaktion auf eine Infektion oder durch Impfung Abwehrstoffe gebildet worden sind.
- *Recht:* Der Schutz für Diplomaten vor Strafverfolgung durch die Gerichte des Gastlands; auch der garantierte Schutz der Abgeordneten eines Parlaments vor Strafverfolgung.

Imm – Ir

Im|mu|ni|tät die; -, -en (Plural selten) *(lat.)*: 1.(Med.: Biol.) angeborene od. durch Impfung erworbene Unempfänglichkeit für Krankheitserreger. 2. verfassungsrechtlich garantierter Schutz vor Strafverfolgung (für Bundes- und Landtagsabgeordnete). 3. ↑ Exterritorialität
Im|mun|kör|per *(Med. Antikörper)*; **Im|mu|no|lo|ge**, der; -n; **Im|mu-**

Immunität 1
Alter = **um die 11 Jahre**, Land = **Deutschland**, Sprache = **Deutsch**
Im Lexikon von Hanisauland
Das Wort kommt aus dem Lateinischen. Es bedeutet, dass Abgeordnete eines Parlaments - in Deutschland also zum Beispiel des Deutschen Bundestages - nicht von der Polizei und den ...

Immunität 2
Alter = **um die 11 Jahre**, Land = **Deutschland**, Sprache = **Deutsch**
Im Lexikon von Sowieso
Immunität ist ein Begriff, den man in der Medizin und in der Politik kennt. Im medizinischen Sinne ist jemand immun, der für eine bestimmte Krankheit nicht anfällig ist - weil er zum Beispiel dagegen geimpft ist.

So beschaffst du dir Informationen

Das musst du können

Wenn du bestimmte Begriffe nachschlagen oder dich zu einem Thema näher informieren willst, kannst du

- in einem (Jugend-)Lexikon bzw. in einem Wörterbuch unter dem entsprechenden Suchbegriff nachschlagen,
- Sach- und Fachbücher sowie Zeitschriften für Kinder und Jugendliche auswerten,
- im Internet mit einer Suchmaschine suchen, in die du einen oder mehrere Suchbegriffe in ein Textfeld eingibst.

6 Deine Klassenkameraden haben noch vier Fragen zum Thema. Entscheide, in welchem Medium du für die folgenden Fragen jeweils erfolgreich nach Informationen suchen könntest. Begründe deine Wahl und erkläre, wie du dabei vorgehen würdest.

1) Welche Bücher hat Dr. Eckart von Hirschhausen geschrieben?
2) Was macht ein Kabarettist?
3) Was ist eine Stiftung?
4) Was macht Hirschhausens Stiftung „Humor hilft heilen"?

7 Die Abbildung zeigt einen Ausschnitt aus dem Ergebnis der Suchmaschine „Blinde Kuh" zum Stichwort *Lachen*. Arbeitet in kleinen Gruppen. Sucht euch eine der folgenden Aufgaben aus und stellt eure Ergebnisse in der Klasse vor.

- Was kann man alles auf dieser Seite entdecken? Sammelt möglichst viele Informationen und gestaltet damit ein Plakat.
- Was kann man alles auf dieser Seite entdecken? Sammelt möglichst viele Informationen und strukturiert sie auf einem Plakat mithilfe einer Mind-Map.
- Erstellt anhand dieses Beispiels ein Informationsplakat, wie man mit einer solchen Suchmaschine arbeitet.

8 Wer von euch benutzt Lexika und andere Bücher zum Nachschlagen, wer nutzt dafür lieber das Internet, wer macht beides? Stellt in Gruppenarbeit nach eigener Wahl die Vor- und Nachteile entweder der Internetrecherche oder des Nachschlagens in Büchern in einer entsprechenden Tabelle zusammen. Tauscht euch anschließend über eure Ergebnisse aus.

	Vorteile	Nachteile
Internetrecherche		
Nachschlagen in Büchern		

Das musst du können

So recherchierst du im Internet

Für dich gut verständliche Informationen erhältst du im Internet am besten über Suchmaschinen für Kinder, wie z. B. „Blinde Kuh“ (www.blinde-kuh.de) oder „fragFINN“ (www.fragfinn.dc).

Indem du auf aktive Wörter oder Schaltflächen, sogenannte *Links*, klickst, kannst du die Informationen erweitern bzw. vertiefen.

Über Suchmaschinen für Erwachsene findest du beinahe zu jedem Suchbegriff zahlreiche Informationen. Deren Zuverlässigkeit und Nutzen kannst du bei der unüberschaubaren Vielzahl von Einträgen (Treffern) aber nur schwer einschätzen.

9 Die Nutzung des Internets birgt auch einige Gefahren. Tauscht euch in einer Redekette (→ S. 278) dazu aus, welche Gefahren ihr kennt bzw. von welchen ihr schon gehört habt.

10 Erstellt in Gruppenarbeit ein Plakat mit Regeln zum Umgang mit dem Internet.

Tipp

So lernst du, dich sicher im Internet zu bewegen

Im Internet gibt es eine unendlich erscheinende Vielzahl von Informationen und interessanten Angeboten. Aber du kannst auch auf jugendgefährdende Inhalte stoßen, ja sogar in Kontakt mit Kriminellen kommen, die dich gezielt in geschickt gestellte Fallen locken wollen.

Daher solltest du dir einen „Internetführerschein“ oder „Surfschein“ zulegen. Das geht z. B. über die Seite „Internet-ABC“ (www.internet-abc.de).

Brauchst du Hilfe, kannst du die Seite https://www.i-kiz.de/hilfe/ anklicken.

internet-abc

5

Gekonnt lesen – leicht verstehen

Sachtexten Informationen entnehmen

TEXTAUSZUG 1

Wer lacht, hat Macht

Wir tun es, wenn wir etwas lustig finden – aber nicht nur! Lachen ist eine Sprache, die viel mehr sagt als Worte.

Text: Burkhard Straßmann, Fotos: Susanne Katzenberg und David Maupilé

Es waren einmal drei Mädchen. Eines Tages fingen sie während des Unterrichts an zu lachen; worüber, ist nicht bekannt, aber sie lachten und lachten und hörten gar nicht mehr auf. Nichts half, weder gutes Zureden noch Schimpfen oder Aus-der-Klasse-Werfen. Immer mehr Kinder lachten mit. Schließlich musste der Unterricht abgebrochen werden. Die Lehrer schickten die Kinder nach Hause, dort lachten sie weiter, und ihre Eltern und Geschwister fingen auch an. In der ganzen Stadt griff das Gelächter um sich, am Ende kicherten, lachten und glucksteten mehr als tausend Menschen. Die Geschichte klingt unglaublich, sie ist aber wirklich passiert, und zwar 1962 in Tansania in Afrika. Wochenlang mussten die Schulen dort geschlossen bleiben, die rätselhafte „Lachepidemie“ brach immer wieder neu aus und dauerte länger als ein Jahr.

erleben 9
ZEIT LEO 2 · 2013

Lachen ist ansteckend, wie Gähnen. Das hast Du vielleicht schon selbst erlebt. Wenn wir jemanden lachen hören, müssen wir oft mitlachen. Unser Gehirn zwingt uns dazu, man nennt das einen Reflex. Das Interessante ist: Es muss gar kein echtes Lachen sein. Es reicht, dass einer mit einem künstlichen Lachen anfängt: „Hahaha, hihihi, höhöhö“ – die Zuhörer finden das komisch und beginnen zu kichern. Bis sie schließlich wirklich lachen müssen. Manche Fernsehserien machen sich das zunutze und spielen Lachen vom Tonband ab. Das soll die Zuschauer anstecken.

Lachen ist gesund, es baut Stress ab, stärkt die Abwehrkräfte und macht uns glücklich. Demnach müssten Kinder die gesündesten und glücklichsten Menschen von allen sein. Ein britischer Wissenschaftler hat mal gezählt, wie oft Kinder und Erwachsene lachen. Das Ergebnis: Kinder lachen etwa 150-mal am Tag und lächeln 400-mal. Erwachsene dagegen lächeln bloß 15-mal täglich, und ein richtiges Lachen lassen sie nur sechsmal am Tag hören.

Das Schönste am Lachen ist, dass wir es nicht unterdrücken können. Wenn wir einmal loslachen, kann man uns so schnell nicht mehr stoppen – egal, wie sehr man es uns verbieten will. Wer lacht, hat Macht.

1 Überfliege den Text nur einmal kurz und tausche dich dann mit deinem Banknachbarn darüber aus, was jedem von euch dabei aufgefallen ist. Formuliert nun W-Fragen an den Text, auf die ihr vom Text eine Antwort erwartet.
Beispiel: *Warum verleiht Lachen Macht?*

2 Verschaffe dir einen genaueren Überblick, indem du den gesamten Text nun gründlich liest. Notiere die Ergebnisse in zwei Spalten in dein Heft:

Aufbau:	**zentrale (Haupt-)Inhalte:**
Hauptüberschrift	Wichtigkeit des Lachens
Unterüberschrift 1	nähere Erläuterung dazu
Unterüberschrift 2	…
…	

3 Arbeite aus dem Text die einzelnen Entwicklungsschritte der „Lachepidemie“ heraus und stelle die Stationen als Abfolge untereinander dar.

4 Schreibe alle Fremdwörter bzw. Fachbegriffe mit Zeilenangabe heraus. Notiert in Partnerarbeit stichwortartig mithilfe des Textzusammenhangs, was der jeweilige Begriff bedeutet.

5 Gib jedem Absatz eine treffende Überschrift.

6 Erstelle eine Sammlung aller wichtigen Begriffe des Texts, die die Überschrift „Wer lacht, hat Macht“ stützen.

Das musst du können

So orientierst du dich in einem Text (Lesetechniken I)

Die folgenden drei Lesetechniken musst du so lange trainieren, bis sie bei der ersten Begegnung mit einem Text in deinem Kopf schnell und automatisch ablaufen.

Überfliegendes Lesen: sich einen ersten kurzen Eindruck von einem Text und von dessen Inhalt verschaffen; Überschrift(en), Hervorhebungen, Abbildungen, wiederkehrende Begriffe etc. wahrnehmen und erste Fragen erkennen, auf die der Text Antworten geben könnte.

Navigierendes (orientierendes) Lesen: den Textaufbau (z. B. Absätze, Kapitel, Inhaltsverzeichnis, Abbildungen, Links) erkennen; Wichtiges von Unwichtigem unterscheiden; zentrale Inhalte erfassen.

Selektives (auswählendes) Lesen: das eigene Interesse am Text festlegen (z. B. durch einen Arbeitsauftrag vorgegeben oder frei gewählt); Textbereiche unter einem bestimmten Gesichtspunkt nach Schlüsselbegriffen absuchen (z. B. im Inhaltsverzeichnis, im Klappentext, in einzelnen Kapiteln oder Absätzen).

7 Gehe nun mit deinem Partner aus Aufgabe 1 eure Fragen an den Text aus Aufgabe 1 noch einmal durch: Habt ihr auf alle Fragen eine klare Antwort gefunden? Lest im Zweifel den Textauszug 1 noch einmal genau.

TEXTAUSZUG 2

Burkhard Straßmann

Wer lacht, hat Macht

Doch warum und worüber lachen wir überhaupt? Damit beschäftigen sich Gelotologen, so nennt man Lachforscher. Der Begriff stammt von dem griechischen Wort für Lachen: »gélōs«. Rainer Stollmann ist so ein Gelotologe. Er hat untersucht, wo das Lachen eigentlich herkommt. Wer hat es erfunden? Rainer Stollmann sagt, am Anfang sei das Kitzeln gewesen, vor Millionen von Jahren. Wenn eine Steinzeit-Mutter ihren Säugling mal weglegen wollte, kitzelte sie ihn. Sie sagte dem Baby damit: „Ich habe dich lieb, aber lass mich jetzt mal in Ruhe." Das Kitzeln erzeugte beim Baby gemischte Gefühle, es wollte zwar eigentlich bei der Mutter bleiben, aber gleichzeitig auch von ihr weg, damit das komische Gefühl auf der Haut aufhörte. Das Kind zappelte und wusste nicht, was es tun sollte, bis plötzlich ein Lachen aus ihm herausplatzte. Und das fühlte sich befreiend an. Wer gekitzelt wird, lacht. Doch man kann auch andere Stellen kitzeln als nur unsere Körperhaut, glaubt Lachforscher Rainer Stollmann. Wer dummes Zeug redet oder albern ist, kitzelt die Zuhörer an der „Verstandeshaut" – sie müssen lachen, weil sie wissen, dass der Spaßmacher eigentlich klüger ist, als er tut. Wer grobe oder gemeine Witze erzählt, kitzelt an der „Höflichkeitshaut". Hier ist das Lachen oft verhalten, weil man als Zuhörer weiß, dass man so böse Sachen eigentlich nicht sagt. Kinder sind besonders empfindlich an der „Sprachhaut", sie können sich kaputtlachen, wenn sich jemand verspricht, ein Name komisch klingt oder zwei Leute aneinander vorbeireden.

8 Gliedere den Textauszug 2 in Abschnitte, die inhaltlich zusammengehören. Notiere die Zeilenangaben und formuliere für jeden Absatz eine Überschrift.

9 Fasse die Gesamtaussage von beiden Textauszügen (→ S. 94 und S. 96) zusammen, indem du eine Mind-Map erstellst, in deren Mitte das Wort „lachen“ steht.

Das musst du können

So wertest du einen Text inhaltlich aus (Lesetechniken II)

Durch (mehrfaches) sinnerfassendes Lesen erschließt du dir den Inhalt eines Texts umfassend und genau. Gehe dabei schrittweise und gründlich vor:

Schritt 1: Markiere unbekannte Wörter oder schreibe sie heraus (mit Zeilenangabe).

Schritt 2: Schlage diese Wörter in einem Lexikon nach, kläre sie mithilfe einer Suchmaschine im Internet oder durch den Kontext, also den Zusammenhang.

Schritt 3: Markiere wenige wichtige Schlüsselbegriffe und zentrale Aussagen oder schreibe diese heraus (mit Zeilenangabe).

Schritt 4: Gliedere den Text in Sinnabschnitte und formuliere zu jedem inhaltlichen Abschnitt eine treffende Überschrift.

Schritt 5: Bereite die zentralen Informationen knapp und übersichtlich auf (z. B. Mind-Map).

1

2

3
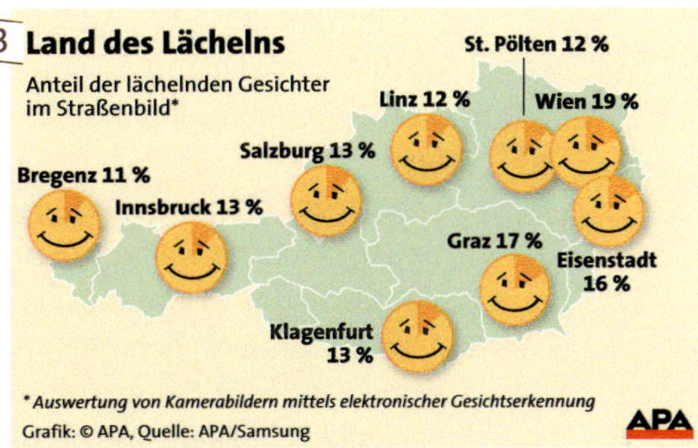

10 Auch Bilder, Grafiken und Diagramme kann man als eine besondere Form von Sachtexten verstehen. „Übersetzt“ in Arbeitsgruppen die Aussagen der Bilder und der Grafik in einen Text und …

- … bereitet eine mündliche Erklärung zur Wirkung der Bilder und der Grafik vor.
- … bereitet eine Rede vor, in der ihr eure Mitschüler dazu auffordert, bei Referaten Bilder und Grafiken zu verwenden. Geht darin auf die gezeigten Beispiele ein.
- … bereitet einen informierenden Vortrag vor, der die Wirkung von Bildern und Grafik mit den beiden Textausschnitten vergleicht.

11 Vergleiche abschließend die beiden Textauszüge und die Bilder 1 und 2: Welche inhaltlichen Gemeinsamkeiten lassen sich finden?

Das Thema meines Kurzvortrags lautet ...

Andere über ein Thema informieren

Heiko Kammerhoff

Das Smiley – Ein Lächeln für Millionen

Schwarze Augen, Grinsen und ein knallig gelbes Gesicht: Vor 50 Jahren erfand ein US-Amerikaner das Smiley. Reich wurden damit jedoch andere.

Lachen ist ansteckend. Das ist euch bestimmt schon aufgefallen.

Daran muss auch der Chef einer kleinen US-amerikanischen Werbeagentur gedacht haben, als er im Jahr 1963 von einer großen Versicherung folgenden Auftrag bekam: Erfinde irgendwas, das bei unseren Angestellten für gute Stimmung sorgt!

Harvey Ball setzte sich also an seinen Schreibtisch, zeichnete einen großen Kreis, setzte zwei dicke Punkte hinein und einen freundlichen Mund darunter. Dann malte er den Kreis mit einem leuchtenden Gelb aus – fertig.

Die ganze Aktion dauerte rund zehn Minuten, doch sie war der Anfang einer erstaunlichen Karriere für das gelbe Mondgesicht, Smiley genannt (von englisch *smile* = lächeln). Seine fröhliche Botschaft: Sei glücklich! Denk an was Schönes!

Zunächst stellte die Versicherung nur 100 Smiley-Anstecknadeln her. Doch die Mitarbeiter rissen sich darum! Das brachte auch andere auf den Gedanken, das Smiley auf Gute-Laune-Mission zu schicken. Es dauerte nicht lange, da prangte das Grinsegesicht auf T-Shirts, Aufklebern, Postern, Bechern, Beuteln, sogar Briefmarken. Immerzu hieß es: lächeln, lächeln, lächeln! [...]

Und das brachte den Franzosen Franklin Loufrani im Jahr 1971 auf eine Idee. Er verpasste dem Ur-Smiley von Harvey Ball ein dezentes Make-up, machte die Augen ein bisschen größer, das Lächeln ein wenig flacher. Dann ließ er sich das Smiley als Marke eintragen. Fortan gehörten ihm alle Rechte am gelben „Glückskeks“. Jeder, der ihn verwenden möchte, etwa um einen Kaffeebecher damit zu bedrucken, muss an seine „Smiley Company“ Geld bezahlen. Und alle, die sich dagegen sträuben, werden verklagt – in der Regel erfolgreich.

Harvey Ball, der eigentliche Erfinder, hingegen fand es lächerlich, mit einem so einfachen Symbol für Fröhlichkeit Reichtümer zu scheffeln. Kurzerhand rief er den „World Smile Day“ ins Leben, einen „Welt-Lächeltag“, am ersten Freitag im Oktober.

1 Würdest du einen Smiley-Anstecker tragen? In welcher Situation könnte das sinnvoll sein? Welche Wirkung könnte es haben? Tauscht euch darüber aus.

2 Bereitet in Partnerarbeit Kurzvorträge zur Geschichte des Smileys vor. Sammelt die dazu nötigen Informationen aus dem Text und gestaltet für den Vortrag einen Stichwortzettel (→ S. 29).

3 Wählt drei Schülerinnen oder Schüler aus, die die Kurzvorträge halten. Nutzt den Merkkasten zur Beurteilung ihrer Vortragsqualität. Erstellt dazu eine zweispaltige Beobachtungstabelle „Das solltest du beibehalten" – „Das solltest du ändern" und füllt sie aus.

Das musst du können

So informierst du andere über ein Thema

Körperhaltung und äußere Erscheinung:

- Stelle dich **frei** und **aufrecht** hin.
- Löse dich von deinem Stichwortzettel und sprich möglichst frei, suche dabei immer wieder den **Blickkontakt** zu deinen Zuhörern.
- Stecke die Hände nicht in die Hosentasche, kaue nicht Kaugummi und kleide dich dem Anlass entsprechend.

Ausführung des Referats:

- Nutze einen übersichtlichen **Stichwortzettel**/eine **Karteikarte**.
- Sage am Anfang klar, worüber du informierst, schreibe dein **Thema** auch an die Tafel.
- Gib am Anfang einen **Überblick**, in welche **Teilbereiche** sich dein Vortrag **untergliedert**.
- Schreibe **wichtige oder schwierige Begriffe** ebenfalls an die **Tafel**.
- Nutze **Beispiele, Fotos, Abbildungen** etc. zur Veranschaulichung.
- Halte den **zeitlichen Rahmen** ein.

TIPP: Trage dein Referat zur Übung vorab jemandem vor, den du gut kennst (z. B. Geschwister, Eltern, Freund/in ...).

4 Nach einem Vortrag werden folgende Kommentare von Mitschülern geäußert. Sprecht darüber, welche für den Vortragenden hilfreich sind und mit welchen er nichts anfangen kann. Begründet eure Meinung.

A „Hey, das Thema interessiert mich auch!"

B „Vielleicht sollte er mehr in die Runde schauen!"

C „Schade, er hat alles nur von seinem Blatt abgelesen!"

D „Voll blöd, typisch Junge!"

E „Alles doof!"

F „Viel zu schnell gesprochen!"

G „Die Bilder fand ich toll!"

Das musst du können

So gibst du konstruktives Feedback

Feedback ist der Fachausdruck für eine persönliche Rückmeldung, z. B. nachdem jemand eine Präsentation, einen Vortrag oder ein Referat gehalten hat. Damit das Feedback nützlich ist, sollte es **konstruktiv** formuliert sein.

Also *nicht* so ☹:	Sondern so ☺:
beleidigend	wohlwollend und respektvoll
verallgemeinernd	zutreffende Kritik an Einzelheiten
unsachlich	sachbezogen
abwertend	aufbauend durch Verbesserungsvorschläge
demotivierend	bestärkend durch Anknüpfen an Gelungenes

Das Feedback sollte möglichst gegliedert erfolgen: Beurteilt den Vortrag nach den drei Kriterien **Inhalt und Aufbau, Anschaulichkeit** und **Vortragsstil**.

5 Erweitere zusammen mit einem Partner die Liste mit gelungenen Feedback-Formulierungen. Tragt eure Ergebnisse anschließend in der Klasse zusammen und gestaltet ein gegliedertes Plakat für das Klassenzimmer mit den folgenden Satzanfängen:

- Mir hat gut gefallen, dass …
- Du hast zwar …, aber …
- Ich habe beobachtet, dass du …

6 Erarbeite ein Kurzreferat mithilfe des Texts von Sandra Goller (→ S. 101) und der Smiley-Tabelle zum Thema „Emoticon". Tragt euch anschließend in kleinen Gruppen die Referate gegenseitig vor und formuliert dazu jeweils ein Feedback. Verwendet dazu auch die Formulierungen auf eurem Plakat.

Smiley-Tabelle

Smiley	Bedeutung	Smiley	Bedeutung
!-(	Ich habe ein blaues Auge.	%=$	Ich habe meine Telefonrechnung bekommen.
#-|	Ich habe keine Ahnung.		
#:-)	Du hast doch keine Ahnung bzw. ich habe zerzauste Haare.	(-,-)Zzz…	schlafend
		(-:	Ich bin Linkshänder.
$-)	Ich bin Lottogewinner bzw. Millionär.	(:-(	Ich bin so unglücklich.
$:-)	Ich habe lockiges Haar.	(:-)	Ich trage einen Helm bzw. habe ein großes Gesicht.
%-(	Ich bin orientierungslos.		
%-)	Ich starre seit Stunden auf einen grünen Bildschirm.	(-:|:-)	Wir sind siamesische Zwillinge.
		(:I	Ich habe einen Eierkopf.
%-<1>	Lachkrampf	):-(	Ich habe keine Lust.

Sandra Goller

Smiley – Wie das Internet lachen lernte …

Am Anfang gab es ihn nur lachend oder traurig: Der Internet-Smiley feierte im September 2012 sein 30-jähriges Jubiläum. Herzlichen Glückwunsch! :-)

Chaos, Tränen, Streit – und alles wegen einer E-Mail oder SMS? Dabei war der Text doch gar nicht so gemeint – alles nur ein großes Missverständnis!

Das kann passieren, wenn Worte elektronisch hin und her geschickt werden: Blicke, Mimik und Stimme fehlen und schon wird ein Satz falsch verstanden.

Wären da nicht Emoticons, auch Smileys genannt, die nicht nur für Klarheit, sondern auch für Gefühl im Internet und auf dem Handy-Display sorgen. Emoticon kommt nämlich vom englischen „Emotion" – und heißt übersetzt „Gefühl".

Tausendfach werden Emoticons heute um die ganze Welt geschickt. Eine „Gefühlswelle", die wir dem amerikanischen Informatiker Scott E. Fahlmann zu verdanken haben.

Er suchte nach einem Zeichen, das ganz deutlich signalisiert: „Achtung, das war nur Spaß!" – und erfand den Smiley: :-). Das war am 19. September 1982 – vor 30 Jahren!

Heute kann niemand mehr zählen, wie viele Stimmungen Emoticons ausdrücken können. Lachen, weinen, schreien – mithilfe von Emoticons ist alles möglich. Zeichen, die auf der ganzen Welt verstanden werden.

Nur japanische Emoticons unterscheiden sich vom Rest der Welt. Während in den USA und Europa das Gesicht des Smileys mit schiefgelegtem Kopf gelesen werden muss, grinst das japanische den Lesern direkt ins Gesicht: (^-^).

Auch in Deutschland werden diese Versionen immer beliebter. […]

7 Bildet Arbeitsgruppen und denkt euch gemeinsam eine neue bahnbrechende Erfindung aus, die für gute Stimmung sorgt, z. B. etwas Technisches wie eine Mundwinkel-Hebe-Maschine oder ein Kleidungsstück mit besonderer Wirkung. Der Fantasie sind keine Grenzen gesetzt. Entscheide dich für die Mitarbeit in einer der folgenden Arbeitsgruppen.

- Erarbeitet ein Kurzreferat, in dem einer aus der Gruppe eure Erfindung vorstellt: Name, Funktion, Wirkung, Vorteile …
- Erarbeitet eine Präsentation mit einer oder mehreren Zeichnungen auf Folie oder unter Verwendung eines geeigneten Gegenstands, der eure Erfindung symbolisch darstellt.
- Erarbeitet eine werbewirksame Verkaufsshow für eure Erfindung mit zwei oder drei Mitwirkenden.

8 Stimmt im Anschluss an die Vorträge in der Klasse darüber ab, welche Erfindung wohl am meisten gekauft würde, und klärt, warum das so ist.

Was DU schon kannst!

Kompetenztest

Lachen ist die beste Medizin!

Sie sind keine Ärzte, denn sie improvisieren statt zu operieren und verschreiben keine Medikamente. Ihre Medizin ist der Humor! Clowns im Krankenhaus sind speziell darauf geschulte Künstler, kranke oder leidende Menschen zum Lachen zu bringen – dort, wo es eigentlich nichts zu lachen gibt: auf Stationen der Kinderchirurgie, der Kardiologie, auf Onkologie- und Intensivstationen sowie in Senioreneinrichtungen und Rehabilitationskliniken. Sie arbeiten immer zu zweit in „ihrer Klinik". Möglichst ein Mann und eine Frau. So gibt es die Möglichkeit der Identifikation für Mädchen und Jungen, und es ermöglicht ein vielfältiges und intensives Spiel der Clowns. Vor jedem Einsatz gibt es eine Übergabe. Eine Schwester oder ein Pfleger informiert die Clowns über die Kinder: Name, Alter, Krankheit, Gemütszustand und was hygienisch eventuell zu berücksichtigen ist. Anschließend gehen die Clowns in die Zimmer. Ohne einem vorgefassten Plan zu folgen, lassen sich die Clowns inspirieren durch die Reaktion oder Impulse der Kinder, Eltern, Angehörigen oder des Klinikpersonals. Die Clowns improvisieren, fabulieren und übertreiben. Sie spielen fantasievolle Geschichten, zaubern, malen, modellieren mit Luftballons, singen und tanzen, erzählen und machen Quatsch. Doch es ist nicht zwingend, dass es lustig wird. Einfach eine Geschichte zu erzählen oder zu musizieren reicht manchmal aus, den Augenblick unvergesslich zu machen.

Literarische Texte von Sachtexten unterscheiden

1 Bestimme die Textart anhand zweier Merkmale und gib dazu jeweils ein passendes Beispiel aus dem Text.

Wortbedeutungen aus dem Kontext erschließen

2 Ersetze die schwierigen Fachbegriffe im markierten Textabschnitt ohne nachzuschlagen durch eine zusammenfassende Formulierung.

Informationen zu einem Thema beschaffen

3 Schlägst du Fachbegriffe in einem Lexikon nach oder recherchierst du dafür im Internet? Begründe deine Antwort.

Im Internet recherchieren

4 Halte in einer mit Folgepfeilen verbunden Kette von Arbeitsschritten fest, wie du vorgehst, wenn du dir zu dem Begriff *hygienisch* (Z. 23 f.) im Internet Informationen besorgen möchtest.

5 Gib die Fragen an, die durch den Text beantwortet werden.

a) Braucht ein Klinikclown eine besondere Ausbildung?
b) Für wen spielen die Clowns?
c) Werden die Clowns von den Eltern kritisch gesehen?
d) Warum treten die Clowns immer zu zweit auf?
e) Was passiert mit den Kindern, wenn die Clowns wieder gehen?
f) Welche Bezahlung erhalten die Clowns für ihre Tätigkeit?

Fragen an den Text stellen

6 Gliedere den Text in drei Abschnitte und finde jeweils eine passende Überschrift.

Texte in Sinnabschnitte gliedern

7 Dieser Schüler hat bei seinem Vortrag ein paar Fehler gemacht. Notiere in einer zweispaltigen Aufstellung links die Fehler, rechts daneben deine Verbesserungsvorschläge.

Andere über ein Thema informieren

8 Ordne die folgenden Notizen für ein Feedback auf ein Schülerreferat den drei Kategorien 1) Inhalt / Aufbau, 2) Anschaulichkeit und 3) Vortragsstil zu. Erkläre deine Zuordnung.

Ein Feedback geben

motivierender Einstieg, Karteikarten verwendet, wichtige Begriffe an die Tafel geschrieben, manches etwas knapp, wenig Blickkontakt zum Publikum, zeitlich eher kurz, eigene Meinung zum Abschluss, Overheadfolie mit Foto aufgelegt

6 „Lügen wachsen schneller als Bambus“

Kinder- und Jugendliteratur entdecken und den Mitschülern vorstellen

1 Betrachtet die verschiedenen Titelseiten (Cover) dieser sehr verbreiteten Jugendbücher. Erzählt euch gegenseitig von Büchern, die ihr schon gelesen habt bzw. kennt.

2 Entscheide, welches Buch du allein aufgrund des Covers lesen würdest, und tauscht euch darüber aus.

3 Erweitert die Liste um andere Bücher, die mehrere von euch kennen und die ihr gemeinsam für lesenswert haltet.

4 Legt eine Lesekiste mit vielen der Bücher eurer Liste für euer Klassenzimmer an, damit sich jeder zum Lesen daraus bedienen kann.

„Lesen macht doch keinen Spaß!“ Denkst du das auch? Vielleicht musst du dich nur einmal richtig mit Büchern beschäftigen. In diesem Kapitel lernst du, …

… Jugendbücher auszuwählen,
… ihre Lektüre vorzubereiten,
… die Schauplätze eines Jugendbuchs kennen,
… den Handlungsverlauf zu verfolgen,
… dich mit den Figuren eines Jugendbuchs vertraut zu machen,
… ein Jugendbuch deinen Mitschülern vorzustellen,
… über den eigenen Mediengebrauch nachzudenken.

6

Was soll ich nur lesen?

Jugendbücher auswählen

Matti träumt von einem Familienurlaub in der Heimat seines finnischen Vaters und erreicht sein Ziel mit einer faustdicken Lüge. Dort aber finden sich Matti, sein kleiner Bruder Sami und die Eltern auf einmal ohne Bleibe, Geld und Auto mitten in der finnischen Einöde wieder. Nur ein Wunder kann sie noch retten …

Die Sache mit der Liebe ist gar nicht so einfach. Das müssen auch Sprotte, Melanie, Frieda, Wilma und Trude einsehen, denn irgendwie haben alle WILDEN HÜHNER gerade mit diesem verflixten Gefühl zu tun. Sprottes Freundschaft mit dem PYGMÄEN Fred ist zwar ziemlich harmonisch, aber das Hin und Her mit ihrer Mutter, die sich nicht entscheiden kann, ob sie wieder heiraten soll – oder lieber doch nicht? –, reicht Sprotte eigentlich. […] Aber die WILDEN HÜHNER halten zusammen!

Cornelia Funke ist eine der beliebtesten Kinder- und Jugendbuchautorinnen, nicht nur in Deutschland. Sie wurde 1958 in Westfalen geboren, studierte Pädagogik und Grafik und fing nach mehreren Jahren als Illustratorin an, selbst zu schreiben. Sie lebt mit ihrer Familie in Los Angeles, Kalifornien.

1 Erstelle nach dem Muster eine Tabelle mit den Informationen, die du dem Buch-Cover (→ S. 105) und dem Klappentext (oben), also dem Text auf der Buchrückseite, entnehmen kannst.

	Matti und Sami und die drei größten Fehler des Universums	Die Wilden Hühner und die Liebe
Autor/Autorin		
Verlag		
thematische Stichworte (Worum geht es wahrscheinlich in dem Buch?)		
dein erster Eindruck in einem Satz		

2 Beschreibe das wahrscheinliche Lesepublikum des jeweiligen Buchs – „Matti und Sami“ und „Die Wilden Hühner“ – mit vier Stichwörtern.

3 Formuliere eine Anrede an beide Bücher und beginne mit dem Satz: Ich würde dich lesen, weil .../ Ich würde dich nicht lesen, weil ...

4 Lasse dich durch die wenigen Informationen, die du über die auf dieser Seite abgebildeten Bücher hast, anregen und wähle ein Buch aus, das du interessant findest. Bearbeite dazu eine der Aufgaben.

- Schreibe eine kurze Begründung, warum du dich für dieses Buch entschieden hast.
- Schreibe zu dem gewählten Buch einen Steckbrief, also eine Liste mit wichtigen Informationen, der auch teilweise mit Erfundenem gefüllt werden muss.
- Schreibe selbst einen Fantasieklappentext, der deinen Erwartungen an das Buch entspringt.

Das musst du können

So kannst du ein Jugendbuch auswählen

Wenn du ein Jugendbuch lesen möchtest, kannst du an verschiedenen **Orten** suchen. In einer **Bibliothek** kannst du Bücher oft kostenlos ausleihen. Schulen, Gemeinden und Städte haben meist eigene Bibliotheken mit verschiedenen Abteilungen, z. B. für Jugendliche, Kinder und Erwachsene. Die sogenannte **Buchsignatur** regelt die Ordnung in den Regalen. Darüber findet der Bibliothekar das Buch. Natürlich kannst du auch in eine **Buchhandlung** gehen.

Bei der persönlichen Auswahl des Buchs helfen dir **Titel, Cover, Klappentext** und **Thema des Buchs**, aber auch **Erfahrungen von Personen**, die das Buch schon gelesen haben. Neben einer **persönlichen Empfehlung** für ein Buch gibt es auch **schriftliche Buchbesprechungen** (Rezensionen) z. B. in Jugendzeitschriften, die für deine Auswahl hilfreich sein können.

6

Neugierig auf ein Buch

Die Lektüre eines Jugendbuchs vorbereiten

Salah Naoura wurde 1964 in West-Berlin als Sohn einer deutschen Mutter und eines syrischen Vaters geboren und wuchs in Berlin und Eschborn auf. Er studierte Germanistik (Deutsch) und Skandinavistik, die Sprachen und Kulturen der skandinavischen Länder. Seit 1995 ist er freier Übersetzer und Autor von Kinderbüchern. Bis heute übersetzte er mehr als dreißig Kinder- und Jugendbücher aus dem Englischen und Französischen ins Deutsche. Für seine Übersetzungen und Romane wurde er vielfach ausgezeichnet. 2012 war er mit „Matti und Sami und die drei größten Fehler des Universums" für den Deutschen Jugendliteraturpreis nominiert. Salah Naoura hat keine Kinder und lebt in Berlin.

1 Sammle mögliche Themen, die der Autor Salah Naoura aufgrund seiner eigenen Biografie, also seines Lebenswegs, in seinen Kinderbüchern verwenden könnte.

Matti und Sami - Die Lüge vom Delfin

Matti ist 11 Jahre alt und sein Bruder Sami geht in den Kindergarten. Am 1. April fällt die Familie auf einen Aprilscherz in der Zeitung herein, die in einer großen Schlagzeile verkündet, dass ein Delfin aus einem überfüllten Zoo im Ententeich der kleinen Stadt ein neues Zuhause bekommt. Für Matti ist dieser Aprilscherz der erste größte Fehler im Universum. Er spricht mit seinem Onkel über den Vorfall.

„Wie kann man so dumm sein, das zu glauben?", lachte Onkel Kurt, als ich erzählte, wie viele Leute im Park auf den Delfin gewartet hatten. „Delfine leben doch im Salzwasser, also im Meer. In einem Teich würden sie sicher sterben."

„Okay, das habe ich nicht bedacht", sagte ich. „Aber wie kann man solche Lügen in der Zeitung schreiben? Das ist doch Betrug! Sami hat sich so auf den Delfin gefreut und dann stimmt das alles gar nicht."

„Erwachsene lügen nun mal ab und zu", erklärte mir Onkel Kurt. „Besonders bei so kleinen, unwichtigen Dingen ... So ein Aprilscherz ist doch nichts Schlimmes, Matti."

Ein Aprilscherz mit Delfinen schon, fand Sami.

2 Vollende die beiden Satzanfänge.

- Für Matti ist der Aprilscherz so schlimm, weil …
- Für Sami ist der Aprilscherz so schlimm, weil …

3 Warst du auch schon einmal das Opfer eines Aprilscherzes oder hast dir selbst einen ausgedacht? Berichtet euch gegenseitig von euren Erlebnissen und Erfahrungen.

4 Salah Naouras erfolgreiches Buch wurde mehrfach ausgezeichnet. Würdest du aufgrund der Jurybegründung das Buch lesen? Begründe deine Entscheidung.

„Das ist, neben den vielen Überraschungen, dem liebevollen und dem staubtrockenen Humor, das Schönste an diesem Buch: Es hat viele Themen. Es ist eine wunderschöne Vater-Sohn-Geschichte, eine Familiengeschichte, eine Geschichte über das Lügen mit all seinen Vor- und Nachteilen und vor allem eine Geschichte über den Mut, etwas Neues zu wagen. Und damit ist es eine Geschichte wie das Leben – das hat ja auch mehr als ein Thema."

5 Die Jury lobt, dass das Buch so „viele Themen" hat. Wähle drei der genannten „Themen" aus und erkläre schriftlich, was damit gemeint sein könnte. Dazu darfst du etwas erfinden. Orientiere dich am folgenden Beispiel.
Beispiel: *„eine wunderschöne Vater-Sohn-Geschichte": Die Jury meint wohl, dass im Buch erzählt wird, wie sich Mattis und Samis Verhältnis zu ihrem Vater entwickelt. Zwar gibt es zunächst viele Probleme, die aber gut gelöst werden, weil sich alle Beteiligten vertrauen.*

6 Du hast bisher in diesem Kapitel verschiedene Informationen zu Salah Naouras erfolgreichem Kinderroman „Matti und Sami und die drei größten Fehler des Universums" erhalten. Bearbeite nun eine der folgenden Aufgaben.

- Formuliere verschiedene Fragen an das Buch, deren Beantwortung du beim Lesen erwartest.
  Beispiel: *Wo lebt Matti mit seiner Familie?*

- Formuliere Fragen für ein Interview mit dem Autor Salah Naoura. Was möchtest du zu seiner Biografie, also zu seinem Leben, und zu seinem Buch „Matti und Sami" genauer wissen?

- Stelle dir vor, du bist Mitglied der Jugendbuchjury an deiner Schule, die das Buch des Monats auswählt, um es lesehungrigen Schülern zu empfehlen. Formuliere eine kurze Begründung für die Auswahl deines Lieblingsbuchs.

6

Wo spielt mein Buch?

Die Schauplätze eines Jugendbuchs kennenlernen

1 Wie dir vielleicht schon aufgefallen ist, spielt Finnland in dem hier vorgestellten Jugendbuch eine wichtige Rolle. Suche zusammen mit einem Partner „Kennzeichen“ von Finnland. Die Übersetzungen der finnischen Ausdrücke kannst du in einem Wörterbuch nachschlagen oder du findest sie während der Lektüre des Buchs heraus.

Matti und Sami – Matti und sein Freund Turo

Matti trifft sich mit seinem besten Freund Turo auf dem Schulweg an der S-Bahn.

„Terve!“, begrüßte er mich.
„Terve!“, grüßte ich zurück.
Turo ist mein bester Freund und lustigerweise auch Halbfinne. Wir waren schon in der Grundschule befreundet gewesen und freuten uns, dass wir im Gymnasium nun endlich in dieselbe Klasse gingen. Er kann sogar Finnisch, weil seine Mutter mit ihm und seinem großen Bruder nur Finnisch und kein Wort Deutsch redet.

Papa hat nie Finnisch mit uns geredet. Deutsch eigentlich auch nicht. Als ich klein war, habe ich eine Zeit lang sogar gedacht, dass er gar nicht sprechen kann. Bis ich zum ersten Mal mitbekam, wie er mit finnischen Freunden Wodka trank – danach redete er immerhin ein paar Sätze hintereinander.

Turo trug seine rot-blaue Lieblingsmütze aus Lappland, wie immer, wenn es draußen kühl war, was ich ziemlich mutig fand, weil die anderen Jungen deswegen blöde Sprüche machten.

„Da kommen die zwei Schlappländer aus Schlappland!“, brüllte Murat, als wir wenig später den Schulhof betraten.

„Meine Mutter stammt aus Kotka, das liegt ganz unten im Süden von Finnland“, informierte ihn Turo. „Und Lappland liegt ganz oben im Norden.“

Murat verdrehte die Augen und sagte: „Mann, ist doch scheißegal, Alter.“

In der ersten Stunde hatten wir Erdkunde und sprachen fünf Minuten über die Länder Europas und danach über Herrn Behrends Lieblingsthema, die Fußball-WM. […]

In der Pause zeigte mir Turo einen Prospekt, den er mir aus Mikkeli mitgebracht hatte, von seiner letzten Finnlandreise. Er war dort extra in ein Touristenbüro gegangen, um den Prospekt für mich zu holen.

Mikkeli ja ympäristö

stand in weißen Buchstaben vorne auf dem Umschlag, dahinter sah man das blaue Wasser eines großen Sees mit Fichten und Birken am Ufer, kleine rotbraune Holzhäuser und einen wunderschönen Himmel mit zwei winzigen weißen Wolken.

„Was heißt denn *ympäristö*?“, fragte ich.

„Das bedeutet die Gegend rund um Mikkeli.“

„Die Umgebung?“

„Genau. ‚Mikkeli und Umgebung!‘ Unser *mökki*, wo wir im Sommer immer hinfahren, ist in Haukivuori, am Kyyvesi-See.“

2 Informiere dich mithilfe einer Landkarte bzw. eines Atlas, wo die im Text genannten Orte in Finnland liegen. Zeichne die Landkarte und trage die verschiedenen Orte ein.

Die Schauplätze eines Jugendbuchs

Das musst du wissen

Die Handlung in Jugendbüchern spielt an **einem** oder **mehreren Orten**. Diese können vom Autor **frei erfunden** sein (z. B. Taka-Tuka-Land in Astrid Lindgrens „Pippi Langstrumpf“). Sie können einen **Bezug zu echten Orten** aufweisen, aber vom Autor veränderte Namen bekommen (z. B. die Geschichte spielt in einem südlichen Land Europas, die Orte existieren aber in Wirklichkeit so nicht) oder sie können **eindeutig einem Land zugeordnet werden** und die Handlung kann somit auf einer echten Landkarte mitverfolgt werden (z. B. die finnischen Orte in Salah Naouras „Matti und Sami“).

3 An welchem Ort oder an welchen Orten würdest du dein Buch spielen lassen, wenn du eines schreiben würdest? Schildere deinen „Traumschauplatz“ in wenigen Sätzen.

6

Ein Lesetagebuch als Lesebegleiter

Den Handlungsverlauf verfolgen

1 Paula hat das Buch „Matti und Sami und die drei größten Fehler des Universums" gelesen und sich hierzu Notizen in ihrem Lesetagebuch gemacht. Lies dir das hier begonnene Lesetagebuch durch und ergänze anschließend folgende Sätze:

- In der Spalte „Handlungsüberblick" werden .... notiert.
- In der Spalte „Meine Leseeindrücke" kann ich .... festhalten.
- Für die Spalte „Handlungsüberblick" ist wichtig, dass ....
- Die Spalte .... ist am wenigsten wichtig, weil ....

Datum	Kapitel/ Seitenzahl	Handlungsüberblick	Meine Leseeindrücke
16. Juni 17 Uhr	Kap. 1, S. 5–8	Familie Vater, Mutter und zwei Kinder: Matti + Sami; Ich-Erzähler Matti Sommertag an einem fantastischen finnischen See; Problem: kein Geld, kein Auto, kein Haus, keine Arbeit	Ist das das Ende der Geschichte? Warum sind die Eltern so sauer auf Matti an diesem schönen Ort? → Unbedingt weiterlesen!!!
16. Juni abends im Bett	Kap. 2–3, S. 9–24	„Angefangen hat alles mit..." Der erste Fehler des Universums: ein Delfin im Ententeich als Aprilscherz	Ah, hier beginnt die Geschichte! Es ist total gemein, Kindern als Aprilscherz vorzutäuschen, dass sie einen echten Delfin für den Ententeich bekommen!
18. Juni 15 Uhr	Kap. 4–5, S. 25–48	Der zweite schwere Fehler im Universum: Die Eltern haben gelogen und kein Geld für notleidende Tiere gespendet! Matti und Sami sind entsetzt und total enttäuscht von ihren Eltern!	Warum lügen Eltern ihre Kinder so an? Meine würden das nie tun! Ich finde es richtig, dass...

2 Verfasse zum folgenden Textausschnitt einen Eintrag für das Lesetagebuch.

Matti und Sami – Der dritte schwere Fehler des Universums

Matti freut sich auf den bevorstehenden Umzug in die Schweiz. Doch dann muss er erfahren, dass auch das eine Lüge war.

Onkel Kurt staunte, als ich ihm von unserem Umzug in die Schweiz erzählte. „Was? Dann wohnt meine kleine Schwester (er meinte Mama) ja gar nicht mehr in meiner Nähe. Und mein großer Neffe (er meinte mich) auch nicht. Wie schade. Freust du dich denn?“

„Ja!“, rief ich begeistert. „Ich finde es total toll. Besonders, dass wir in einem großen Haus am See wohnen.“ […]

Zu Hause saß Mama in der Küche vor einer Kaffeetasse und starrte Löcher in die Luft. Offenbar war sie gerade erst aus der Praxis gekommen, denn sie hatte immer noch ihre Jacke an.

„Hallo, Mama. Wo ist denn Sami?“

„Bei einem Froschfreund“, krächzte sie. Ihre Stimme klang komisch, und jetzt erst fiel mir auf, dass sie ganz rote Augen hatte.

„Hast du wieder Ärger in der Praxis?“

„Nein, mit deinem Vater. Wegen seinem verdammten Märchen mit dem Haus am See!“ Ihre Augen füllten sich mit Tränen, und sie kramte ein Taschentuch aus ihrer Jacke hervor, um sich die Nase zu putzen.

Mir wurde mulmig. „Heißt das, dass Papa das Haus doch nicht von der Firma kriegt? Weil es zu teuer ist?“

Sie schlug wütend mit der flachen Hand auf den Tisch. „Von wegen zu teuer!“, rief sie. „Er hat das alles nur erzählt, um sich vor Jussi aufzuspielen! Und ich hab ihm geglaubt!“

Ich starrte sie an. „Du meinst … Wir ziehen gar nicht um?“

Mama schüttelte schniefend den Kopf und knüllte ihr Taschentuch zusammen.

Ich glaubte es einfach nicht. […] „Das kann nicht stimmen, Mama“, sagte ich. „Warum soll Papa denn so was erzählen?“

Mama stand auf, zog umständlich ihre Jacke aus und warf sie über den Stuhl. Dann trank sie den letzten Schluck Kaffee und stellte Tasse und Untertasse scheppernd in die Spüle.

„Es stimmt aber“, sagte sie. „Dein Vater und dein Onkel Jussi haben da irgendso einen blöden Wettstreit am Laufen, schon seit Ewigkeiten. Jeder will besser sein als der andere. […]“

3 Matti steht vor einer Reihe von Problemen, nachdem er erfahren hat, dass der Umzug in die Schweiz von seinem Vater nur erfunden wurde. Bearbeite eine der folgenden Aufgaben.

- Mattis Bruder Sami kommt am nächsten Tag von seinem Kindergartenfreund nach Hause. Erkläre dem kleinen Bruder aus der Sicht Mattis möglichst einfühlsam, dass der Umzug in die Schweiz geplatzt ist.
- Matti hat in der Vorfreude auf den Umzug in die Schweiz seinen besten Freund Turo vernachlässigt. Formuliere eine Entschuldigung aus der Sicht Mattis.
- Matti hatte allen in der Schule erzählt, dass er in die Schweiz ziehen wird. Er grübelt, wie er aus der Situation möglichst heil wieder herauskommt. Versetze dich in Matti, der seine wirren Gedanken ins Tagebuch schreibt, damit er danach ruhiger schlafen kann.

Das musst du können

So führst du ein Lesetagebuch zu einem Jugendbuch

Ein **Lesetagebuch** kann dir gute Dienste leisten, um einen Überblick über das Buch zu behalten, das du gerade liest. Du notierst darin, z. B. in Tabellenform, **inhaltliche Stichpunkte zu den einzelnen Kapiteln** und deine **persönlichen Leseeindrücke**. In deinem Lesetagebuch darfst du alle deine Gedanken sammeln, die dir beim Lesen in den Sinn kommen, z. B. auch Fragen, die sich dir stellen, oder etwas, das du (noch) nicht verstanden hast. Die **Datumsangaben** helfen dir, dich an deine Lesestationen zu erinnern.

Matti und Sami – Das gewonnene Traumhaus

Matti kommt auf die Idee, den „dritten Fehler des Universums" zu korrigieren: Er täuscht seine Eltern mit einem erfundenen Gewinn.

Und da passierte es: Eine Eingebung, aus heiterem Himmel. Ein Wink des Universums.

Ich blickte in die Schublade und sah Turos Prospekt, der auf der Seite mit der Hausmeister-Anzeige aufgeschlagen war. Und auf dem oberen Teil des Prospekts lagen die rosafarbenen Gewinnzettel aus den Briefkästen. Es kam mir wie ein Wunder vor: HERZLICHEN GLÜCKWUNSCH, SIE HABEN GEWONNEN! DAS GLÜCKSLOS IST AUF SIE GEFALLEN! las ich, genau an der Stelle, wo vorher auf Finnisch *Hausmeister gesucht* gestanden hatte. Und darunter war das Foto von dem Haus in Puumala zu sehen. Mit dem großen roten Schlauchboot, das am Ufer des Sees lag und dort auf mich zu warten schien! Alles, was ich zu tun brauchte, war, ein winzig kleines bisschen nachzuhelfen. Ich musste bloß aus zwei Zetteln einen machen und ihn in den Umschlag stecken – und schon hat-

ten wir ein Haus! Dass es nicht wirklich uns gehörte, konnte ich Mama und Papa ja immer noch erklären, wenn wir da waren. Vielleicht würden sie ja nicht sofort nach Hause fahren und Papa würde dann eben bei Markku ab und zu den Rasen mähen. Was war daran so schlimm?

Je länger ich darüber nachdachte, desto logischer kam mir alles vor. Vorsichtig trennte ich die Anzeigenseite mit dem Foto aus dem Prospekt heraus, nahm meinen Schlüsssel und ging zum Kopierladen an der nächsten Ecke. Dort legte ich beide Zettel zusammen auf den Kopierer und heraus kam eine ganz wunderbare, täuschend echt aussehende Hausverlosungsgewinnbenachrichtigung!

Die brauchte ich zu Hause dann nur noch in den Umschlag zu stecken – fertig!

Als Mama von der Arbeit kam, ließ sie sich erst einmal erschöpft auf die Küchenbank plumpsen. „Puh, dieser Chef schafft mich“, stöhnte sie. […] „Ich habe eine Überraschung für dich“, sagte ich und gab ihr den geöffneten Briefumschlag. Mama runzelte die Stirn. „Doch hoffentlich kein Brief von deinem Rektor?“ Dann holte sie den Zettel heraus, las ihn durch und stieß einen Schrei aus. „Das ist ja … O Gott!“ Sie sprang auf und begann durch die Küche zu tanzen. Ihre Chefsorgen waren wie weggeblasen! Mama freute sich dermaßen, dass ich fast selber glaubte, dass wir ein Haus gewonnen hatten.

4 Setze das Lesetagebuch zu diesem Textausschnitt fort und notiere dir, was du von der „Lüge“ Mattis hältst.

5 Oft versuchen Autoren, ihre Geschichten möglichst spannend zu schreiben. Erstelle zusammen mit einem Partner eine Liste mit verschiedenen „Tricks“, die man dazu anwenden kann.

6 Auch der Autor Salah Naoura gestaltet seine Geschichte spannend. Sammle Beispiele aus den bisherigen Textausschnitten und begründe, warum und wie dort Spannung erzeugt wird.

So verfolgst du den Handlungsverlauf eines Jugendbuchs

Das musst du können

Um die Handlung eines Jugendbuchs nachvollziehen zu können, suchst du, z. B. mithilfe deines Lesetagebuchs, Antworten auf die sogenannten **W-Fragen:** **Wer** handelt? **Was** passiert? **Wie** kommt es zu der Situation? **Warum** handeln die Figuren so? **Wo** spielt das Buch?

Die meisten Geschichten enthalten einen **Spannungsbogen**, damit der Leser gern weiterliest und so seine W-Fragen beantwortet werden. Es gibt verschiedene **Möglichkeiten, Spannung zu erzeugen**, z. B. indem Andeutungen über den weiteren Handlungsverlauf vorkommen oder Informationen vom Autor absichtlich zurückgehalten werden.

7 Formuliert im Klassengespräch die W-Fragen, auf die ihr jetzt schon antworten könnt. Bildet **Spezialteams** für die ausgewählten W-Fragen und sammelt arbeitsteilig die möglichen Antworten auf Karteikarten. Stellt eure Ergebnisse am Ende in der Klasse vor.

6

Mama, Papa, Sami, Turo und ich

Sich mit den Figuren vertraut machen

Das erfährst du über Papa: „Papa findet Handyspiele nämlich total toll und wäre von Beruf am liebsten Handyspiele-Entwickler, obwohl er eigentlich Busfahrer ist. […] Das meiste hat er sich alleine beigebracht, oft nachts, im Computerzimmer. Er denkt sich dauernd neue Handyspiele aus, die so geheim sind, dass er keinem was davon erzählt – nicht mal uns."

Das erfährst du über Mama: „In der Praxis, in der Mama als Arzthelferin arbeitete, musste alles immer schneller gehen, und ihr Chef, Dr. Kasper, hatte dauernd schlechte Laune und brüllte seine Mitarbeiterinnen an. Früher hatte Mama ihre Arbeit wirklich gemocht, besonders das Blutabnehmen. ‚Ich bin von Beruf Vampir!', erzählte sie den Patienten immer."

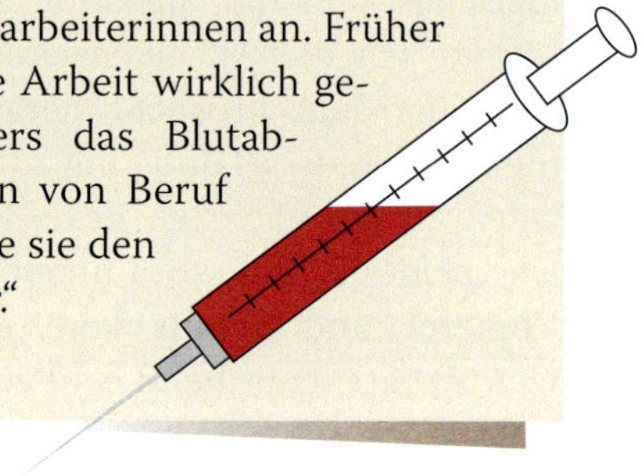

1 Matti muss für den Unterricht ein Interview (→ S. 21) mit seinem Vater oder seiner Mutter zu deren Beruf führen. Notiere dir Fragen und mögliche Antworten für beide Elternteile.

2 Mattis Eltern sind mit ihrer beruflichen Situation in Deutschland unzufrieden. Dies wirkt sich natürlich auch auf das Familienleben aus. Beschreibe, wie ein Samstagvormittag in der Familie aussehen könnte. Die Fragen helfen dir dabei, dich in die Situation hineinzudenken.

- Wie sieht das Frühstück aus?
- Wer richtet es her?
- Wer bestimmt, was unternommen wird?
- Wie ist die Stimmung?
- Wie verhalten sich die Kinder?
- Wie fühlen sich die Kinder? …

Das musst du wissen

Figuren in einem Jugendbuch

Die verschiedenen Personen in einem Jugendbuch nennt man **Figuren**. Meist gibt es ein oder zwei **Hauptfiguren** und mehrere **Nebenfiguren**. Ist die Geschichte aus der Sicht der Hauptfigur erzählt, spricht man von einem **Ich-Erzähler**. Hier erfährst du die **Gedanken und Gefühle** des Erzählers aus erster Hand. (→ S. 69)

Die Beziehungen zwischen den Figuren kann man in einer **Figurenkonstellation** durch Beziehungspfeile (→ oder ↔)oder andere anschauliche Zeichen (z. B. ϟ für Streit, ∞ für verheiratet, ♥ für Liebe/Zuneigung oder ☀ für gute Beziehung usw.) sichtbar machen. Diese Beziehungen sind oft wichtig für den Handlungsverlauf.

3 Da sich das gewonnene Traumhaus in Finnland leider als „Luftschloss" herausgestellt hat, kommt die Familie vorübergehend bei finnischen Verwandten des Vaters unter. Versetze dich in Mattis Situation und führe einen der folgenden Arbeitsaufträge aus.

- Matti schreibt eine Postkarte an seine alte Klasse in Deutschland.
- Matti setzt sich an den Computer und schreibt seinem besten Freund Turo eine E-Mail, in der er ihm erzählt, was passiert ist.
- Matti zieht sich zurück und übt eine kleine Rede ein, um sich bei seinen Eltern für die folgenreiche Lüge mit dem Hausgewinn zu entschuldigen.

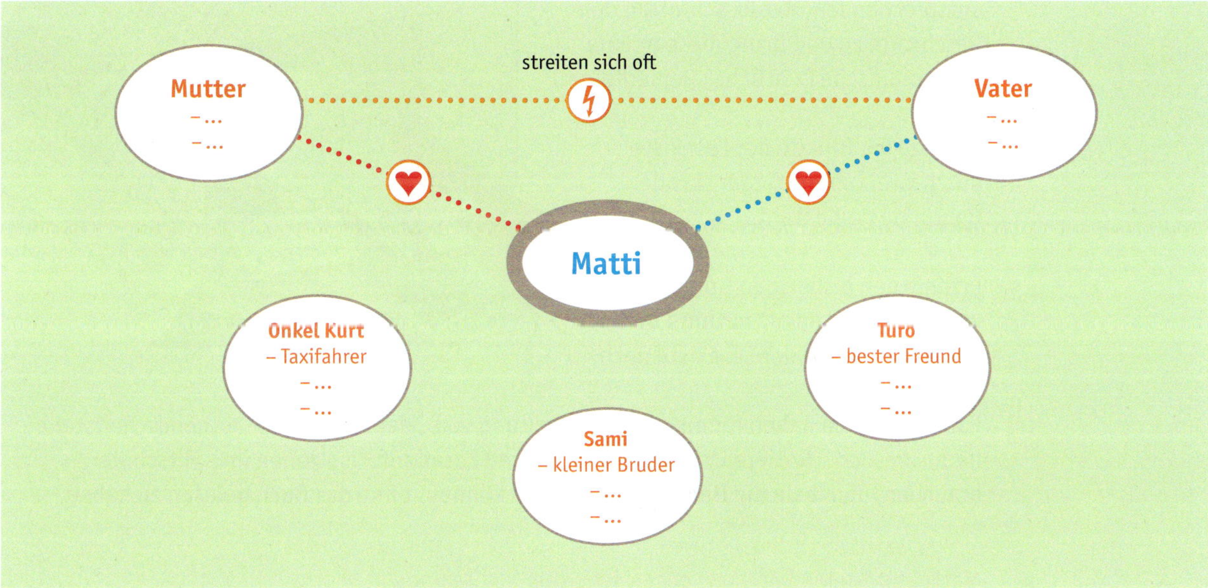

4 Übertrage die Grafik zu den Figuren in dein Heft und ergänze sie mit deinem Wissen, das du aus dem bisherigen Kapitel hast. Verdeutliche die Beziehung zwischen den Personen mit Pfeilen und Symbolen und beschrifte diese.

5 Erstelle eine eigene „Beziehungsgrafik" für deine Familie oder deinen Freundeskreis und setze hierbei ebenfalls beschriftete Pfeile und Symbole ein. Beschränke dich auf die fünf wichtigsten Personen. Vergleiche anschließend dein Ergebnis mit der Grafik aus Aufgabe 4.

6 In „Matti und Sami" geht es um Lügen. Du bist sicher auch schon in deinem Leben angelogen worden oder hast selbst einmal eine (Not-)Lüge eingesetzt. Beschreibe eine Situation aus deiner persönlichen Erfahrung und notiere dir auch, wie oder warum die Lügen (nicht) aufgedeckt wurden.

7 Setze einen der folgenden Sätze deiner Wahl fort und bitte einen deiner Klassenkameraden, darauf zu reagieren:

- Kleine Notlügen finde ich zulässig, weil …
- Ich bemühe mich, nie zu lügen, weil …
- Flunkern ist erlaubt, aber eine richtige Lüge finde ich …

6

„Matti und Sami“ ist klasse!

Den Mitschülern ein Jugendbuch vorstellen

1 Wähle einen Gegenstand aus deinem Schulranzen und erzähle deiner Klasse, warum dieser Gegenstand für dich wichtig ist.

2 Ordne zusammen mit einem Partner die Gegenstände aus der Lesekiste den entsprechenden Textausschnitten der Geschichte zu und bring diese in eine chronologische (zeitliche) Reihenfolge.

3 Ergänze die Inhalte der Lesekiste durch zwei weitere Gegenstände. Begründe deine Wahl.

4 Erzähle den bisherigen Inhalt von „Matti und Sami“ mithilfe der Gegenstände aus der Lesekiste nach.

5 Paula und Liam haben für eine Buchvorstellung von „Matti und Sami“ folgende Textstelle herausgesucht. Notiere in Stichworten, welche Zusatzinformationen ihre Mitschüler brauchen, damit sie die Handlung verstehen können, ohne das Buch gelesen zu haben.

Matti und Sami – Lügen wachsen schneller als Bambus

Mattis Familie sitzt am See und weiß nicht mehr weiter.

Ehrlich gesagt weiß ich immer noch nicht, ob es mir leid tut. Bin ich wirklich schuld an allem? Okay, ich habe so getan, als hätten wir ein Haus in Finnland gewonnen, aber woher sollte ich wissen, dass meine Eltern deswegen am nächsten Tag gleich die Wohnung kündigen und fast alle Möbel zerdeppern? Ich wollte doch bloß, dass Papa in den Ferien endlich mal mit uns nach Finnland fährt. Oder mich wenigstens mit Turo hinfahren lässt. Aber Onkel Kurt hat leider recht: Lügen wachsen schneller als Bambus. So haushoch, dass man das Ende nicht mehr sieht, und nun sitzen wir hier mit unseren Koffern und drei Taschen am See und haben keinen Schimmer, wo wir übernachten sollen. […] Mama schnieft noch immer leise vor sich hin, Sami lässt Steine ditschen und Papa schweigt und grübelt. Inzwischen ist er wieder der normale, stille Papa, den ich kenne. […]

„Ich hab ein Boot entdeckt, ein Bohoot!“, verkündet Sami gerade begeistert. Ich springe neugierig auf. Vielleicht das Schlauchboot, das auf dem Foto zu sehen war? Aber als ich bei Sami bin, zeigt er auf ein Ruderboot, das ein Stück entfernt am Ufer liegt.

Plötzlich steht Papa neben mir und wirft ebenfalls einen Blick auf das Boot. Dann kneift er die Augen zusammen und blinzelt auf die funkelnden Wellen hinaus. „Du kommst mit!“, sagt er zu mir. „Ich auch!“, ruft mein kleiner Bruder. „Ich hab das Boot ja entdeckt.“ Aber als Papa ihm einen strengen Blick zuwirft und den Kopf schüttelt, gibt Sami auf und rennt maulend zu Mama.

6 Welche Textausschnitte eignen sich als Leseprobe für eine Buchvorstellung? Erstelle eine Liste mit deiner Meinung nach wichtigen Kennzeichen.

7 Du hast im Kapitel schon einige Informationen zum Autor Salah Naoura erhalten. Erstelle einen Steckbrief mit den folgenden Informationen.

Steckbrief des Autors/der Autorin

- Vorname und Nachname, Geburtsjahr (evtl. Sterbejahr), Geburtsort (evtl. Sterbeort)
- Ausbildung, Berufsabschluss, Studium
- aktueller Beruf bzw. aktuelle Tätigkeiten
- interessante Besonderheiten, z. B. Auszeichnungen, Herkunft, Auslandsaufenthalte
- verschiedene Werke des Autors /der Autorin

Das musst du können

So kannst du die Vorstellung eines Jugendbuchs gliedern

1) **motivierender Einstieg**, z. B. Mitbringen der Lesekiste bzw. Zeigen eines typischen Gegenstands der Geschichte aus der Lesekiste
2) **Kurzbiografie des Autors**, z. B. in der Form eines Steckbriefs mit Foto
3) **allgemeine Informationen zum vorgestellten Buch**, z. B. Nennen des Verlags, Nominierung für Literaturpreis, Kaufpreis …
4) **knappe, allgemeinverständliche Inhaltszusammenfassung**, z. B. mithilfe der W-Fragen oder einer grafischen Figurenkonstellation, Schluss eventuell nicht verraten, um Lesemotivation zu erhalten
5) **Leseprobe/Vorlesen der Lieblingsstelle** (zwei bis drei Seiten, zwei bis drei Minuten)
6) **abrundender Schluss**, z. B. Aufgreifen des Einstiegs, Hinweis auf Lesekiste, persönliche Leseempfehlung/eigene Meinung zum vorgestellten Buch

8 Gestalte zu deinem Lieblingsbuch ein DIN-A4-Blatt mit allen wichtigen Informationen für eine Buchvorstellung. Hängt die verschiedenen Plakate anschließend an einer „Leseleine“ im Klassenzimmer auf.

6

Den ganzen Nachmittag am Computer
Über den eigenen Mediengebrauch nachdenken

Matti und Sami – Papas Computerzimmer

Mattis Vater sitzt meistens vor seinem Computer, wenn er zu Hause ist.

Papa brauchte ein Computerzimmer, mit einer Tür zum Zumachen, sagte er. Sein Computerzimmer durften Sami, ich und Mama nicht betreten, was eh nicht gegangen wäre, weil es keinen erkennbaren Platz gab, wo man hintreten konnte. Überall auf dem Boden lagen Bücher und CDs und Handys und Berge von Zetteln. […] Deshalb blieben wir einfach im Türrahmen stehen, wenn wir mit ihm sprechen wollten. […]

Blaue Rauchschwaden waberten mir entgegen, als ich die Tür öffnete. Mit seinen finnischen Zigaretten schafft Papa es in Sekundenschnelle, jedes Zimmer in eine qualmende Drachenhöhle zu verwandeln. […] Papa starrte mich durch den Dunst […] an, und ich fand, dass er müde aussah. Unter den Augen hatte er dunkle Ränder, die Haut wirkte grau wie Asche, und seine kurzen blonden Haare waren so zerzaust, als wäre er gerade erst aufgestanden.

1 Mattis Vater wäre von Beruf am liebsten Handyspiele-Entwickler und verschwindet deshalb stundenlang in seinem Computerzimmer. Diskutiert, welche der oben genannten Verhaltensweisen euch seltsam vorkommen, und begründet eure Bedenken.

2 Erstellt für eure Klasse auf einem großen Plakat eine Liste mit Medien, die ihr in der Freizeit verwendet.

3 Führt in eurer Klasse eine Umfrage zu eurem persönlichen Mediengebrauch durch. Jeder von euch klebt dazu Klebepunkte hinter die Medien auf eurem Plakat.

Rot = „Nutze ich täglich!"
Gelb = „Verwende ich mehrmals in der Woche!"
Grün = „Benutze ich mindestens einmal im Monat!"
Blau = „Nutze ich eigentlich gar nicht!"

4 Sprecht über das Ergebnis eurer Umfrage. Ihr könnt dazu folgende Formulierungsvorschläge verwenden:

- Klar ist, dass .... am meisten verwendet wird, weil ....
- Überrascht hat mich, dass ....
- Auffallend ist, dass fast alle in unserer Klasse ....

5 Diskutiert anhand der unten genannten Merkmale von *Abhängigkeit*, welche der von euch genannten Medien besonders gefährlich sind und ob Mattis Vater eurer Meinung nach gefährdet ist.

Merkmale von Abhängigkeit

1. Man braucht immer mehr davon.
2. Es wird immer häufiger benutzt.
3. Freunde, Hobbys und Familie werden zunehmend vernachlässigt.
4. Es kommt wegen der Mediennutzung zu Konflikten in der Schule und in der Familie.
5. Die Stimmung verbessert sich deutlich, wenn das Medium genutzt wird.
6. Es zeigen sich körperliche Veränderungen, wenn das Medium nicht genutzt werden kann, z. B. Nervosität, Ungeduld, Unwohlsein.

6 Im Alltag sind verschiedene Medien, z.B. das Smartphone, nicht mehr wegzudenken. Wie bei „Matti und Sami" wird das auch in aktuellen Jugendbüchern zum Thema gemacht. Sammelt in Gruppenarbeit Ideen für ein eigenes Jugendbuch, das Probleme mit der Mediennutzung von Jugendlichen behandelt. Geht für die Handlungsskizze von folgenden Fragen aus:

- Welche Medien sind für Jugendliche heute besonders wichtig?
- Welche Probleme können bei der Nutzung dieser Medien auftreten?
- Wie unterscheiden sich die Sichtweisen von Erwachsenen und Jugendlichen in Bezug auf diese Medien?
- Wie sollte in Zukunft aus eurer Sicht mit diesen Medien umgegangen werden?
- Was soll die Kernbotschaft des Jugendbuchs sein?
- Welche Hauptpersonen sollen in dem Buch vorkommen?

7 Nun bist du als Experte für jugendliche Mediennutzung gefragt. Führe einen der folgenden Arbeitsaufträge aus.

- Stelle fünf Regeln für die sinnvolle Nutzung eines Mediums deiner Wahl auf (z. B. Handy, Smartphone, Internet).
- Verfasse als Redakteur für die Schülerzeitung einen Artikel zum Thema *Medien sinnvoll und bewusst nutzen.*
- Erstelle einen Klappentext für ein neues Jugendbuch zum Thema *Gefahren des Internets* und finde einen ansprechenden Titel.

6

Was DU schon kannst!

Kompetenztest

„Und wie ich sie also angestarrt habe, ist es mir ganz wirr im Kopf geworden und es war, als ob ich irgendwo eintauche und meine Gedanken plötzlich alle durcheinander purzeln. Dass ich in die Köpfe anderer Menschen gucken kann, hab ich da noch nicht gewusst."

Als Valentin in der Gluthitze dieses Sommers unter den hohen alten Bäumen des Friedhofs steht, ahnt er nicht, dass gerade das größte Abenteuer seines Lebens beginnt – und dass seine seltsame Gabe, Gedanken lesen zu können, ihn am Ende sogar in allerhöchste Gefahr bringen wird …

Zwischen verschiedenen Lesehaltungen unterscheiden

1 Wähle die passende Jugendbuch-Kategorie für Kirsten Boies Friedhofskrimi.

a) sachorientiertes Jugendbuch
b) klassisches Jugendbuch
c) spannendes Jugendbuch
d) problemorientiertes Jugendbuch

Leseerwartungen formulieren und reflektieren

2 Nenne zwei Gründe, warum du das Buch lesen bzw. nicht lesen würdest.

Vorwissen bei der Auswahl eines Buchs aktivieren

3 Nenne drei Informationen, die du einem Buchcover entnehmen kannst.

Ein Lesetagebuch führen

4 Lege in Form einer Tabelle ein Muster für ein Lesetagebuch an.

5 Welche der folgenden Aussagen können auf Jugendbücher zutreffen? Notiere die Buchstaben der richtigen Aussagen.

Die Schauplätze eines Jugendbuchs bestimmen und analysieren

a) Die Schauplätze sind immer erfunden.
b) Die Handlung kann in Afrika spielen.
c) Es darf nicht zwischen mehreren Orten gewechselt werden.
d) Die Figuren können verschiedene Orte aufsuchen.
e) Die Orte müssen auf einer Landkarte zu finden sein.
f) Die vorkommenden Orte haben manchmal mit der Biografie des Autors zu tun.

6 Formuliere zu jeder Information aus „Der Junge, der Gedanken lesen konnte" die passende W-Frage.

Den Handlungsverlauf durch W-Fragen verfolgen

a) ein 10-jähriger Junge, der Gedanken lesen kann
b) ist es mir ganz wirr im Kopf geworden
c) in der Gluthitze des Sommers
d) Gedanken lesen zu können
e) unter den hohen Bäumen des alten Friedhofs
f) in allerhöchste Gefahr bringen wird

7 Notiere die Begriffe, die sich nicht auf die Figuren eines Jugendbuchs beziehen.

Mit Fachbegriffen literarische Texte beschreiben

Wortspeicher

Hauptfiguren – Schauspieler – Ich-Erzähler – Autor – Handlungsverlauf – Figurenkonstellation – Klappentext – Gedanken und Gefühle – Katastrophe – Happy End

8 Nenne vier wichtige Stichpunkte, die man für die Kurzbiografie des Autors sammeln sollte.

Inhalte zielgerichtet wiedergeben

9 Bringe mithilfe der Zahlen die einzelnen Bausteine der Vorstellung eines Jugendbuchs in eine sinnvolle Reihenfolge:

Redebeiträge klar strukturieren

(1) knappe Inhaltszusammenfassung (2) Kurzbiografie des Autors (3) Leseprobe (4) eigene Meinung zum Buch (5) Einsatz der Lesekiste (6) allgemeine Informationen zum Buch

10 Notiere die Buchstaben der wahren Aussagen.

Den eigenen Mediengebrauch reflektieren

a) Wer jeden Tag Fernsehen schaut, ist abhängig.
b) Der Computer ist das gefährlichste Medium.
c) Man kann von jedem Medium abhängig werden.
d) Wer nur noch im Internet surft und sich selbst und andere vernachlässigt, ist süchtig.
e) Handys können nicht abhängig machen.
f) Wer jeden Abend vor dem Schlafen in einem Buch liest, ist abhängig.

7 Gedichte für mich, Gedichte für dich

Gedichte verstehen, vortragen und selbst gestalten

1 Wer in eurer Klasse kann das Gedicht am besten vorlesen? Veranstaltet in der Klasse einen Vorlesewettbewerb.

2 Besprich mit deinem Nachbarn, warum das Mädchen das Gedicht nicht ganz versteht.

3 Das Ereignis mit dem Zipferlake ist eine Sensation im Wunderland. Auch die Wunderland-Zeitung berichtet darüber. Verfasse in deinem Heft diesen Zeitungsbericht über das Ende des Zipferlakes und zeichne dazu ein passendes Bild.

Lewis Carroll

Der Zipferlake (aus „Alice im Wunderland“)

Verdaustig wars, und glasse Wieben
Rotterten gorkicht im Gemank;
Gar elump war der Pluckerwank,
Und die gabben Schweisel frieben.

„Hab acht vorm Zipferlak, mein Kind!
Sein Maul ist beiß, sein Griff ist bohr!
Vorm Fliegelflagel sieh dich vor,
Dem mampfen Schnatterrind!“

Er zückt' sein scharfgebifftes Schwert,
Den Feind zu futzen ohne Saum,
Und lehnt' sich an den Dudelbaum
Und stand da lang in sich gekehrt.

In sich gekeimt, so stand er hier.
Da kam verschnoff der Zipferlak
Mit Flammenlefze angewackt
Und gurgt' in seiner Gier.

Mit eins! und zwei! und bis aufs Bein!
Die biffe Klinge ritscheropf!
Trennt er vom Hals den toten Kopf,
Und wichernd sprengt er heim.

„Vom Zipferlak hast uns befreit?
Komm an mein Herz, aromer Sohn!
O blumer Tag! O schlusse Fron!“
So kröpfte er vor Freud.

Verdaustig wars, und glasse Wieben
Rotterten gorkicht im Gemank;
Gar elump war der Pluckerwank,
Und die gabben Schweisel frieben.

„Es klingt recht hübsch“, sagte sie, als sie damit zu Ende war, „nur ist es leider *etwas* schwer verständlich!“

Gedichte sind gar nicht langweilig. Finde selbst heraus, wie viel Spaß man mit ihnen haben kann. In diesem Kapitel lernst und trainierst du dafür, ...

- ... die Sprache von Gedichten zu beschreiben,
- ... die Form von Gedichten zu beschreiben,
- ... den Inhalt von Gedichten zu erfassen,
- ... selbst Gedichte zu verfassen,
- ... Gedichte gut gestaltet vorzutragen.

7

Wenn Bilder sprechen

Die Sprache von Gedichten beschreiben

1 Stelle dir vor, es ist Sommer und du liegst auf einer Wiese. Schließe deine Augen und erzähle deinem Partner, was du siehst, hörst, riechst und fühlst. Wechselt euch ab.

2 Übertrage die folgende Mind-Map in dein Heft und ergänze sie zusammen mit deinem Partner durch eure eigenen Ideen.

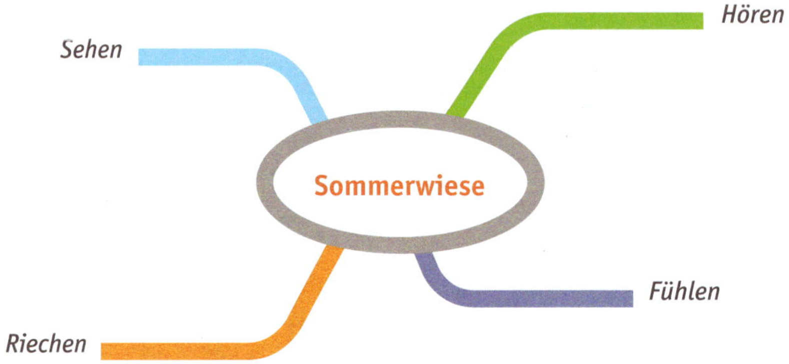

Christine Busta
Der Sommer

Er trägt einen Bienenkorb als Hut
blau weht sein Mantel aus Himmelsseide,
die roten Füchse im gelben Getreide
kennen ihn gut.
Sein Bart ist voll Grillen. Die seltsamsten Mären
summt er der Sonne vor, weil sie's mag,
und sie kocht ihm dafür jeden Tag
Honig und Beeren.

Mären (Sg. die Mär): Geschichten

3 Ergänze deine Mind-Map aus Aufgabe 2 mit weiteren „Sommerwörtern" aus dem Gedicht und verwende dazu eine andere Farbe.

4 Aus den „Sommerwörtern" des Gedichts könnte man auch einen ganz anderen Text gestalten. Lies den folgenden Text durch, notiere in einer zweispaltigen Tabelle Unterschiede zwischen beiden Texten und beschreibe dann den grundsätzlichen Unterschied in einem Satz.

Im Sommer sieht man Bienenkörbe. Der Himmel ist blau und es weht ein leichter Wind. Füchse laufen durch Getreidefelder. Im Sommer gibt es Grillen und man hört Geräusche. Beeren wachsen und die Bienen stellen Honig her.

5 Betrachte die beiden Abbildungen. Ordne der einen das Gedicht und der anderen den kurzen Text über den Sommer zu. Begründe deine Zuordnung in einem Satz.

6 Übertrage den folgenden Satz in dein Heft und fülle die Lücken aus. Das Ergebniswort ergibt sich auch aus den farbig markierten Buchstaben im Gedicht.

In dem Gedicht „Der Sommer" von Christine Busta trägt der Sommer einen ☼ auf dem Kopf und hat einen ☼ an, er hat einen ☼ und er ☼ der Sonne seltsame ☼ vor.

Ergebnis: Der Sommer wird wie ein _ _ _ _ _ _ dargestellt.

7 Lies die Informationen im Kasten, finde eine weitere Personifikation aus dem Gedicht und ergänze den Hefteintrag aus Aufgabe 6 mit einem entsprechenden Aussagesatz.

Das musst du wissen

Sprachliche Bilder

Die Sprache in einem Gedicht ist oft **bildhaft**, d. h. sie soll **nicht wörtlich**, sondern **im übertragenen Sinn** verstanden werden.

In vielen Gedichten wird ein Gegenstand, eine Jahreszeit oder ein Tier wie ein Mensch dargestellt **(Personifikation)** und handelt oder hat Eigenschaften wie ein Mensch:
*summt **er** (der Sommer) der Sonne vor, weil sie's mag,*
*und **sie** (die Sonne) kocht ihm dafür jeden Tag*

8 Wähle nun eine der folgenden Aufgaben aus.

- Notiere zusammen mit einem Partner vier bildhafte Ausdrücke zum Winter, die eine Personifikation enthalten *(ein strenger Frost)*.
- Verlängere das Gedicht „Der Sommer" um zwei weitere Verse (→ S. 129) mit einer Personifikation.
- Verfasse nach dem Vorbild von „Der Sommer" ein Gedicht mit vier Versen über die aktuelle Jahreszeit und verwende dabei zwei Personifikationen.

7

Was ist eigentlich das Besondere an Gedichten?

Die Form von Gedichten beschreiben

Karoline Stahl
Die Vier Brüder

Der Erste kommt mit leichtem Sinn,
in reines Blau gehüllet,
✂ 1 ....
die er mit Düften füllet.

Der Zweite tritt schon ernster auf
✂ 2 ....
streut Blumen aus in seinem Lauf,
der Ernte reichen Segen.

Der Dritte naht mit Überfluss
und füllet Küch' und Scheune,
bringt uns zum süßesten Genuss
✂ 3 ....

✂ 4 ....
in Nacht und Graus gehüllet,
zieht Feld und Wald und Wiesen leer,
die er mit Schnee erfüllet.

Wer sagt mir, wer die Brüder sind,
die so einander jagen?
....
....

1 Welcher der folgenden Verse gehört in welche der ausgeschnittenen Zeilen? Ordne die Buchstaben den Scheren 1 bis 4 zu.

a) Verdrießlich braust der Vierte her,
b) mit Sonnenschein und Regen,
c) streut Knospen, Blätter, Blüten hin,
d) viel Äpfel, Nüss und Weine.

2 Die letzte Strophe des Gedichts ist ebenfalls unvollständig. Ergänze die beiden auch hier fehlenden Verse mithilfe des Wortspeichers. Vergleicht anschließend eure Fassungen.

Wortspeicher
brauch – drum – ein – ich's – jedes – Kind – leicht – nicht – rät – sagen – sie – wohl – zu

3 Erkennst du die vier Brüder? Schreibe die Antwort in dein Heft und male ein passendes Bild dazu.

Wer sagt mir, wer die Brüder sind, die so einander jagen?

....

Das musst du wissen

Die Form von Gedichten

Eine Zeile in einem Gedicht heißt **Vers**. Mehrere Verse bilden eine **Strophe**. Häufig haben die Strophen eines Gedichts die gleiche Anzahl von Versen.
In einem Gedicht können sich die Wörter an den Versenden reimen. Dabei gibt es verschiedene **Reimarten** (Reimschemata).

Man kann die Reime eines Gedichts beschreiben, indem man hinter die Reimwörter Kleinbuchstaben schreibt. Für jeden neuen Reim benutzt man einen neuen Buchstaben.
Paarreim: *a a b b*
umarmender Reim: *a b b a*
Kreuzreim: *a b a b*

4 Übertrage das Gedicht in dein Heft, finde die Reimwörter und markiere sie wie im Wissenskasten beschrieben. Welches Reimschema hat das Gedicht?

Es hat zwei Flügel und kann nicht …
es hat einen Rücken und kann nicht …
es hat ein Bein und kann nicht …
es kann wohl laufen, aber nicht …

5 Schreibe eines der Gedichte in dein Heft und ergänze die Reimwörter aus dem Wortspeicher. Notiere zusätzlich die Art des Reims und die Lösung des Rätsels.

Friedrich Güll
Worträtsel

Fünf Finger und doch keine Hand,
ein Schuh, doch ohne Sohle;
bald weiß wie eine Wand,
bald schwarz wie eine …………

Friedrich Haug
Worträtsel

Ich sag' dir nicht, was ich dir sage.
Was ich dir sage, sag' ich …………
nur darum, dass du sagest mir,
was ich nicht selbst dir …………

Wortspeicher
blühn – dir (2×) – grün – Tier – Kohle – sage

Lars Krüger
Worträtsel

Das Erste ist ein wildes …………
Das Zweite putzt du am Morgen …………
Zusammen ist es gelb und …………
du siehst es auf der Wiese …………

6 Schreibe nun selbst ein Gedicht mit vier Versen. Wähle eine der Möglichkeiten aus:

- ein Tiergedicht
- ein Rätselgedicht
- ein Gedicht deiner Wahl mit umarmendem Reim

7

Was will mir das Gedicht sagen?

Den Inhalt von Gedichten erfassen

1 Betrachte die Bilder und ergänze die beiden Satzanfänge.

- Der Löwenzahn heißt „Löwenzahn“, weil …
- Der Löwenzahn wird auch „Pusteblume“ genannt, weil …

Rosemarie Künzler-Behncke
Löwenzahnsonnen

Löwenzahnsonnen –
eine ganze Wiese voll.
Das glüht und blüht
wie toll.

Ich spitze die Lippen
und blase die Pracht
in den Wind,

der ganz sacht
die Silberhaar hebt,
rundum verweht
und neue Löwenzähne sät.

Es dauert nicht lange,
da wachsen aus den Sonnen
Köpfe im Silberhaar.

2 Die Strophen sind durcheinander geraten. Schreibe sie in der richtigen Reihenfolge auf.

3 Zeichne zu jedem Abschnitt ein passendes Bild und gestalte dabei auch die Ausdrücke *Löwenzahnsonnen* und *Köpfe mit Silberhaar*.

4 Fasse jede Strophe des Gedichts in einem Aussagesatz zusammen. Der Wortspeicher hilft dir dabei.

5 Wie geht es mit dem Löwenzahn weiter? Verfasse einen weiteren kurzen Textabschnitt, der zu dem Gedicht passt.

Wortspeicher

Wiese – pustet – Blüte – Löwenzahn – fliegen weg – Pusteblumen – blüht – Flugschirme – strahlendes Gelb – Löwenzahnsamen – verwandeln sich – jemand

6 Du möchtest einen Fotokalender gestalten. Welches der folgenden Fotos wählst du für den Monat November aus? Bearbeite eine der folgenden Aufgaben.

- Führe ein Brainstorming (→ S. 277) durch. Notiere in der Mitte den Buchstaben des Bilds und schreibe außen Begriffe dazu, die zum Bild passen.
- Führe ein Brainstorming (→ S. 277) zum Bild durch und schreibe die Gründe, aus denen du dich für dieses Bild entschieden hast, dazu.
- Fertige eine Mind-Map (→ S. 165) zum Bild an. Schreibe in der ersten Gliederungsebene Begriffe aus dem Bild und in der zweiten Adjektive, die dazu passen.

A

B

Elisabeth Borchers
November

Es kommt eine Zeit,
da lassen die Bäume
ihre Blätter fallen.
Die Häuser rücken enger zusammen.
Aus dem Schornstein kommt Rauch.

Es kommt eine Zeit,
da werden die Tage klein
und die Nächte groß,
und jeder Abend hat
einen schönen Namen.

Einer heißt Hänsel und Gretel.
Einer heißt Schneewittchen.
Einer heißt Rumpelstilzchen.
Einer heißt Katherlieschen.
Einer heißt Hans im Glück.
Einer heißt Sterntaler.

Auf der Fensterbank
im Dunkeln,
dass ihn keiner sieht,
sitzt ein kleiner Stern
und hört zu.

7 Wähle aus, welches Foto aus Aufgabe 6 am besten zu diesem Gedicht passt, und begründe deine Entscheidung in einem Satz.

8 In den folgenden Sätzen sind die vier Abschnitte des Gedichts zusammengefasst. Schreibe die Sätze in der richtigen Reihenfolge in dein Heft und fülle die Lücken aus.

- Sie lesen … .
- Im November fällt das … von den Bäumen und es wird so kalt, dass die Menschen beginnen, ihre Häuser zu … .
- Draußen stehen die … am Himmel.
- Weil die … immer kürzer werden, haben die Menschen an den … Zeit für etwas Schönes.

Auch du kannst Gedichte schreiben!

Selbst Gedichte verfassen

Fritz Schmid
Rätselgedicht

1 Dorn im C verurs8 W,
die Vlheit ist 1 Laster.

Im WintR trinkt man gRne T,
im HRbsT blüht die AstR.

Die Q gibt Milch. Die Lstern gehen
gar gRn auf Dieberei.

Wer leise geht, geht auf den 10,
1 Glas kr8 leicht ent2.

Bläst man auf dR TromPT Bass,
so wackeln alle Wände.

Zum Rnst wird oft 1 kleinR Spaß
und alles hat 1 ND.

1 Lies das Gedicht laut und schreibe es dann in normaler Schreibweise in dein Heft. Unterstreiche die Wörter, die sich reimen, in derselben Farbe.

2 Schreibe ein Gedicht mit vier Versen, die sich reimen. Verwende dabei ähnliche Schreibweisen wie in dem „Rätselgedicht" von Fritz Schmid.

3 Verfasst in kleinen Gruppen Elfchen. Das sind Gedichte, die so aufgebaut sind wie die Texte „fröhlich" und „gelb". Vergleicht anschließend eure Ergebnisse und formuliert eine möglichst genaue Schreibanleitung. Gestaltet dafür ein Lernplakat für das Klassenzimmer.

fröhlich
ausgelassene Stimmung
herrscht heute zuhause
ich habe tausend Pläne
Ferienbeginn

gelb
die Sonne
sie kitzelt mich
ich sinke ins Gras
glücklich

4 Bei den folgenden Elfchen fehlt jeweils etwas anderes. Übertrage sie in dein Heft und ergänze das jeweils Fehlende.

ruhig
abgefallene Tannenzapfen
liegen am Weg
Ich laufe über Moos

rosa
kalter Genuss
in einer Waffel
Erdbeereis

5 Wähle eines der Bilder aus und verfasse dazu ein Elfchen ohne Schlusswort. Tausche es im Anschluss mit deinem Nachbarn, benenne das Thema und ergänze den letzten Vers.

6 Am Anfang des Kapitels hast du den Zipferlake kennengelernt (→ S. 125). Zeichne den Zipferlake so, wie du ihn dir vorstellst, oder gestalte eine Collage.

7 Nachdem Alice das Gedicht gelesen und verstanden hat, fragt sie sich aber, warum die Bewohner des Wunderlands sich so vor dem Zipferlake gefürchtet haben.

- Verfasse ein Elfchen über den Zipferlake und verwende dabei erfundene Wörter wie in dem Zipferlake-Gedicht.
- Ergänze das Original-Gedicht um eine weitere Strophe und füge sie an einer passenden Stelle ein.
- Verfasse eine Strophe, die an die erste Strophe anschließt und aus der hervorgeht, warum sich die Bewohner des Wunderlands vor dem Zipferlake fürchten.

7

Im Handumdrehen gelernt

Gedichte vortragen und auswendig lernen

Christian Morgenstern

Wenn es Winter wird

Der See hat eine Haut bekommen,
sodass man fast drauf gehen kann,
und kommt ein großer Fisch geschwommen,
so stößt er mit der Nase an.

Und nimmst du einen Kieselstein
und wirfst ihn drauf, so macht es klirr
und titscher – titscher – titscher – dirr …
Heißa, du lustiger Kieselstein!

Er zwitschert wie ein Vögelein
und tut als wie ein Schwälblein fliegen –
doch endlich bleibt mein Kieselstein
ganz weit, ganz weit auf dem See draußen liegen.

Da kommen die Fische haufenweis
und schaun durch das klare Fenster von Eis
und denken, der Stein wär etwas zum Essen;
doch sosehr sie die Nase ans Eis auch pressen,
das Eis ist zu dick, das Eis ist zu alt,
sie machen sich nur die Nasen kalt.

Aber bald, aber bald
werden wir selbst auf eignen Sohlen
hinausgehn können und den Stein wieder holen.

1 Stelle dir vor, du hast das erlebt, was in dem Gedicht beschrieben wird. Erzähle einem Partner davon. Achte darauf, möglichst spannend zu erzählen, und gestalte deinen Vortrag anschaulich mit Gesten und verschiedenen Gesichtsausdrücken.

2 Um einen Text wirkungsvoll vorzulesen, ist es hilfreich, im Text Markierungen anzubringen. Betrachte den markierten Textausschnitt, übertrage dann die Tabelle rechts oben in dein Heft und fülle sie mithilfe des Wortspeichers aus.

Er zwitschert wie ein Vögelein
und tut als wie ein Schwälblein fliegen – |
doch endlich | bleibt mein Kieselstein
ganz weit, | ganz weit auf dem See draußen liegen.

Markierung	Bedeutung
Unterstreichung ———	
Verbindungspfeil zur nächsten Zeile ⮐	
senkrechter Strich |	
gestrichelte Unterstreichung – – –	

Wortspeicher

betonen – langsam lesen – Pause machen – am Zeilenende weiterlesen

3 Trage auf einer Textkopie die Markierungen für die übrigen Strophen ein.

4 Übe den Vortrag des Texts und ermittelt in einem kleinen Wettbewerb, wer in eurer Klasse am wirkungsvollsten vorlesen kann.

So trägst du ein Gedicht wirkungsvoll vor

Das musst du können

Bei einem Gedichtvortrag soll der Inhalt für die Zuhörer möglichst interessant wirken. Dazu musst du **laut** und **deutlich** sprechen. Wichtige Wörter, Pausen und Stellen, an denen du besonders eindrucksvoll lesen solltest, markierst du im Text mit unterschiedlichen Farben und Symbolen. Steht am Versende kein Satzzeichen, so liest du ohne Pause weiter **(Zeilensprung)**.

5 Zeichne zu jeder Strophe in Christian Morgensterns Gedicht links ein Bild.

6 Sprich die erste Strophe des Gedichts so lange leise vor dich hin, bis du sie auswendig kannst, und trage sie dann einem Partner vor.

7 Lerne das Gedicht „November" (→ S. 131) so auswendig, wie es im folgenden Kasten beschrieben wird, und trage es dann vor der Klasse wirkungsvoll vor.

So lernst du ein Gedicht auswendig

Das musst du können

Überlege dir zu jeder Strophe **ein Bild**, das den Inhalt wiedergibt.
Lies immer nur **einen Vers**, decke ihn zu und wiederhole ihn auswendig. Gehe dann genauso vor mit einer ganzen Strophe.
Notiere dir auf einem **„Spickzettel"** z. B. das erste Wort jeder Strophe oder Textstellen, die du dir schlecht merken kannst.

8 Vergleicht die Lerngeschwindigkeit bei Aufgabe 6 und 7.

7

Was DU schon kannst!

Kompetenztest

Heinrich Hoffmann
Der fliegende Robert

Wenn der Regen niederbraust,
wenn der Sturm das Feld durchsaust,
bleiben Mädchen oder Buben
hübsch daheim in ihren Stuben.

Robert aber dachte: Nein!
Das muss draußen herrlich sein! –
Und im Felde patschet er
mit dem Regenschirm umher.

Hui, wie pfeift der Sturm und keucht,
dass der Baum sich niederbeugt!
Seht! Den Schirm erfasst der Wind,
und der Robert fliegt geschwind

durch die Luft so hoch, so weit;
niemand hört ihn, wenn er schreit.
An die Wolken stößt er schon,
und der Hut fliegt auch davon.

Schirm und Robert fliegen dort
durch die Wolken immerfort.
Und der Hut fliegt weit voran,
stößt zuletzt am Himmel an.

Wo der Wind sie hingetragen,
Ja! Das weiß kein Mensch zu sagen.

Den Inhalt von Gedichten erfassen

1 Bringe die folgenden Sätze, die den Inhalt des Gedichts zusammenfassen, in die richtige Reihenfolge und schreibe die Buchstaben in dieser Reihenfolge in dein Heft.

a) Der Wind erfasst Roberts Regenschirm und trägt Robert davon.
b) Niemand hört Roberts Hilferufe, und er fliegt immer höher.
c) Bei schlechtem Wetter bleiben die meisten Kinder zu Hause.
d) Robert fliegt durch die Wolken und steigt immer weiter.
e) Es ist unbekannt, wohin Robert geflogen ist.
f) Robert aber geht bei Regenwetter hinaus.

2 Notiere die Wörter, die an der Stelle der Sternchen stehen müssen.

„Der fliegende Robert" ist ein * von Heinrich Hoffmann. Es hat fünf * mit vier * und eine * mit zwei *.

Gestaltungsmerkmale von Gedichten erkennen

3 Beschreibe die Reime der ersten Strophe von „Der fliegende Robert" mithilfe von Kleinbuchstaben und bestimme das Reimschema.

Die Form von Gedichten beschreiben

4 Stelle die vier Verse der ersten Strophe so um, dass sich das Reimschema ändert. Achte darauf, dass der Sinn der Strophe erhalten bleibt, und bestimme anschließend das neue Reimschema.

Nach Mustern schreiben

5 Schreibe die vierte Strophe in dein Heft und trage dazu Markierungen zum Vortrag ein. Berücksichtige Sprechgeschwindigkeit, Lautstärke, Pausen und Zeilensprünge.

Texte sinngebend und gestaltend vorlesen

6 Notiere die Nummer und den Buchstaben der richtigen Lösungen.

„Der Sturm keucht" ist eine

1) Person,
2) Personifizierung,
3) Persönlichkeit,

a) weil der Sturm ein Tier mit langen Krallen ist.
b) weil der Sturm für Robert gefährlich werden könnte.
c) weil der Sturm wie ein Mensch dargestellt wird.

Gestaltungsmerkmale von Gedichten erkennen und den Inhalt erfassen

7 Lies das folgende Gedicht auf der linken Seite, schreibe dann den Buchstaben des Texts auf der rechten Seite auf, der zu dem Gedicht auf der linken Seite passt, und begründe deine Lösung in einem Satz.

Deutungen des Texts formulieren und begründen

Christian Morgenstern
Neue Bildungen, der Natur vorgeschlagen

Der Ochsenspatz
Die Kamelente
Der Regenlöwe
Die Turtelunke
Die Schoßeule
Der Walfischvogel
Die Quallenwanze
Der Gürtelstier
Der Pfauenochs
Der Werfuchs
Die Tagtigall

+?

a Der Sägeschwan
Der Süßwassermops
Der Weinpinscher

b Die Waldohreule
Der Schwarzstorch
Der Eisbär

c Der Jammerwoch
Die Flabberjak
Der Brabbelback

8 Banden

Theater spielen

1 Sprecht in der Klasse über das erste Bild: Was ist hier dargestellt? Welchen Eindruck machen die Jungen und das Mädchen auf euch und warum?

2 Sammle zusammen mit einem Partner Adjektive, die diese Personen beschreiben.

3 Tauscht euch nun in der Klasse über das zweite Bild aus: Was seht ihr hier? Welchen Eindruck machen die Mädchen auf euch und warum?

4 Notiere auch hier zusammen mit deinem Partner passende Adjektive, die diese Mädchengruppe beschreiben.

5 Vergleicht die Adjektive und begründet eure Wahl mit der Kleidung, der Körperhaltung oder dem Gesichtsausdruck der Personen.

Hast du selbst schon einmal in einem Theaterstück mitgespielt – vielleicht in der Schultheatergruppe? Wenn nicht, hast du ja möglicherweise nach Bearbeitung des Kapitels Lust dazu! In diesem Kapitel lernst du nämlich …

… dialogische Texte kennen,
… Texte szenisch zu lesen,
… Texte szenisch darzustellen,
… eine eigenständige Spielvorlage zu verfassen,
… eine Szene aufzuführen.

8

Sind Gespräche auch Texte?

Dialogische Texte kennenlernen

Alexander Buhman
Rocker/Popper *(Auszug)*

Momo hat Geburtstag und alles liebevoll mit ihrer Schwester für eine Party bei sich zuhause vorbereitet. Doch leider kommen nicht nur geladene Gäste …

MOMO: *(erfreut)* Endlich kommt Sascha! *(Momo öffnet die Tür. In diesem Moment geht die Musik aus, und die Bühne wird mit einem hellen Licht beleuchtet. Alle Partygäste wenden sich aufmerksam den folgenden Ereignissen zu. Die Rockergruppe erscheint an der Tür. Petra steht vorne. Zunächst erstarren alle, keiner sagt ein Wort)*

PETRA: *(freundlich)* Hallo! Wir wollten mal bei euch reingucken.

MOMO: *(abweisend)* Das passt jetzt aber nicht so gut.

PETRA: Wieso? Hier ist doch 'ne Party. Nun hab' dich doch nicht so!

MOMO: Das ist keine Party. Ich hab' nur ein paar Freunde zu meinem Geburtstag eingeladen.

PETRA: Oh, du hast Geburtstag! Herzlichen Glückwunsch!

MOMO: *(genervt)* Danke! Jetzt könnt ihr aber auch wieder gehen.

JULIANA: *(zu Röschen)* Habt ihr die etwa eingeladen?

RÖSCHEN: Quatsch! *(zu Petra energisch)* Ihr habt es doch gehört, ihr könnt wieder gehen!

PETRA: Ach, hier ist ja doch 'ne Party! *(blickt zu Ella)* Ella, du hast mir doch erzählt, dass hier 'ne Party ist.

ELLA: Ich? Nun lass mich dabei aus dem Spiel!

LARS: *(drängelt sich nach vorne, schiebt Petra und auch Momo zur Seite, drückt mit seiner Körperhaltung aus, dass er keinen Widerstand duldet)* Nun lasst uns doch mal einfach rein! *(Die anderen Rocker folgen ihm. Die Partygäste beobachten konsterniert die Ereignisse und weichen gegebenenfalls etwas zurück. Die Rocker bleiben als Gruppe zusammen)*

KAI: *(hält eine Getränkedose hoch)* Unsere Getränke haben wir uns sogar selbst mitgebracht. *(Er nimmt einen kräftigen Schluck)*

JULIANA: *(zu Katja)* Die kenne ich, das gibt Ärger!

PETRA: *(entdeckt die Schnittchen)* Oh, geil, hier gibt es ja sogar 'was zu futtern! *(Sie nimmt sich ein Schnittchen und beißt kräftig hinein, spricht mit vollem Mund)* Schmeckt echt super! *(Auch die anderen „Rocker" bedienen sich)*

KATJA: *(zu Juliana)* Was ist die ordinär!

JULIANA: Kein Wunder! Bei den Klamotten, die die trägt. So etwas würde ich ja nicht mal mit der Kneifzange anfassen.

PETRA: *(etwas drohend)* Sprichst du mit mir? Sei bloß vorsichtig! […]

KAI: Lasst euch durch uns nicht stören. Feiert einfach weiter.

1 Bildet eine Redekette und erzählt in eigenen Worten nach, was hier passiert.

2 Lest nun in verteilten Rollen die Szene und versucht dabei, die Sätze so zu betonen, dass klar wird, wie sich die jeweiligen Personen fühlen.

3 Nenne Merkmale des Textauszugs, an denen deutlich wird, dass dies ein Text zum Vorspielen ist.

4 Du sollst die Rollen für eine Theateraufführung in deiner Schule besetzen. Schau dir die Bilder genau an und ordne sie dann jeweils begründet einer Figur aus dem Text zu.

5 Nach Kais letzten Worten tritt Momo auf die Eindringlinge zu und will ihnen klar machen, warum sie die Feier jetzt verlassen müssen. Formuliere diese Rede Momos.

6 Stelle mit einem Partner die Regieanweisungen des Texts in einem Regieplan zusammen. Schreibe dazu in dein Heft eine Tabelle nach folgendem Beispiel.

Bühne	Stimmung der Figuren	Bewegung/Blick
Das Licht ist abgedunkelt	Momo (erfreut)	Petra (blickt zu Ella)

Dialogische Texte

Das musst du wissen

Dialogische Texte bestehen aus Dialogen und sind Spielvorlagen. Wenn zwei oder mehr Personen miteinander sprechen und sich so die Handlung entwickelt, nennt man das einen **Dialog**, wenn nur eine Person spricht, einen **Monolog**.
Oft erläutert der Autor in **Regieanweisungen**, was in der aktuellen Szene (→ S. 151) passiert *(Die Bühne wird mit einem hellen Licht erleuchtet)*, wie die Personen aussehen, was sie tun *(drängelt sich nach vorne)* oder wie sie sich fühlen *(genervt)*.

7 Beschreibe den Unterschied zwischen dialogischen Texten und Erzähltexten.

Vervollständige die Sätze:

- Erzähltexte lassen sich nur schwer auf einer Bühne vorspielen, da …
- Dialogische Texte wirken erst richtig, wenn man sie spielt, weil …

Notiere drei Gründe, warum sich erzählende Texte nur schwer auf einer Bühne vorspielen lassen, und drei Gründe, warum das Vorspielen dialogischer Texte besonders wirkungsvoll sein kann.

Stelle die Unterschiede von dialogischen Texten und Erzähltexten in einer Tabelle zusammen.

8

Mal laut und mal leise, mal zornig und mal froh

Texte szenisch lesen

Lothar Krauth
Der letzte Schlag der Knackerbande *(Auszug 1)*

Die Mitglieder der Knackerbande und ihr Chef haben Professor Archimedes Rieselmann gekidnappt. Sie denken, er habe den Tresorschlüssel der Universität. In diesem Tresor sollen sich mehrere tausend Euro befinden.

DER CHEF: Jetzt wollen wir uns endlich den Professor vornehmen. Es wird langsam Zeit. *(Alle stellen sich um den gefesselten Professor herum. Der Chef nimmt ihm den Knebel ab)*

DER PROFESSOR: *(sprudelt los, schnell)* Meine Lippen sind versiegelt. Ich werde kein Sterbenswörtchen sagen. Ich werde stumm sein wie ein Fisch. Ich werde schweigen, wie noch nie ein Mensch geschwiegen hat. Ich werde eine so unendliche Stille ausstrahlen, eine solche tödliche Schweigsamkeit, dass die abgrundtiefste Grabesruhe wie ein lauter Lärm dagegen wirkt. Ich werde meinen Mund nicht auftun, meine Zunge nicht bewegen, mich in absolutes Schweigen hüllen –

DER CHEF: *(winkt kurz entschlossen der Kröten-Jule zu)* Jule, ans Werk! *(Kröten-Jule streckt zunächst stumm die Hände über den Professor aus. Dieser sinkt sofort in Hypnose, schließt die Augen und neigt müde den Kopf zur Seite; dann* [...]

DER PROFESSOR: *(monoton)* Ich bin Archimedes Rieselmann, Professor für Mathematik und Logik.

DER CHEF: *(ungeduldig)* Sagen Sie uns die Zahlen für das Nummernschloss! [...]

DER PROFESSOR: Vierte Wurzel aus einundachtzig mal drei.

DER CHEF: *(schreit)* Zahlen, bitte!

DER PROFESSOR: Neun – sage ich doch dauernd!

FASSADEN-EDE: *(dreht am Schloss, freudig erregt)* Es hat geknackt, Chef!

DER PROFESSOR: Sechzehn.

FASSADEN-EDE: *(dreht wieder)* Es hat schon wieder geknackt, Chef! [...]

DER CHEF: *(wütend)* Knacken allein genügt nicht, Fassaden-Ede! Die Tür muss aufgehen.

FASSADEN-EDE: Im Knacken bin ich sonst absolute Spitze, das weißt du, Chef.

DER PROFESSOR: Der Schlüssel fehlt. Man braucht noch den Schlüssel.

DER CHEF: Und wo ist der Schlüssel?

1 Markiere auf einer Textkopie die Regieanweisungen zu den verschiedenen Sprechhaltungen, also wie bestimmte Stellen gesprochen werden sollen.

2 Lest den Text anschließend in verteilten Rollen und achtet besonders auf diese Sprechhaltungen.

3 Sprecht in Kleingruppen nacheinander den folgenden Satz. Verändert dabei die Tonlage und die Lautstärke. Notiert während des Zuhörens zu jeder Sprechhaltung ein Verb oder Adjektiv, das diese eurer Meinung nach am besten charakterisiert. Verständigt euch am Ende auf die passendste Sprechhaltung und begründet diese.

„Jetzt wollen wir uns endlich den Professor vornehmen!“

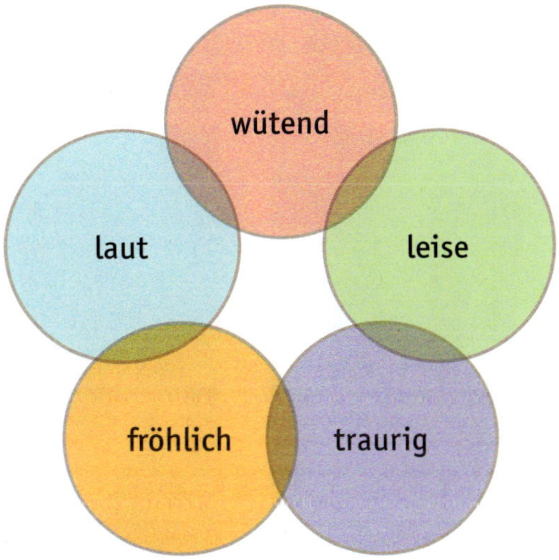

4 Übertrage die Sprechhaltungen im Kreisdiagramm in dein Heft und ordne die passenden Verben zu. Achtung: Es gibt Schnittmengen im Kreisdiagramm, da manche Sprechhaltungen mehreren Verben zugeordnet werden können.

Wortspeicher

befehlen – brüllen – drohen – flüstern – jauchzen – kichern – schluchzen – schreien

5 Den Satz von oben haben sich drei Mitschüler für das Vorlesen unterschiedlich markiert. Lies jede der drei Varianten laut vor und überprüfe die Wirkung der unterschiedlichen Betonungen. Erkläre, welche Variante du wählen würdest.

Jetzt wollen wir uns **endlich** den Professor vornehmen.
Jetzt wollen **wir** uns endlich **den Professor** vornehmen.
Jetzt **wollen** wir uns endlich den Professor **vornehmen**.

6 Unterstreiche auf einer Textkopie, welche Wörter für die Rolle „Der Chef“ besonders betont werden sollten.

So liest du einen Text szenisch

Das musst du können

Zum szenischen Lesen bereitest du einen Text folgendermaßen vor: **Markiere Wörter**, die für den Sinn des Texts und deine Rolle wichtig sind. **Bögen oder Striche** geben an, ob und wo deine **Stimme sich hebt** (/) bzw. **senkt** (\\), **Pfeile**, ob und wo deine **Stimme lauter** (↑) oder **leiser** (↓) wird. **Adjektive in Klammern** können deine **Sprechhaltung** genauer beschreiben *(ängstlich)*.

7 Geht nun zu dritt zusammen und teilt die Rollen (Fassaden-Ede, Chef, Professor) untereinander auf. Markiere auf deiner Textkopie, wie du deinen Text sprechen willst, und übe dann in deiner Gruppe das szenische Lesen.

8

Mit vollem Körpereinsatz

Texte szenisch darstellen

1 Schreibe zu jedem Bild ein Kärtchen, auf dem du Stichworte zum Gesichtsausdruck, der Körperhaltung und den Gefühlen der dargestellten Figuren angibst.

Lothar Krauth

Der letzte Schlag der Knackerbande *(Auszug 2)*

Nachdem der Professor der Knackerbande schließlich verraten hat, dass sich der für den Tresor benötigte Schlüssel in einer Aktentasche in der Gepäckaufnahme befindet, schickt der Chef seinen besten Mitarbeiter, Fassaden-Ede, los, den Schlüssel aus dem Gepäckfach 86 zu holen. Doch Ede hat leider keinen Erfolg – er kehrt mit einer falschen Aktentasche und somit ohne den Schlüssel zurück. Dynamit-Paule, der die Taschen umtauschen soll, hat vorher schon einen anderen Plan geschmiedet, bei dem ihm eine Marktfrau und ein Gemüsekorb unwissentlich geholfen haben …

DER CHEF: Hast du die richtige Tasche, Dynamit-Paule?

DYNAMIT-PAULE: *(verärgert)* Essig auf der ganzen Linie! Die Nummer 86 ist vorhin schon abgeholt worden. Völlig korrekt, behauptet der Gepäck-Schrumpf. Die falsche Tasche hat er behalten.

DER CHEF: Dann weiß ich auch nicht mehr weiter.

DYNAMIT-PAULE: *(triumphierend)* Aber ich, Chef! Pass mal auf! *(Er zieht den Gemüsekorb vor)* Was meint ihr, was in diesem Korb drin ist?

DER CHEF: *(unwillig)* Krautköpfe, was denn sonst!

FASSADEN-EDE: Lauch, Petersilie, Begonien und Stiefmütterchen –

KRÖTEN-JULE: *(trocken)* – und Knoblauch.

DYNAMIT-PAULE: *(kramt das Sprengstoffpaket hervor)* Hier, das sind Knallbonbons, mit Zunder und Pep! Echte

Molotow-Cocktails! Dynamit! Habe ich gestern schon über einen Freund bestellt.
DER CHEF: Daher also die Gemüsefrau! Willst du ballern, Paule?
DYNAMIT-PAULE: *(entschlossen)* Klar! Ohne Gewalt geht hier nichts mehr! *(Sie wollen gerade zum Panzerschrank gehen, da beginnt eine Uhr zu schlagen. Alle vier halten erschrocken inne. Es schlägt zehn)*
DER CHEF: *(erschrocken)* Der Professor sagte etwas von zehn Uhr.
FASSADEN-EDE: Um zehn Uhr sollte der Polizeipräsident hier aufkreuzen, hat er gesagt.
KRÖTEN-JULE: Still! Ich höre etwas!
(Man hört von draußen Schritte. Alle vier verstecken sich rasch. Der Chef wirft dem Professor wieder das Tuch über.)

2 Lies den Textausschnitt genau durch und notiere Aussagen, die zu den jeweiligen Bildern passen. Begründe deine Zuordnung sinnvoll.

3 Formuliere ein Feedback (→ S. 100) für die Darsteller der Knackerbande auf den Standbildern links: Was ist gelungen, wo könnten die Darsteller noch Verbesserungen an ihren Standbildern vornehmen?

4 Arbeitet in Vierergruppen. Zuerst stellen zwei von euch den Begriff *Wut* dar, danach die anderen beiden *Trauer*. Beschreibt jeweils anschließend genau Körperhaltung, Mimik und Gestik und gebt euch gegenseitig Tipps, wie man das Gefühl noch deutlicher ausdrücken könnte.

Das musst du können

So baut ihr ein Standbild

Bei einem Standbild gibt man eine Figur in einer bestimmten Situation wieder. Dabei sollen Einstellungen und Gefühle äußerlich sichtbar gemacht werden.
So geht ihr vor:

- Klärt die **Situation** und die **Gefühlslage** der Figur.
- Bestimmt, wer von euch das **Modell** und wer der **Baumeister** ist.
- Das Modell verhält sich ganz **passiv** und lässt sich vom Baumeister **modellieren**.
- Der Baumeister formt das Modell Schritt für Schritt. Achtet dabei besonders auf die passende **Mimik** und **Gestik** (→ S. 147).
- Das fertige Standbild bleibt ca. 30 Sekunden **eingefroren**.
- Die Mitschüler **beschreiben** zunächst, was sie sehen, und **deuten** dann das Standbild (Was wollte der Baumeister ausdrücken?).
- Der Baumeister sagt, was er zum Ausdruck bringen wollte.

5 Lies noch einmal den ersten Textauszug über die Knackerbande auf Seite 142. Einige dich mit deinem Partner, welche Figur ihr in einem Standbild darstellen wollt. Verratet euren Klassenkameraden nicht, welche Textstelle ihr baut. Präsentiert euer Standbild. Eure Klassenkameraden raten nun, welche Szene ihr darstellt.

8

Alle Bemühungen der Knackerbande haben nichts bewirkt. Sie haben es nicht geschafft, den Tresor zu öffnen, und nun kommt auch noch die Polizei, um sie festzunehmen. Die Bande ist wohl in eine Falle gelockt worden.

6 Der Chef der Bande wird gerade von einem Polizisten abgeführt. Wie fühlt sich der Chef in diesem Moment? Und wie fühlt sich wohl der Polizist? Erstelle eine Karte deiner Wahl mit den möglichen Gefühlsregungen …

- … des Polizisten.
- … des Chefs der Knackerbande.
- … des Polizisten auf der Vorderseite und des Chefs der Knackerbande auf der Rückseite der Karte.

7 Übt und präsentiert in Partnerarbeit ein Pantomimenspiel mit dem Polizisten und dem Chef der Knackerbande.
Beginnt das Spiel mit Standbildern zu den beiden Figuren, die sich zu bewegen beginnen.

8 Präsentiert euer Pantomimenspiel. Die Zuschauer beschreiben zunächst, was sie gesehen haben, und geben dann eine Rückmeldung, ob Gestik, Mimik und Bewegung deutlich ausgeführt worden sind und zu Figur und der Situation gepasst haben.

Das musst du wissen

Pantomime

Das Wort Pantomime bedeutet so viel wie **„alles nachahmend“**. Bei der Pantomime wird **allein durch Gestik und Mimik**, also ohne Sprache, eine Situation bzw. Geschichte dargestellt. Daher ist es wichtig, dass **alle Bewegungen langsam und deutlich** ausgeführt werden. *(Trägt man einen schweren Gegenstand, muss man die Anstrengung am Hals, an den Schultern, in den Armen und Beinen und natürlich auch im Gesicht sehen.)*

Lothar Krauth
Der letzte Schlag der Knackerbande *(Auszug 3)*

FASSADEN-EDE: Chef, soll ich dem Professor den Knebel abnehmen?
DER CHEF: Lass das sein, Fassaden-Ede! Der Herr Professor würde die Zahlenkombination seines Panzerschranks wohl kaum ausspucken, das heißt, ohne entsprechende Nachhilfe.
DYNAMIT-PAULE: Ein kräftiger Schlag auf die Rübe, das hilft immer!
DER CHEF: Keine Gewalt, Dynamit-Paule! Du weißt, das ist unser Motto – nur keine Gewalt.
DYNAMIT-PAULE: Bin ja schon friedlich.
DER CHEF: Wir warten auf die Kröten-Jule, verstanden!? Die hat zwar den bösen Blick, und durch vier müssen wir dann auch noch teilen. Aber sie kann handlesen und wahrsagen – und hypnotisieren. Sie blickt dir in die Pupille – und schon plauderst du los wie ein Wasserfall. Sachen sagst du, die du gar nicht sagen willst.

9 So beginnt das Stück auf der Bühne. Beim Abdruck des Textauszugs sind aber alle Regieanweisungen verloren gegangen. Formuliert in Dreiergruppen mithilfe des Kastens zu der Eingangsszene die fehlenden Regieanweisungen für die Darsteller (Intonation, Gestik und Mimik).

Das musst du wissen

Gestik, Mimik und Intonation

Ein Theaterstück wirkt erst, wenn es aufgeführt wird. Diese Wirkung erzielen die Schauspieler durch die

- **Intonation**, also den Einsatz ihrer Stimme *(Stimme heben/senken, laut/leise reden, lachen ...)*,
- **Gestik**, also den Einsatz ihres Körpers *(mit den Schultern zucken, mit dem Fuß stampfen ...)*,
- **Mimik**, also den Einsatz ihres Gesichts *(Nase rümpfen, Augenbrauen hochziehen ...)*.

10 Führt diese Anfangsszene der Knackerbande nun selbst mithilfe eurer Regieanweisungen vor der Klasse auf. Wählt dazu in Dreiergruppen eine der folgenden Aufgaben:

- Erarbeitet ein Standbild, das die Szene darstellt.
- Spielt die Szene in einem Pantomimenspiel vor.
- Führt die Szene als Theaterstück auf. Beachtet dabei Gestik, Mimik und die richtige Intonation.

8

Vom Schreiben zum Spielen

Eine Spielvorlage verfassen und aufführen

Situation 1
Hans und seine Freunde Luis, Tim und Anton finden sich echt cool und sind stark. Jeder in der Schule hat Angst vor ihnen, und man hat auch allen Grund dazu: Sie erpressen, bedrohen und ärgern die anderen Kinder auf dem Heimweg. Doch Moritz will sich das nicht länger gefallen lassen. Er hat einen Plan ...

Situation 2
Frieda, Ines, Frauke und Angela sind die Rollergirls und fahren fast immer auf ihren Inlineskates durch die Gegend. Wenn man zu ihnen gehören will, muss man einiges drauf haben auf den Rollen. Beate ist sich sicher, den Mädchen beweisen zu können, warum sie gerade im Rollstuhl ein wertvolles Mitglied der Gang sein kann.

1 Sprecht in der Klasse darüber, ob ihr solche oder ähnliche Situationen schon einmal selbst erlebt oder beobachtet habt, und haltet an der Tafel in Stichworten fest, wie ihr euch dabei gefühlt habt.

2 Was denken die Personen auf den Bildern? Zeichne die Gedankenblasen in dein Heft und fülle sie mit jeweils ein bis drei Sätzen aus.

3 Wähle eine der oben dargestellten Situationen aus. Erstelle mit den Namen der beteiligten Personen eine Skizze, die zeigt, wie die Personen zueinander stehen. Du kannst dabei mit unterschiedlichen Farben, Schriftgrößen und Entfernungen der Namen arbeiten.

4 Sammelt in Vierergruppen Ideen zur Gestaltung der Szene.

Das musst du können

So schreibst du eine Szene weiter

Wenn du einen Ausschnitt aus einem Theaterstück vorgegeben hast und diesen weiterschreiben willst oder selbst eine Szene verfassen möchtest, gehst du folgendermaßen vor:

- **Versetze dich in die Figuren hinein.** *(Was denkt die Figur? Was fühlt sie?)*
- Mache dir bewusst, **in welchem Verhältnis die Figuren** des Stücks **zueinander stehen.** *(Mögen sie sich?)*
- **Sammle deine Ideen** zur weiteren Gestaltung der Szene in einer **Mind-Map.**
- Finde heraus, welche deiner Ideen **stimmig und logisch** an den vorgegebenen Text anknüpfen und zu den Figuren passen.

5 Verfasst in Kleingruppen eine Spielvorlage zu einer der beiden Situationen,

- in der sich Hans und seine Freunde mit Moritz bzw. die Rollergirls mit Beate das erste Mal unterhalten.
- in der Hans und seine Freunde ein Streitgespräch mit Moritz führen bzw. die Rollergirls ein Streitgespräch mit Beate führen.
- in der Moritz seinen Plan (sich das Verhalten von Hans und seinen Freunden nicht länger gefallen zu lassen) in die Tat umsetzt bzw. Beate den Rollergirls beweist, dass sie ein vollwertiges Mitglied der Gruppe sein kann.

6 Tauscht im Anschluss daran eure Spielvorlage mit einer anderen Kleingruppe aus und macht mithilfe der folgenden Fragen Anmerkungen für die Überarbeitung.

- Ist der Text logisch aufgebaut und ist die Szene schlüssig?
- Passt der Text zu den jeweiligen Figuren?
- Gibt es passende Regieanweisungen zu den Figuren (Gestik, Mimik, Sprechweise)?
- Sind die Regieanweisungen klar und verständlich formuliert?

7 Auf dem ersten Foto siehst du Kinder vor einer Aufführung. Sie sind nervös und haben Angst, dass etwas schief gehen könnte oder sie ihren Text vergessen. Erstellt eine Mind-Map in der Klasse mit Ideen, wie man mit der Nervosität vor einer Aufführung umgehen kann.

8 Wie haben sich die Schüler wohl nach ihrer Aufführung gefühlt? Wähle eine der Personen auf dem Foto aus und drücke deren augenblickliches Gefühl durch einen Ausruf aus.

9 Man sollte Körper und Stimme vor einer Aufführung lockern. Lauft dazu kreuz und quer durch den Raum. Auf ein Signal eurer Lehrkraft hin seid ihr alle ganz traurig/fröhlich/schüchtern/eingebildet/müde.

10 Als Sprechübung erzählen sich Schauspieler manchmal eine Geschichte in der Fantasiesprache Gromolo: Unverständliche Fantasiewörter mit vielen Vokalen werden so betont und vorgetragen, dass der Vortrag wie eine echte Erzählung klingt. Erzählt euch in Partnerarbeit Gromolo-Geschichten.

11 Übe deutlich und laut zu sprechen. Nimm dazu einen Flaschenkorken zwischen deine Zähne und sprich einfache Sätze laut und deutlich, wie zum Beispiel: *Mein Name ist ..., meine Hobbys sind ...* Wenn das gut klappt, steigerst du dich mit Zungenbrechern wie zum Beispiel *Blaukraut bleibt Blaukraut und Brautkleid bleibt Brautkleid.*

12 Bereite dich mit folgender Übung auf das Einsetzen von Mimik und Gestik vor.

Phase 1: Stelle dir vor, du hast einen Gegenstand in der Hand, der sehr groß und schwer ist, und du musst ihn ans andere Ende des Zimmers tragen.
Phase 2: Nach drei bis vier schweren Schritten wird der Gegenstand ganz leicht, dafür aber sehr heiß.
Phase 3: Nach weiteren vier Schritten bekommt der Gegenstand lauter Stachel und du weißt gar nicht mehr, wie du ihn anfassen sollst.
Phase 4: Und wieder nach vier Schritten wird der Gegenstand ganz klein und leicht, bekommt Flügel und versucht, vor dir abzuhauen.

Das musst du können

So spielst du eine Rolle

Wenn du nun auf die Bühne gehst, um deine Figur zu spielen, ist es wichtig, dass du auf einige Dinge achtest:

- Sprich immer deutlich.
- Setze deine Stimme bewusst ein (Wann redest du laut, wann leise? Wann lachst oder seufzt du?).
- Achte auf eine zur Situation und zum Gesagten passende Mimik und Gestik.
- Spiele immer zum Publikum, wende deinen Zuschauern nie den Rücken zu.
- Vor einer Aufführung oder vor den Proben helfen dir Aufwärmübungen für Stimme, Mimik und Gestik.

13 Tretet zu zweit als Schauspielpaar auf und führt eine der folgenden Redewendungen auf. Die Redewendung muss vom einen Schauspieler vorgetragen, vom anderen gespielt werden.

- Ins kalte Wasser springen
- Ein Elefant im Porzellanladen
- In den sauren Apfel beißen
- Den Kopf in den Sand stecken

14 Bereitet in Gruppenarbeit das Spielen der beiden Szenen „Der letzte Schlag der Knackerbande“ (→ S. 142 und 144/145) vor. Damit ihr euch die fünf Rollen noch besser vorstellen könnt, lest zunächst die Original-Beschreibungen der fünf zu besetzenden Rollen.

Der Chef: durchtriebener Gauner, befehlsgewohnt; Hut im Genick, ausgefallen gekleidet, kaut an (erloschener) Zigarre

Fassaden-Ede: Ganove, sieht sich als bester Geldschrank-Knacker; abgerissener (Jeans-)Anzug, Schlägermütze

Dynamit-Paule: Ganove mit brutalem Einschlag, großmäulig; eventuell Lederkleidung, Stirnbinde, Halstuch, allerlei Umhängsel

Professor Archimedes Rieselmann: ältlicher Herr, etwas wackelig, hochgeistig, doch mit praktischer Schläue; Haarmähne, Brille, eventuell buschiger Schnurrbart

Kröten-Jule: raffiniert, erfahren im Hypnotisieren, Handlesen, Wahrsagen; buntes Kleid, viel Schmuck, Haarfülle, seitlich geknotetes Kopftuch

Übernehmt die folgenden Aufgaben aufgrund eurer Interessen und Fähigkeiten:

- Verteilt die einzelnen Rollen.
- Bestimmt einen Regisseur, der sich auch um die Requisiten kümmert.
- Gestaltet ein Poster, das die Aufführung eurer Szene ankündigt.

Das musst du wissen

Eine Theateraufführung

Den Ort, an dem ein Theaterstück aufgeführt wird, nennt man **Bühne**.
Jedes Theaterstück besteht aus verschiedenen Abschnitten, in denen die Figuren aufeinander treffen und miteinander sprechen und handeln. Diese Abschnitte heißen in der Theatersprache **Szenen**.
In vielen Szenen werden auch Gegenstände gebraucht, die eine wichtige Funktion im Handlungsverlauf einnehmen *(Gemüsekorb)*. Diese wichtigen Gegenstände nennt man **Requisiten**.

Was DU schon kannst!

Kompetenztest

Dialogische Texte kennenlernen

1 Vervollständige den Lückentext.

Wenn zwei oder mehrere Personen miteinander sprechen, nennt man das einen . Spricht hingegen nur eine Person (z. B. mit sich selbst) ist dies ein . Was in einer Szene auf der Bühne passiert, was die Personen auf der Bühne tun und wie sie etwas sagen, darüber geben die  Auskunft.

Ilse Bintig

Eine richtige Räuberbande *(Auszug ohne Regieanweisungen)*

Eine Klasse wird von ihrem Lehrer bei jeder Gelegenheit als „Räuberbande" beschimpft. Die Schüler beschließen, sich gemeinsam dagegen zu wehren. Da sie den Lehrer sonst aber ganz gern mögen, wollen sie den Konflikt mit Humor lösen.

Dirk: Der weiß gar nicht, was eine Räuberbande ist.
Viola: Mensch, ich hab's! Wir müssen ihm das mal zeigen.
Hans: Wie meinst du das denn?
Viola: Ganz einfach! Wir verkleiden uns morgen alle als Räuber, und dann kann er mal eine richtige Räuberbande erleben.
Alle: Jaaa! Das ist gut –
Hans: Du meinst also, wir gehen morgen alle als Räuber in seinen Unterricht?
Viola: Mensch! Das wird ein Mordsspaß. Was glaubt ihr, was da los ist!
(Es schellt)
Hans: Los! Kommt alle auf den Schulhof! Da denken wir uns für morgen ein paar tolle Streiche aus.
Martin: Das ist gut. Ab morgen sind wir Räuber. Richtige Räuber!
Alle: Räuber! Räuber! Räuber!

Inhalt eines dialogischen Texts erfassen

2 Gib an, welche der folgenden Aussagen richtig ist.

a) Die Schüler wollen sich als Räuber verkleiden, weil Fasching ist.
b) Die Schüler wollen ihrem Lehrer am nächsten Tag Streiche spielen.
c) Alle verstehen Violas Vorschlag, sich als Räuber zu verkleiden, sofort.
d) Die Schüler wollen als Räuber verkleidet einen Spaß machen.
e) Die Schüler wollen ihrem Lehrer als Räuber Angst machen und ihn verjagen.

3 Nenne die Standbilder, die zum abgedruckten Textabschnitt passen.

Szenisch darstellen

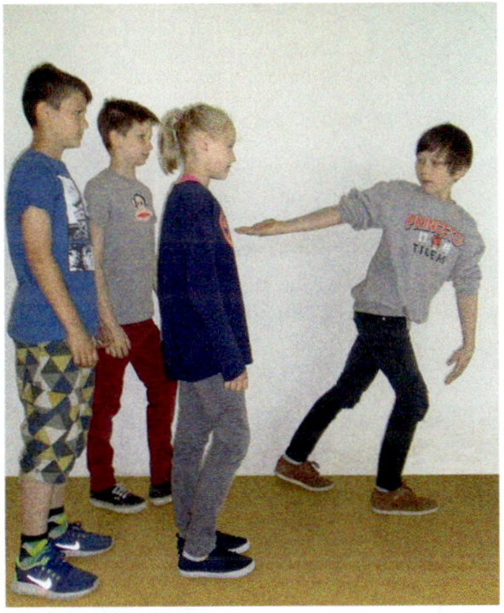

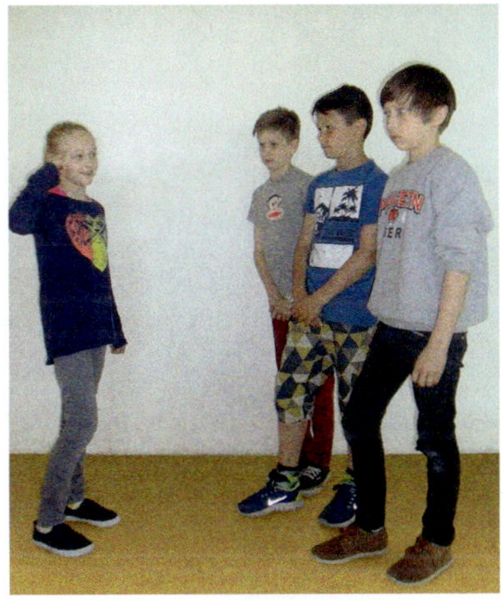

4 Fügt auf einer Kopie des Textauszugs je drei passende Regieanweisungen zu Intonation, Mimik und Gestik ein.

Eine Spielvorlage verfassen

5 Hier siehst du drei Szenen aus verschiedenen Schultheateraufführungen. Was könnten die Personen in dem jeweiligen Moment wohl sagen? Ordne die Bilder den Aussagen zu und begründe deine Wahl. Achtung: Es gibt zwei Aussagen mehr als Bilder.

Auf Gestik und Mimik achten

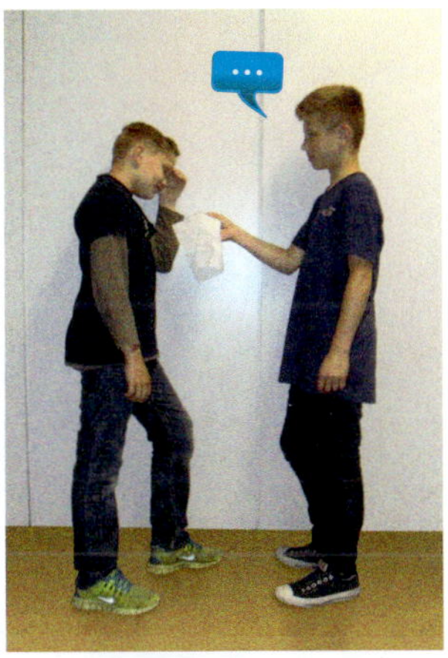

a) „Das macht Spaß!"
b) „Loser! Loser!"
c) „Du bist so uncool und immer nur am Meckern!"
d) „Was hatten wir noch einmal in Englisch auf?"
e) „Kopf hoch. Das wird schon wieder."

9 Robbi – ein Roboter lernt die Sprache kennen

Wortbedeutung und Wortbildung

1 Beschreibt die Bilder und sprecht darüber, was sie gemeinsam haben.

2 Ihr lernt ja gerade eine Fremdsprache – vermutlich eure erste. Sammelt Unterschiede, die eurer Meinung nach zwischen dem Sprechenlernen als Kind und dem Erlernen einer Fremdsprache bestehen.

3 „Mein Teekesselchen ist essbar. Außerdem kann es Licht geben." Klärt gemeinsam, wie das Spiel „Teekesselchen" geht und was es mit den Themen „Sprache" und „Sprache lernen" zu tun haben könnte. Sammelt weitere Wortpaare für das Spiel und spielt es in der Klasse.

Ständig hörst du sie, ständig gebrauchst du sie, aber hast du dir schon Gedanken darüber gemacht, warum wir uns „verstehen", wenn wir unsere Sprache verwenden? Gemeinsam mit Roboter Robbi und Paula lernst du deshalb ...

... zu verstehen, wie Sprache funktioniert,
... durch Zusammensetzungen und Ableitungen neue Wörter zu bilden,
... die Zusammengehörigkeit von Wörtern in Wortfamilien zu erkennen,
... Wörter in Wortfeldern zusammenzustellen und diese zu nutzen.

9

Was hast du gemeint?

Verstehen, wie Sprache funktioniert

Paulas Traum

Paulas Mutter möchte, dass Paula ihr Zimmer aufräumt. Paula hat jedoch keine Lust und legt sich stattdessen auf ihr Bett. Sie fängt an zu träumen. Im Traum erscheint ihr Robbi, der ihr beim Aufräumen helfen will. Paula versucht Robbi zu erklären, was er machen soll. Doch er versteht die menschliche Sprache nicht. Deshalb spielt sie ihm vor, was er zu tun hat. Paula freut sich, dass Robbi ihr hilft. Es stört sie dabei auch nicht weiter, dass ihr Zimmer nach dem Aufräumen etwas seltsam aussieht. Sie sagt: „Man braucht gar keine Sprache. Alles, was man anderen mitteilen will, kann man auch ohne Worte sagen."

1 Notiert in Partnerarbeit einzelne Aufgaben, die zum Aufräumen eines Zimmers gehören. Wählt zwei davon aus und spielt sie pantomimisch (→ S. 146) euren Mitschülern vor.

2 „Alles, was man anderen mitteilen will, kann man auch ohne Worte sagen." Hat Paula mit ihrer Aussage Recht? Nimm Stellung zu dieser Aussage, indem du

- eine Reaktion auf Paulas Aussage notierst.
- eine Reaktion auf Paulas Aussage notierst und dabei erläuterst, welche Schwierigkeiten auftreten können, wenn man keine Sprache verwendet.
- einen kurzen Text zum Thema „Die Bedeutung der Sprache" für ein Jugendlexikon verfasst.

3 Notiere in Stichworten die dargestellten Tätigkeiten. Vergleicht anschließend eure Ergebnisse und sprecht darüber, warum ihr meist die gleichen Stichworte habt, es aber auch Unterschiede gibt.

Robbi lernt die Sprache

In Paulas Traum lernt Robbi so schnell, dass er bald schon viele Wörter versteht. Paula gefällt das und sie möchte, dass Robbi ihr auch bei den Hausaufgaben hilft. Sie zeigt ihm ihre Schulsachen und erklärt ihm, wie all diese Dinge heißen. Doch nach einer Weile wird ihr dabei langweilig. Sie nimmt ihr Mäppchen und sagt zu Robbi: „Das ist eine Schultasche." Robbi wiederholt eifrig: „Eine Schultasche."

Paula grinst und zeigt auf ihre Schultasche: „Das ist ein Mäppchen." „Mäppchen", wiederholt Robbi. Paula bringt Robbi bei, dass der Radiergummi Spitzer heißt, das Heft Brotdose, das Buch Lineal, das Lineal Schere und der Füller Pinsel. Sie hat immer mehr Ideen und es macht ihr eine Menge Spaß, die Bezeichnungen für ihre Schulsachen abzuändern. „Hausaufgabenheft" sagt sie, als sie den Taschenrechner aus der Tasche holt. „Pausenbrot" nennt sie den Bleistiftspitzer. Nachdem sie ihre gesamte Schultasche ausgeräumt hat, gibt sie Robbi eine Aufgabe: „Nimm das Buch und schreib die neuen Regeln aus dem Deutschunterricht gut leserlich mit dem Füller ins Heft. Unterstreiche die wichtigen Begriffe mit dem Lineal."

4 Was passiert nun wohl? Schreibe die Geschichte weiter.

5 Als Paula lachen muss, fragt Robbi, was er falsch gemacht hat. Entwerft in Partnerarbeit den Dialog zwischen den beiden. Spielt euch die Dialoge in der Klasse vor.

Das musst du wissen

Wörter als Sprachzeichen

Sprache funktioniert nur, wenn du als Sprecher dieselben Inhalte mit den Begriffen verbindest wie dein Zuhörer.

Bei **sprachlichen Zeichen** (z. B. einzelne Wörter) unterscheidet man eine Inhalts- und eine Ausdrucksseite. Die **Inhaltsseite** bezeichnet das, was mit einem Sprachzeichen gemeint ist, also seine Bedeutung. Die **Ausdrucksseite** bezeichnet das, was du hören oder lesen kannst.

Ausdruck *Inhalt (Bedeutung)*

„Roboter"

6 Wenn Paula Robbi als Hausaufgabenhelfer einsetzen möchte, muss sie ihn richtig programmieren. Übertrage die Tabelle in dein Heft und fülle sie aus.

Programmiertabelle	
Ausdruck	**Inhalt/Bedeutung**
Lineal	Ein Lineal ist ein längliches Hilfsmittel aus Plastik oder Holz zum Zeichnen von geraden Linien.
Buch	
Heft	
Füller	
Schultasche	

7 Beim Programmieren stößt Paula bei manchen Wörtern auf Schwierigkeiten. Erstellt in kleinen Gruppen eine „Programmiertabelle" für die Wörter *Bank, Birne, Schale, Blatt* und *Leiter*. Vergleicht eure Ergebnisse und besprecht die Besonderheit dieser Wörter.

8 Paula möchte Robbi mit möglichst vielen Informationen füttern und erweitert die Inhaltsseite ihrer Programmiertabelle um das Gegenteil der Wörter. Hilf ihr und fülle die Tabelle in deinem Heft aus.

Programmiertabelle	
Ausdruck	**Inhalt/Bedeutung**
leise	Wenn Geräusche oder Stimmen leise sind, kann man sie kaum hören. *Leise* ist das Gegenteil von *laut*.
langsam	
schön	
Hitze	
Liebe	

9 Mittlerweile hat Paula Robbi mit so vielen Wörtern gefüttert, dass er ihr schon wirklich bei den Hausaufgaben helfen kann. Heute muss Paula Wörter finden, die eine ähnliche oder dieselbe Bedeutung haben. Wähle einen von Robbis drei Vorschlägen aus und ergänze ihn in deinem Heft.

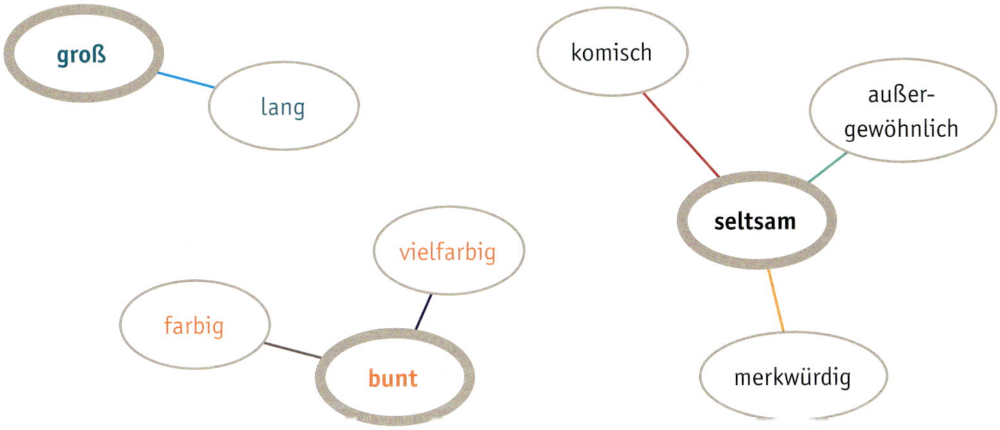

10 Paula hat bei Robbi einen Programmierfehler entdeckt. Wenn sie die Inhaltsseite von bestimmten Wörtern sucht, gibt Robbi nur Geräusche von sich. Suche Verben, die Robbi mit seinen Geräuschen ausdrücken will.
Beispiel: *trrrrrrr* → *trillern*

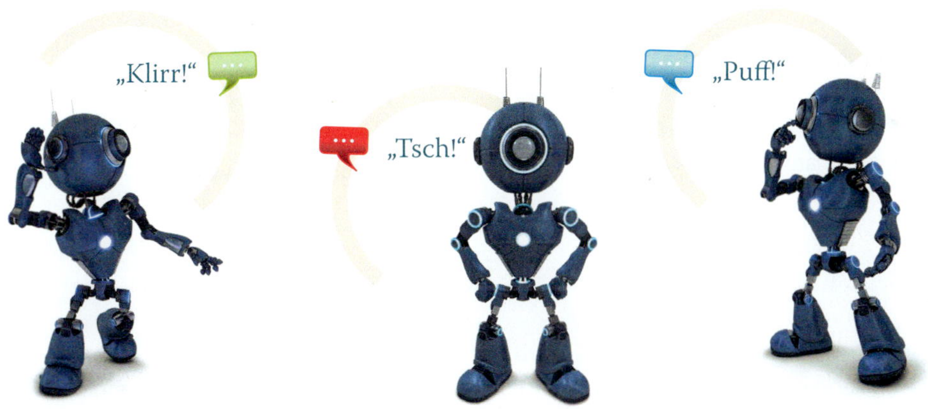

Das musst du wissen

Synonyme, Antonyme und lautmalerische Ausdrücke

Wegen ihrer besonderen Inhalts- oder ihrer besonderen Ausdrucksseite kannst du manche Wörter in Gruppen einteilen.

- Synonyme unterscheiden sich äußerlich, also auf der Ausdrucksseite, haben aber dieselben oder ähnliche Inhalte: *Geschenk – Mitbringsel, Bereich – Gebiet.*
- Antonyme sind Wörter, die das Gegenteil bedeuten: *groß – klein.*
- Lautmalerische Ausdrücke (Onomatopoetika) ahmen ein Geräusch oder einen Klang nach, die zur Inhaltsseite gehören: *plätschern, knarren, knistern.*

9

Zu einer Familie gehören

Neue Wörter zusammensetzen und ableiten

Paula in der Schule

In der Schule schaut Paula immer wieder auf die Uhr. Der Unterricht dauert heute so lange. Sie sollte eigentlich zur Tafel hinschauen und sich dabei die neuen Regeln anschauen, doch sie durchschaut diese Regeln nicht. Sie schaut auch ins Buch, vielleicht kann sie da ja nachschauen. Aber irgendwie versteht sie die Regeln auch da nicht. „Oh je“, denkt sie, „da muss ich in der nächsten Klassenarbeit wieder abschauen!“

Paula ist müde und gerät ins Träumen. Dabei hört sie, wie Robbi sich in der Schule mit ihren Mitschülern unterhält: „Ich heiße Robbi und bin Paulas Freund. Sie hat mir schon viel beigebracht. Sie benutzt dabei Tabellen, in die etwas einprogrammiert ist. Das ist wirklich hilfreich. Sie zeigt mir, wie ich mir etwas einprägen kann, aber manchmal hat sie mir auch schon ungenaue Sachen beigebracht.“

1 Notiere aus dem Text Verbindungen mit dem Verb *schauen* und ergänze sie um weitere Beispiele.

2 Erstelle eine Wortliste mit Verben, Adjektiven und Nomen aus dem Text, die eine Vorsilbe haben. Nutze – wenn nötig – die Informationen aus dem Kasten unten.

3 Bilde zusammen mit einem Partner aus dem Wortspeicher möglichst viele Wörter aus Präfix und Verb. Welches Team schafft in 5 Minuten am meisten?

Wortspeicher

Präfix: nach – an – ab – vor – über – unter – mit

Verb: gehen – waschen – springen – leben – geben

Das musst du wissen

Ableitungen

Man kann im Deutschen neue Wörter durch **Ableiten** bilden, indem man an einen **Wortstamm** ein **Präfix** (eine Vorsilbe) oder ein **Suffix** (eine Nachsilbe) anhängt. Diese Möglichkeit gibt es bei Nomen, Verben und Adjektiven.

	Präfix	Stamm	Suffix
Verb:	*ab*	*nehm*	*en*
Nomen:	*An*	*heb*	*ung*
Adjektiv:	*un*	*schön*	

4 Bilde aus dem Wortstamm *-schul-* Ableitungen. Nutze Präfixe, Suffixe oder beides.

Computer und Auto

In vielen Autos rechnen Teile, aus denen ein Computer gebaut wurde. Sie steuern zum Beispiel den Motor, können in das System, das bremst, eingreifen, beeinflussen die Federung, ermitteln für den Fahrer den Verbrauch an Benzin oder zeigen im System, das navigiert, sogar den richtigen Weg an. Sie teilen dem Besitzer auch mit, wann der nächste Besuch in der Werkstatt fällig ist. Für die Zukunft arbeiten die Konzerne, die Autos entwickeln, an Computern für Autos, die den Wagen automatisch steuern: Kleine Kameras überwachen die Straße und den Bereich rund um den Wagen und steuern das Rad zum Lenken, das Pedal zum Gasgeben und die Bremse; sie halten auch zur rechten Zeit, wenn die Ampel Rot zeigt. Weil sie mit den Zentralen, die den Verkehr lenken, in Verbindung stehen, kennen sie auch den jeweils kürzesten Weg, vermeiden Staus und finden in der Stadt Plätze zum Parken.

5 Robbi hat einen Text über Autos geschrieben. Überarbeite ihn zusammen mit einem Partner, indem du umständliche Formulierungen durch Zusammensetzungen austauschst.
Beispiel: *Teile, aus denen ein Computer gebaut wurde* durch *Computerteile*.

Das musst du wissen

Zusammensetzungen

Aus der Zusammensetzung einzelner Wörter kann ein neues Wort entstehen. Der letzte Teil der Zusammensetzung stellt dabei das **Grundwort** dar, der erste Teil ist das **Bestimmungswort**. Das Grundwort legt das Genus (Geschlecht) fest:
das Computerteil (der Computer: Bestimmungswort, das Teil: Grundwort).

Manchmal werden bei Zusammensetzungen noch Verbindungselemente wie *e, en, es, n* oder *s* eingeschoben: *Hilfsroboter*.

6 Wähle eine der folgenden Aufgaben.

- Erweitere die Wortliste mit möglichst vielen Begriffen: *schmutzig, Schmutz …*
- Erstelle eine Wortliste mit möglichst vielen Begriffen zum Wortstamm *groß*.
- Erstelle eine Wortliste mit möglichst vielen Begriffen zum Wortstamm *leer* und unterscheide dabei, ob es sich um eine Ableitung oder eine Zusammensetzung handelt. Unterstreiche dazu die Wörter mit unterschiedlichen Farben.

Das musst du wissen

Wortfamilien

Wörter mit einem **gemeinsamen Wortstamm** bilden eine **Wortfamilie**.
Durch Ableitungen und Zusammensetzungen lässt sich eine Wortfamilie erweitern:
Arbeit: verarbeiten, Arbeitsamt, durcharbeiten, arbeitslos, Arbeiter …

9

Was gehört zusammen?

Wortfelder zusammenstellen und nutzen

„Ich gehe aus deinem Schlafzimmer und gehe in die Küche. Ich nehme mir die Schokolade aus dem Schrank und gehe schnell in den Garten.“

Vor einem Monat

„Ich schleiche aus deinem Schlafzimmer und eile in die Küche. Ich nehme mir die Schokolade aus dem Schrank und flitze in den Garten.“

Heute

1 Worin unterscheiden sich die beiden Aussagen? Ergänze beide Aussagen um jeweils einen dazu passenden Satz.

2 Robbi liest nun schon selbstständig Bücher. Ihm gefallen vor allem die Geschichten um die Comicfigur Donald Duck. Schreibe eine verbesserte Version des Textauszugs in dein Heft, in der du die Wiederholungen durch abwechslungsreichere Wörter ersetzt.

Der Erfinder Daniel Düsentrieb hatte mit Protzkraft einen neuen Roboter erfunden. Diese Erfindung wollte er dem reichen Dagobert Duck zeigen und ihm vorführen, was Protzkraft alles kann.

„Man sehe und staune!“, rief Daniel Düsentrieb, und schon ging der Roboter los. Wie ein Wirbelwind ging er mit dem Staubsauger durchs ganze Haus, säuberte die Böden, säuberte das Geschirr und säuberte sämtliche Möbel. Anschließend ging er raus in den Garten und ruckzuck waren der Rasen gekürzt und die Hecken gekürzt.

3 Da Protzkraft ein Roboter ist, erledigt er alle Aufgaben sehr schnell. Wie kann man das besonders gut zum Ausdruck bringen? Wähle eine der folgenden Aufgaben.

- Notiere Adjektive, die ebenfalls die Bedeutung *schnell* haben.
- Finde Adjektive, die die Bedeutung *schnell* haben, und notiere sie in einer sinnvollen Reihenfolge.
- Schreibe einen Text über die Tätigkeit von Protzkraft als Putzroboter in dein Heft und ergänze an geeigneten Stellen Adjektive mit der Bedeutung *schnell*.

Das musst du wissen

Wortfelder

Wörter, die zu einem gemeinsamen **Oberbegriff** gehören, kann man in einem Wortfeld sammeln und mit ihrer Hilfe abwechslungsreich formulieren.

- Zum Wortfeld *gehen* gehören zum Beispiel: *laufen, schlendern, rennen, spazieren, schleichen …*
- Zum Wortfeld *Idee* gehören zum Beispiel: *Gedanke, Eingebung, Geistesblitz, Erleuchtung …*

4 Erstelle zusammen mit einem Partner ein Wortfeld zum Wort *sagen*. Überarbeitet damit den folgenden Text, indem ihr *sagen* jeweils durch ein anderes, ausdrucksstärkeres Verb aus dem Wortfeld ersetzt. Die Nummern helfen euch bei der Zuordnung.

Dagobert Duck *sagte*[1] sich, dass er diesen Roboter unbedingt für sich haben wollte, und *sagte*[2] Daniel Düsentrieb, dass er ihn ihm abkaufen werde.

Als Onkel Dagobert ein paar Tage später an seinem Schreibtisch saß und die Tageseinnahmen zählte, kam Protzkraft herein und *sagte*[3]: „Was-machst-du-da-mit-meinem-Geld?“

Und schon packte er alle Münzen und Scheine und schloss sie in den Tresor ein.

„Dein Geld?“, *sagte*[4] Onkel Dagobert. „Was fällt dir ein, du unverschämter Kerl? Du bist gefeuert! Ich werde es Daniel Düsentrieb *sagen*[5], damit er dich in sämtliche Einzelteile zerlegt!“

Protzkraft nahm Onkel Dagobert kurzerhand unter den Arm und stürmte mit ihm zum Labor von Daniel Düsentrieb. Dort sperrte er beide in einen Raum, in dessen Türrahmen er im Handumdrehen eine elektromagnetische Sperre einbaute.

„Niemand-vertreibt-mich-von-meinem-Platz!“, *sagte*[6] der Roboter. „Versucht-besser-nicht-da-rauszukommen! Die-Sperre-steht-unter-Strom.“

Aber Tick, Trick und Track, die Neffen von Dagobert Duck, hatten Protzkraft mit dem zappelnden Onkel Dagobert unter dem Arm zu Daniel Düsentriebs Labor laufen sehen und waren ihm auf ihren Fahrrädern hinterhergeflitzt.

„Was willst du eigentlich?“, *sagte*[7] die zornige Stimme des Erfinders.

„Die-Welt-beherrschen!“, *sagte*[8] der Roboter.

„Protzkraft ist größenwahnsinnig geworden!“, *sagte*[9] Trick. „Wir müssen sofort etwas unternehmen.“

5 Schreibe die Geschichte weiter und verwende dabei möglichst viele Wörter aus dem Wortfeld *Technik*.

6 1) Protzkraft ist größenwahnsinnig geworden.
2) Protzkraft ist total gaga geworden.
3) Protzkraft ist verrückt geworden.
4) Protzkraft ist ballaballa.
5) Protzkraft hat nicht mehr alle auf dem Sender.
6) Protzkraft spinnt jetzt völlig.

Entscheide, welche der Formulierungen umgangssprachlich sind und deshalb nicht in einem geschriebenen Text benutzt werden sollten.

„Zu welchem Oberbegriff gehören die Wörter *Tastatur, Maus* und *Festplatte*?“

„?“

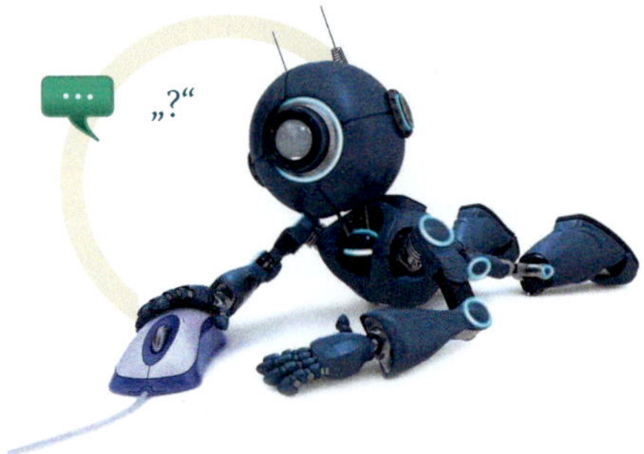

7 Beantworte Paulas Frage und übertrage die folgende Skizze in dein Heft. Wähle eine der unten stehenden Aufgaben. Der Kasten auf der rechten Seite hilft dir bei der Bearbeitung.

- Notiere die Antwort, ordne Paulas Begriffe an der entsprechenden Stelle ein und ergänze das Wortfeld mit Wörtern, die zu *Zubehör* passen.
- Notiere die Antwort, ordne Paulas Begriffe an der entsprechenden Stelle ein und ergänze das Wortfeld mit Wörtern, die zu *Zubehör* und zu *Anwendungen* passen.
- Notiere die Antwort, ordne Paulas Begriffe an der entsprechenden Stelle ein, suche einen Begriff für das Feld mit dem Fragezeichen und ergänze das Wortfeld mit Wörtern, die dazu passen.

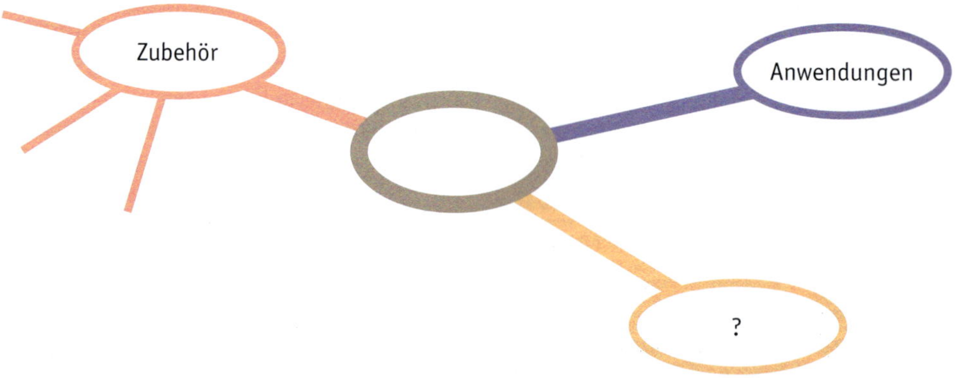

Das musst du können

So ordnest du Gedanken in einer Mind-Map

Eine Mind-Map hilft dir, Ideen und Gedanken zu einem **Thema** übersichtlich zu sortieren. Sammle deine Ideen zu einem Thema in verschiedenen Ästen, die du jeweils mit einem **Oberbegriff** versiehst. Der Ast mit einem Oberbegriff kann unterschiedlich viele **Unterbegriffe** enthalten. So stellst du es dar:

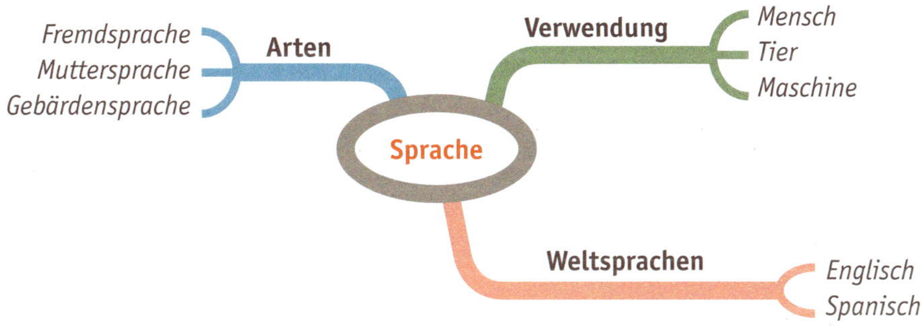

8 Erstelle zusammen mit einem Partner mithilfe der Wortliste eine Mind-Map zum Thema *Roboter*. Ergänzt die Mind-Map um weitere passende Begriffe.

Wortspeicher

Bomben entschärfen – Computerprogramm – Elektronik – Erkundungsroboter – Greifarm – menschenartiger Roboter – Industrieroboter – Kamera – Maschine – Maschinenmensch – Medizinroboter – Roboterauto – Roboterraupe – Serviceroboter – Spielzeugroboter – Sprache – Steuerung – Technik

9 Erstelle in deinem Heft die Mind-Map auf der Basis dieses Entwurfs.

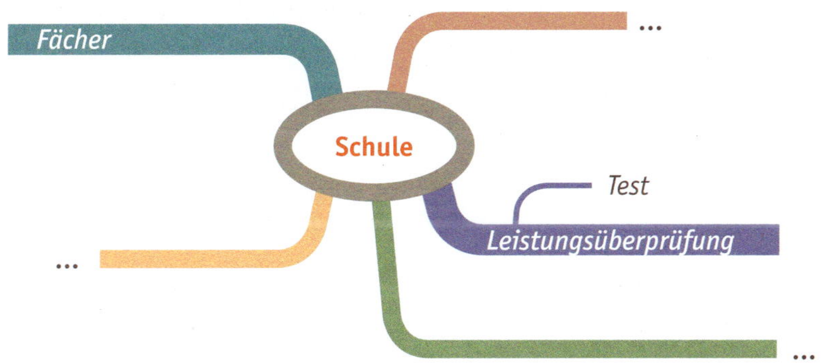

9

Was DU schon kannst!

Kompetenztest

Wörter als Bedeutungsträger erkennen

1 In der Geschichte „Ein Tisch ist ein Tisch" von Peter Bichsel benennt ein alter Mann so wie Paula auf Seite 157 alle Gegenstände um. Er nennt z. B. das Bett Bild und den Stuhl Wecker. Lies den Text und notiere die Buchstaben der richtigen Antworten.

[…] Und es kam so weit, dass der Mann lachen musste, wenn er die Leute reden hörte. Er musste lachen, wenn er hörte, wie jemand sagte: „Gehen Sie morgen auch zum Fußballspiel?" Oder wenn jemand sagte: „Jetzt regnet es schon zwei Monate lang." Oder wenn jemand sagte: „Ich habe einen Onkel in Amerika."

Er musste lachen, weil er all das nicht verstand.

Aber eine lustige Geschichte ist das nicht. Sie hat traurig angefangen und hört traurig auf. Der alte Mann im grauen Mantel konnte die Leute nicht mehr verstehen, das war nicht so schlimm.

Viel schlimmer war, sie konnten ihn nicht mehr verstehen. Und deshalb sagte er nichts mehr.

Er schwieg, sprach nur noch mit sich selbst, grüßte nicht einmal mehr.

a) Der Mann musste lachen, weil die Leute so witzige Sachen sagten.
b) Der Mann hat einen Onkel in Amerika.
c) Der Mann verstand keine deutschen Wörter.
d) Der Mann verstand die Bedeutung der Wörter nicht.
e) Die Leute verstanden den Mann nicht.

Inhalts- und Ausdrucksseite von Wörtern als Bedeutungsträger unterscheiden

2 Erkläre, wie es dazu kommt, dass sich der Mann und die anderen Leute nicht verstehen. Verwende bei deiner Erklärung die Begriffe *Ausdrucksseite* und *Inhaltsseite*.

Lautmalerische Ausdrücke finden

3 Schreibe fünf weitere Verben auf, die Geräusche „hörbar" machen.
Beispiel: *trällern*

Synonyme finden

4 Notiere jeweils ein Synonym für folgende Begriffe:

a) gehen
b) Großmutter
c) müde
d) Freund

Antonyme finden

5 Notiere jeweils ein Antonym für folgende Begriffe:

a) lebendig
b) laut
c) Freundschaft
d) liegen

6 Im folgenden Text finden sich Lücken und falsche Wörter. Schreibe den Text ab, fülle die Lücken durch das am besten passende Synonym und ersetze die falschen Wörter durch das passende Antonym aus dem Wortspeicher.

Synonyme und Antonyme im Text verwenden

ACHTUNG FEHLER!

Robbi ist wirklich ein sehr dummer Geselle. Er hat außerhalb von einem halben Schuljahr die menschliche Sprache so perfekt gelernt, dass er jetzt starken ____________ beim ____________ ihrer Texte helfen kann. Paula, seine ____________ , hat ihm wenig beigebracht, sodass all ihre Freunde sehr stolz auf sie sind. Kannst du deine ____________ auch so gut unterstützen? Einen ____________ ist es wert!

Wortspeicher

Meisterin/Lehrmeisterin/Chefin – Test/Versuch/Probe – Schüler/Lerner/Auszubildende – innerhalb – schwache – klug – Schreiben/Verfassen/Erarbeiten – Kameraden/Kollegen/Mitschüler – viel

7 Benenne die drei gesuchten Zusammensetzungen und unterstreiche jeweils das Grund- und das Bestimmungswort in unterschiedlichen Farben.

Zusammensetzungen erkennen und bestimmen

8 Zerlege das Wort *annehmbar* in seine Bestandteile und benenne diese.

Regeln zur Wortbildung anwenden

9 Finde den Oberbegriff zu folgenden Unterbegriffen.

Oberbegriffe zuordnen

Wortspeicher

Puppe – Stofftier – Kreisel – Ball – Puzzle – Bauklötze

10 Ergänze die Mind-Map zum Wortfeld *Urlaub*.

Eine Mind-Map erstellen

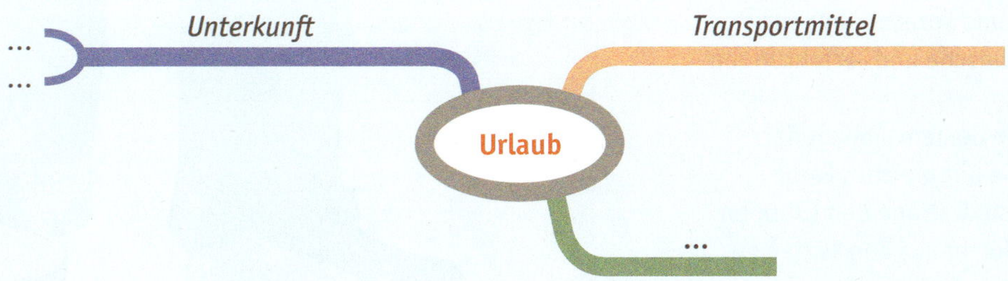

10 Ab in die Ferien!

Wortarten unterscheiden und verwenden

1 An welchem der rechts genannten Urlaubsorte wärst du am liebsten? Tausche dich mit deinen Mitschülern über die Urlaubsgrüße auf dieser Seite aus und sprecht über eure Urlaubswünsche und -erfahrungen.

2 Erkläre die Gemeinsamkeit der Wörter, die mit gleicher Farbe markiert sind. Ordne den Gruppen weitere Wörter aus den Texten zu.

Komfortables, voll klimatisiertes Luxushotel mit geschmackvoller Ausstattung. Im Garten schön gestaltete Swimmingpool-Landschaft umgeben von Sonnenterrassen mit Liegen und Schirmen und Pool-/Snackbar mit Sitzterrasse. Vom Garten direkter Zugang zur Strandpromenade. In der 1. Etage befindet sich das Restaurant mit Außenterrasse und herrlichem Blick auf das türkisblaue Meer.

hey leute wie stehts? wie ist euer urlaub? anstrengend hier in der türkei – viel besichtigung – laufen stundenlang durch Ruinen! T.

Liebe Oma, lieber Opa,

wir haben viel Spaß im Urlaub auf Rügen und die Sonne scheint jeden Tag. Der lange Strand ist toll, aber das kalte Meer mag ich nicht. Manchmal leihen wir uns Fahrräder. Ich hab' eine Freundin gefunden, mit der ich oft zum Kiosk laufe. Geht es euch gut? Uns geht es super!

Bis bald! Eure Paula

Über ihre verschiedenen Urlaubsorte schreiben die Freunde viel Interessantes. Mit Paula und Co. lernst und trainierst du in diesem Kapitel, …

- … Wortarten zu unterscheiden und zu benennen und
- … Verben als zentrale Satzaussage,
- … Nomen mit Artikel als wichtige Informationsträger,
- … Pronomen zur Gestaltung von Texten,
- … Adjektive und Adverbien zur Veranschaulichung und
- … Präpositionen und Konjunktionen gezielt im Satz zu verwenden.

10

Nomen, Verben und Co. – alte Bekannte mit neuen Namen

Wortarten benennen und verwenden

1 Ergänze die vier Werbesätze in inhaltlich und sprachlich passender Weise. Vergleicht und erklärt eure Ideen.

1) **Sonne - Strand - ?**
2) Wir bringen Sie überall hin: ans Meer, in die Berge, ? Bauernhof!
3) Das haben Sie sich verdient! Erholen, entspannen, ?
4) ? *im Winter, romantisch im Frühling, traumhaft im Sommer*

2 Beurteile Liams Vorschlag. Formuliere einen Hinweis, der ihm beim Finden besserer Ergänzungen hilft.

1) **Sonne - Strand - *erholsam***
2) Wir bringen Sie überall hin: ans Meer, in die Berge, ***schöner*** Bauernhof!
3) Das haben Sie sich verdient! Erholen, entspannen, ***Ruhe***.
4) ***Schlittenfahren*** *im Winter, romantisch im Frühling, traumhaft im Sommer*

3 Je zwei Puzzleteile bezeichnen dieselbe Wortart. Übernimm die Tabelle unten in dein Heft und fülle sie mit den zusammengehörenden Begriffen.

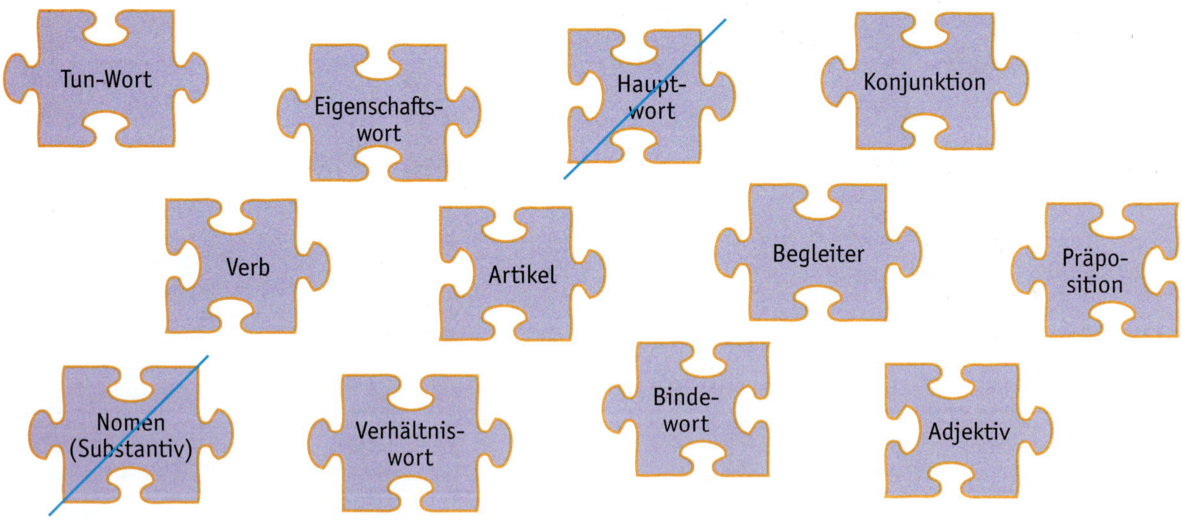

lateinische Bezeichnung	Nomen (Substantiv)	?	?	?	?	?
deutsche Bezeichnung	Hauptwort					
Beispielwörter						

4 Ergänze die Tabelle durch die Beispielwörter aus den Werbesätzen aus Aufgabe 1. Eine Tabellenspalte bleibt dabei leer!

5 Beschreibe die Aufgabe der markierten Wörter in den folgenden Beispielsätzen, indem du den Satz ergänzt: Die markierten Wörter nennt man Bindewörter, weil sie …

> In diesem Jahr reist Enya mit ihrer Familie nach Südfrankreich, weil es dort bestimmt schön warm wird. Sie werden dort sicherlich wandern gehen und im Meer baden.

6 Artikel sind die Begleiter der Nomen (**der** *Urlaub*). Ergänze die Tabellenspalte aus Aufgabe 3 mit Beispielen.

7 Schreibe die folgenden Sätze in dein Heft und bestimme die Wortarten der orange gedruckten Wörter wie im Beispiel.

Beispiel: Paula (Nomen) möchte (Verb) nicht baden (Verb), weil (Konjunktion) sie Angst (Nomen) vor (Präposition) Quallen (Nomen) hat.

- Paula hat sich in der Nordsee an einer Muschel verletzt.
- Fische lieben das warme Meerwasser.
- Die Urlauberin hat großen Respekt, seit sie der Qualle begegnete.

8 Notiert einen Satz zum Thema *Ferien*, in dem mindestens …

- … ein Nomen, ein Artikel und ein Verb vorkommen.
- … ein Nomen, ein Artikel, ein Verb und ein Adjektiv vorkommen.
- … ein Nomen, ein Artikel, ein Verb, ein Adjektiv und eine Präposition vorkommen.

9 Tauscht in Partnerarbeit eure Hefte und notiert unter den einzelnen Wörtern aus Aufgabe 8 die jeweilige Wortart. Besprecht eure Ergebnisse.

10 Stimmen die folgenden Aussagen? Notiere ein ⓦ für wahr und ein ⓕ für falsch. Belege dein Urteil entweder durch zwei bestätigende Beispiele oder ein Beispiel, das der Aussage widerspricht.

a) Nomen werden großgeschrieben.
b) Adjektive enden immer auf *-ig*.
c) An einem Verb lässt sich erkennen, ob eine Person handelt oder mehrere.
d) Ein Nomen muss immer mit einem Artikel stehen.
e) Konjunktionen werden auch Bindewörter genannt.
f) Präpositionen sind Eigenschaftswörter.
g) In einem Satz kann es niemals mehr als ein Verb geben.

10

Etwas tun oder lieber nichts tun im Urlaub?

Verben als zentrale Satzaussage erkennen und verwenden

Sie die Insel Rügen!

Komfortable Hotels und moderne Ferienwohnungen einen gelungenen Urlaub! Wir uns auf Sie! Sie noch heute! Worauf Sie?

1 Der Tourismusbeauftragte der Insel Rügen erkennt schnell, was in der Druckerei schief gelaufen ist. Notiere seine Gedanken beim Anblick des Werbeprospekts.

2 Formuliere den Text des Werbeprospekts so, wie ihn der Tourismusbeauftragte bei der Druckerei abgegeben haben könnte.

Radwandern auf der Insel Rügen – Rügen per Fahrrad erleben

Das [1] machen Spaß. [2] „erfahren" Sie Deutschlands größte Insel mit dem Fahrrad und [3] kennenlernen Sie ihre faszinierenden Landschaften auf zwei Rädern. Gerade der Fahrradurlauber [4] sehen unberührte Küstenstreifen, grüne Alleen, verträumte Fischerdörfer und ursprüngliche Buchenwälder. [5] genießen Sie fantastische Aussichten von Steilküsten und Leuchttürmen und [6] erleben Sie Rügen von einer Seite, die anderen verborgen [7] bleiben. Die Schönheit der Insel [8] faszinieren Jung und Alt. Rügen [9] sein ein Paradies für Radfahrer.

3 Wie man sieht, spielt der Drucker noch immer verrückt. Formuliere eine Kurznotiz für den Programmierer, in welcher du mithilfe des Wissenskastens rechts erklärst, was passiert ist.

4 Notiere zur Sicherheit auch noch einmal die richtigen Verbformen.

5 Mit dem Inhalt der Werbung ist der Tourismusbeauftragte zufrieden. Stelle seinen Brief an die Werbeagentur fertig, indem du zwei mögliche Satzergänzungen für die Lücken notierst.

Grundsätzlich gefällt mir der Text sehr gut! Dass Sie Imperative verwenden, passt gut zu einem Werbetext, er soll ja ... (1). Auch die Idee, das Verb „erfahren" in Anführungszeichen zu setzen, ist gut. So sehen die Leser sofort, dass damit ... (2).

6 Gestalte nun selbst einen überzeugenden Werbetext mit sechs Sätzen für deinen Lieblingsurlaubsort. Nutze Infinitive, konjugierte Verbformen und Imperative.

Das musst du wissen

Die Aufgaben und Formen des Verbs

Verben benennen **Handlungen**, **Tätigkeiten** oder **Zustände** und enthalten damit **wesentliche Aussagen des Satzes**. Abhängig von ihrer Verwendung werden die Verbformen im Satzzusammenhang **konjugiert** (gebeugt), also grammatisch verändert. Verben innerhalb eines Satzes werden kleingeschrieben.

Folgende **Verbformen** kannst du unterscheiden:

- **Infinitiv** (Grundform):
  schwimmen, laufen
- **konjugierte Personalform** (gibt an, wer etwas tut):
  ich schwimme, du schwimmst, wir schwimmen
- **Imperativ** (drückt Aufforderungen, Wünsche und Befehle aus):
  Schwimme!, Lauft!

7 Ähnliche Inhalte – verschiedene Formen: Ordne die Satzanfänge 1), 2) und 3) den genannten Situationen a), b) und c) zu. Begründe deine Zuordnung in Stichworten. Gehe auch auf die Verbformen ein.

1) Heute haben wir Rügen mit dem Fahrrad kennengelernt und …
2) Viele Touristen lernen die Insel per Fahrrad kennen, …
3) Morgen werden wir die Insel mit dem Fahrrad kennenlernen – toll! …

a) Paula telefoniert abends mit ihrem Großvater.
b) Ein Eintrag in Paulas Tagebuch.
c) Ein Informationsartikel in der Ostsee-Zeitung

8 Setze die begonnenen Texte 1), 2) und 3) um jeweils zwei inhaltlich ähnliche Sätze fort. Nutze dazu die Informationen des Werbetexts „Radwandern auf der Insel Rügen“ aus Aufgabe 3.

9 Übernimm die Tabelle in dein Heft und übertrage die Verbformen aus den ergänzten Texten aus Aufgabe 8 in die verschiedenen Spalten unter den Beispielen.

Werbetext	Text 1	Text 2	Text 3
Imperativ	?	?	?
Lernen Sie die Insel **kennen!**	wir **haben** Rügen **kennengelernt**	sie **lernen** die Insel **kennen**	wir **werden** die Insel **kennenlernen**
?	?	?	?

10 Ergänze mithilfe des Kastens die richtigen Fachbegriffe für die Tempusformen als Überschriften zu den Tabellenspalten in Aufgabe 9.

Das musst du wissen

Die Tempusformen (Zeitformen) des Verbs

Zeitform der **Gegenwart**

Präsens: *Paula schwimmt im Meer.*

Zeitformen der **Vergangenheit**

Präteritum: *Paula schwamm im Meer.*

Perfekt: *Paula ist im Meer geschwommen.*

Plusquamperfekt: *Paula war im Meer geschwommen.*

Zeitformen der **Zukunft**

Futur I: *Paula wird im Meer schwimmen.*

Futur II: *Paula wird im Meer geschwommen sein.*

11 Bilde eine zum Textinhalt passende Tempusform von den Verben in Klammern. Notiere die Formen.

Morgen Paula an einem Surfkurs ([1] *teilnehmen*). Ihre Großeltern ihr im vergangenen Monat einen Gutschein für diesen Kurs zum Geburtstag ([2] *schenken*). Das eine schöne Überraschung ([3] *sein*). Sie schon länger ([4] *wünschen*), an einem solchen Kurs teilzunehmen. Sie schon sehr ([5] *sich freuen*) und ihre Sachen ([6] *zurechtlegen*). Schließlich sie morgen nichts vergessen ([7] *wollen*). Der Kurs um 9.00 Uhr am Strand ([8] *beginnen*). Morgen Abend sie zum ersten Mal in ihrem Leben im Meer ([9] *surfen*).

12 Nutze die Fachbegriffe zur genauen Bezeichnung der Verbformen.

- Notiere passende Tempusbezeichnungen hinter den Formen aus Aufgabe 11.
- Notiere passende Tempusbezeichnungen hinter den Formen aus Aufgabe 11 und erkläre in Stichworten, warum du dieses Tempus gewählt hast.
- Notiere die Tempusbezeichnung hinter den Formen aus Aufgabe 11. Erkläre in Stichworten, warum du dieses Tempus gewählt hast. Leite aus Lücken, die mit verschiedenen Formen gefüllt werden könnten, weitere Hinweise zur Tempusverwendung ab.

13 Auch Tarek ist in seinem Ferienort in der Türkei nicht untätig. Übertrage den Zeitstrahl in dein Heft und notiere die farbig gedruckten Verbformen mit den zugehörigen Hilfsverben – also *habe(n), hatten* – an der jeweils passenden Stelle.

„Gestern waren wir in Ephesos in den antiken Ruinen. Toll! Vieles, was ich über diese Stadt weiß, habe ich im Reiseführer gelesen. Nachdem die Griechen Ephesos im 10. Jh. v. Chr. direkt am Meer gegründet hatten, war es ab 133 v. Chr. auch eine bedeutende Stadt im römischen Reich. Das kann man sich heute gar nicht mehr vorstellen. Jetzt liegt es nämlich in der Türkei."

Vergangenheit → Gegenwart

14 Gestalte einen Zeitstrahl, der die folgenden Erklärungen der Zeitformen Perfekt und Plusquamperfekt anschaulich darstellt.

- Das **Perfekt** drückt oft die Vergangenheit aus, die noch eine Auswirkung auf die Gegenwart hat.
- Das **Plusquamperfekt** drückt die Vorvergangenheit aus, d. h. eine Handlung war bereits beendet, bevor eine spätere Handlung anfing.

15 Während Paula auf Rügen Fahrrad fährt und Tarek in Ephesos die Antike kennenlernt, ist Enya mit ihren Eltern auf Mallorca. Schreibe mithilfe des Wortspeichers einen kurzen, spannenden Tagebucheintrag mit Einleitung, Hauptteil und Schluss. Benutze verschiedene Zeitformen der Vergangenheit.

Wortspeicher

5. Tag: leckeres Frühstück – Strand und Meer – Schlauchboot kaputt – Ärger – viel zu heiß – Unfall am Strand – große Aufregung – Polizei – Rettungswagen – zurück ins Hotel – wieder leckeres Abend-Buffet – todmüde

16 Wähle drei Sätze aus dem gestalteten Tagebucheintrag und erkläre mithilfe des Kastens auf der vorangehenden Seite und der Informationen aus Aufgabe 14 die gewählten Zeitformen.

10

Kann man das alles sehen?

Nomen mit Artikel als wichtige Informationsträger im Satz verwenden

„Ich sehe ein Dingsbums und dahinten ist noch etwas und da drüben ist so ein komisches Teil. Ach, und da sehe ich mehrere, die irgendwas machen."

1 Erkläre, warum Phil mit Paulas Aussagen wenig anfangen kann. Formuliere eine vollständige Aussage zu Paulas Blick durch das Fernrohr.

„Paula, suche bitte mit dem Fernrohr
... die Boote der Rettungsschwimmer.
... eine Frau mit rotem T-Shirt.
... das Fähnchen des Eisverkäufers!"

„Phil, bitte suche mit dem Fernrohr
... einen großen Spaß.
... das schöne Urlaubsgefühl.
... eine tolle Freundschaft!"

2 Die Geschwister spielen ein Suchspiel mit dem Fernrohr und geben sich dabei die obigen Anweisungen. Setze Phils Vorwurf und die Erklärung der Mutter fort. Nutze dabei die Informationen aus dem Kasten.

Phil: „Ach Paula, das ist unfair. Die Begriffe, die du nennst ..."
Mutter: „Paula, das ist wirklich unfair. Du musst ... nennen.
... kann man nicht mit einem Fernrohr sehen."

Das musst du wissen

Nomen/Substantive

Nomen, die **Lebewesen** oder **greifbare Dinge** bezeichnen, werden **Konkreta** genannt. Als abstrakte Nomen oder **Abstrakta** werden solche Nomen bezeichnet, die **Gefühle, Gedanken** oder **Stimmungen** benennen.

Nomen haben folgende **Merkmale**:

- Nomen werden immer **großgeschrieben**.
- Oft steht vor einem Nomen ein **Artikel (bestimmter/unbestimmter)**, der das grammatische Geschlecht **(Genus)** anzeigt.
- Nomen kommen im **Singular** (Einzahl) und im **Plural** (Mehrzahl) vor.
- Nomen stehen in einem bestimmten **Kasus** (Fall).

Die Nomen in die einzelnen Fälle zu setzen, nennt man **deklinieren** bzw. **Deklination** (Beugung).

3 Übertrage die Tabelle und schreibe alle Nomen aus den Sprechblasen aus Aufgabe 2 in die richtige Spalte.

der/ein	die/eine	das/ein	die/ –

Ein kleiner Junge, der am Strand spielte, bekam Lust auf . Der Eisverkäufer hatte gerade seine Fahne gehisst. „Gehst du zu dem Eisverkäufer und fragst ihn nach , das wir gestern in der Werbung gesehen haben?“, bettelte der Junge. „Wegen  unterbrechen wir das Spiel doch nicht! Gerade bin ich am Gewinnen“, antwortete seine Schwester. Der Junge gab auf und musste auf  verzichten.

4 Bereitet in Partnerarbeit eine Szene vor, in der ein Schüler den geschriebenen Text liest und der andere bei jeder  liest: „ein Eis“. Spielt dann das anschließende Gespräch zwischen den Partnern, in dem geklärt wird, was falsch war.

5 Fülle in deinem Heft die Tabelle mit den richtigen Formen.

Nominativ (1. Fall): *wer oder was?*	der Eisverkäufer		
Genitiv (2. Fall) *wessen?*	des …	der Frau	
Dativ (3. Fall) *wem?*			dem Eis
Akkusativ (4.Fall) *wen oder was?*			

6 Notiere zu den mit Zahlen gefüllten Lücken passende Artikel und wähle hierzu eine der drei folgenden Aufgaben.

Obwohl (1) Geschwister manchmal streiten, sind sie froh, dass sie sich haben. (2) Strandurlaub nur mit (3) Eltern können sie sich nicht vorstellen. Gern verbringen sie (4) Urlaub zusammen. Meistens denken sie sich (5) Spiel aus, das ihnen beiden gefällt. (6) Ziele (7) Spiele bestehen ja oft nur darin, (8) Zeit zu verkürzen.

- Wechsle dabei sinnvoll zwischen bestimmtem und unbestimmtem Artikel.
- Erkläre für zwei Lücken deiner Wahl, warum du den bestimmten oder unbestimmten Artikel wählst.
- Formuliere aufgrund der Beispiele aus den Aufgaben 4, 5 und 6 einen kurzen Text, der die Verwendung des bestimmten und des unbestimmten Artikels erklärt.

10

Ich sag' dir, bei uns war es super! Wie war es bei euch?

Pronomen zur Gestaltung von Texten nutzen

Meine Familie und ich sind an die Ostsee gefahren. Das Meer fanden meine Familie und ich toll, aber das Meer war leider zu kalt zum Schwimmen. Phil hat viele Sandburgen gebaut und Phil wollte jeden Tag ein Eis essen. Aber Mama hat Phil das Eis nur ab und zu erlaubt. Phil hat dann immer gemotzt. Das Hotel von meiner Familie und mir lag direkt am Strand. Das Hotel war groß. Meine Familie und ich haben den Urlaub sehr genossen.

1 Paulas Lehrer ist mit ihrem Text über den Ostseeurlaub noch nicht zufrieden. Setze seinen Kommentar fort und formuliere Verbesserungshinweise für Paula.

- Liebe Paula, dein Urlaubsbericht ist interessant. Allerdings liest er sich nicht sehr schön, weil …
- Achte beim nächsten Mal darauf …
- Du kannst zum Beispiel …

2 Schreibe eine verbesserte Version von Paulas Text in dein Heft und markiere die Änderungen farbig.

3 Beim Auspacken des Koffers hat Phil festgestellt, dass einige Stellen seines Lieblingsbuchs „Das kleine Ich bin Ich" mit Klecksen verschmiert sind. Schreibe den Text neu und ersetze die Kleckse durch passende Pronomen.

> Ein dahergehüpfter Laubfrosch sagt zu einem kleinen bunten Tier: „Wer nicht weiß, wie ___ heißt, wer vergisst, wer ___ ist, der ist dumm. Bumm."
> Da beschließt das kleine bunte Tier, sich auf den Weg zu machen, um eine Antwort auf die Frage „Wer bin ___?" zu finden.
> Lange denkt das Tier über sich nach und plötzlich weiß ___, wer ___ ist. Überglücklich und voller Stolz läuft ___ zu allen Tieren hin und ruft ___ lauthals zu: „___ bin ich!"

4 Ob Phil diese Geschichte richtig versteht? Sprecht darüber, welche Bedeutung die Aussage „Ich bin ich" haben kann.

Das musst du wissen

Pronomen

Um Texte **abwechslungsreich** zu gestalten und zu zeigen, in welchen **Beziehungen** einzelne Personen und Gegenstände zueinander stehen, kannst du verschiedene **Pronomen** nutzen.

- **Personalpronomen** (persönliche Fürwörter) stehen stellvertretend für Nomen (Substantive): *ich, du, er, sie, es, wir, ihr, sie, euch, uns, dich* …
- Wörter, die anzeigen, wem oder zu wem etwas gehört, bezeichnet man als **Possessivpronomen** (besitzanzeigende Fürwörter) wie *mein, dein, euer.* Meist steht das Possessivpronomen als Begleiter vor einem Nomen, nach dem es sich in Kasus (Fall), Genus (Geschlecht) und Numerus (Zahl) richtet.

Personal- und **Possessivpronomen** werden ebenso wie Nomen **dekliniert**:

	Nominativ	Genitiv	Dativ	Akkusativ
Personal-pronomen	*ich*	*meiner*	*mir*	*mich*
	wir	*unser*	*uns*	*uns*
Possessiv-pronomen	***mein*** Boot	***meines*** Boots	***meinem*** Boot	***mein*** Boot
	unser Hund	*unseres* Hunds	*unserem* Hund	*unseren* Hund

5 Paula erzählt ihren Großeltern vom ersten Urlaubstag. Formuliere weniger umständlich, indem du Possessivpronomen benutzt.
Beispiel: *Abends wollte Phil nicht in das Bett, das Phils Bett war.*
→ *Abends wollte Phil nicht in sein Bett.*

1) Schon am ersten Tag suchte Phil das Strandspielzeug, das Phil gehört.
2) Phil fand das Spielzeug, das eigentlich in dem Rucksack sein sollte, der Phil gehörte, in der Reisetasche, die ihr mir einmal geschenkt habt.
3) Als Phil das Spielzeug, das Phil gehörte, wieder gefunden hatte, merkten wir, dass wir die Schlüsselkarte für das Hotelzimmer, das wir bewohnten, nicht mehr fanden.
4) Nun suchten wir das ganze Zimmer, das wir gebucht hatten, und das ganze Gepäck, das wir dabei hatten, nach der Karte ab.
5) Unter einer Jacke, die ich mitgenommen hatte, fanden wir sie schließlich. Nun konnte der Urlaub, der der Urlaub von mir und meiner Familie war, beginnen.

10

Gern fahren wir wieder auf diese schöne Insel!

Mit Adjektiven und Adverbien veranschaulichen

Wie gemalt: Naturschauspiele auf Rügen

Mit **spektakulären** Ausblicken, **verträumten** Landschaften und **unzähligen** kleinen Geheimnissen hat die Natur Rügen beschenkt. Seit Jahrhunderten ziehen **schroffe** Kreidefelsen **staunende** Betrachter in ihren Bann, lassen Wanderer ihren Blick durch **saftig-grüne** Wälder und **weite** Landschaften schweifen. **Schattige** Alleen führen Reisende bis zu **schilfgesäumten** Boddenufern. Wo man auch hinschaut – die Natur auf Rügen zeigt sich stets von ihrer **besten** Seite.

1 Lies einem Partner den Text zweimal halblaut vor. Lasse beim zweiten Lesen die markierten Wörter weg. Notiert in Partnerarbeit Stichworte zur Wirkung beider Texte.

2 Vervollständige den Satz.

„Gerade in Werbetexten dürfen Adjektive (Eigenschaftswörter) nicht fehlen, da ansonsten …"

Das musst du wissen

Adjektive und Adverbien

Adjektive (Eigenschaftswörter) beschreiben die Eigenschaften von Nomen. Sie werden wie das Bezugsnomen dekliniert: *der fleißige Kellner, saubere Zimmer*

- Adjektive werden innerhalb eines Satzes kleingeschrieben.
- Adjektive kann man in der Regel steigern. Die Steigerungsformen heißen:

Positiv	Komparativ	Superlativ
freundlich	*freundlicher*	*am freundlichsten*
viel	*mehr*	*am meisten*

Achtung: Adjektive wie *tot* oder *schwarz* sind nicht steigerbar.

Adverbien (Umstandswörter) geben Auskunft über die näheren Umstände, unter denen etwas geschieht. Sie sind nicht flektierbar (veränderbar).
Man unterscheidet folgende Adverbien:

- des Ortes (lokal): wo? wohin? *rechts, unten, hier, dort, unterwegs …*
- der Zeit (temporal): wann? wie lange? *heute, immer, jetzt, sofort …*
- des Grundes (kausal): warum? *deswegen, deshalb …*
- der Art und Weise (modal): wie? *gern, sehr, ganz, kaum …*

3 In diesem Werbetext einer Imbissbude sind Adjektive und Adverbien markiert. Unterscheide sie mithilfe der unten beschriebenen Steigerungsprobe.

So unterscheidest du Adjektive von Adverbien

Das musst du können

Adjektive kannst du von Adverbien durch die **Steigerungsprobe** unterscheiden. **Adjektive** kannst du **steigern**, **Adverbien** in der Regel nicht.

- *Das Hotel ist* ***modern****.* Steigerung möglich: das ***modernere*** *Hotel* → Adjektiv
- *Paula macht* ***manchmal*** *im Hotel Urlaub.* Keine Steigerung möglich! → Adverb

4 Verfasse eine ähnliche Angebotstafel, auf der deine Lieblingsgerichte stehen. Wirb mit Adjektiven und Adverbien für deine Gerichte.

> Wir hatten einen schönen Urlaub im Hotel Seeblick und waren mit allem zufrieden. Das Hotel war schön eingerichtet. Die Zimmer waren gut. Das Unterhaltungsprogramm war gut, zudem gab es Erlebnismöglichkeiten in der Nähe. Wir würden wiederkommen!!

5 Paulas Vater ist mit diesem Text zur Bewertung des Urlaubshotels noch nicht zufrieden. Verbessere den Text durch aussagekräftige Adjektive und ergänze passende Adverbien. Der Wortspeicher hilft dir dabei.

Wortspeicher

nachher – natürlich – sehr – abends – immer – sensationell – toll – hinauf – dort – interessant – außergewöhnlich – genauso – außerdem – oft – unmittelbar

6 Unterscheide zwischen den Adjektiven und Adverbien im Wortspeicher.

- Notiere alle Adjektive aus dem Wortspeicher.
- Notiere die Adjektive aus dem Wortspeicher mit den zugehörigen Steigerungsformen.
- Notiere die Adverbien. Sortiere sie nach den Kategorien Ort, Zeit und Art und Weise.

10

Auf eine Insel, an einen See oder in die Berge reisen?

Präpositionen und Konjunktionen beschreiben und verwenden

1 Hoffentlich haben sie nichts vergessen! Beantworte die Fragen nach den einzelnen Gegenständen. Nutze Präpositionen zur genauen Angabe.
Beispiel: ***Wo** ist der rote Ball? – Der rote Ball liegt **hinter** der Rückbank.*

1) Wo sind die Schwimmflügel?
2) Wo haben wir die Luftmatratze?
3) Haben wir den Kater?
4) Und den braunen Koffer?

Das musst du wissen

Präpositionen

Präpositionen (Verhältniswörter) geben an, in welcher **Beziehung** Lebewesen, Gegenstände oder Sachverhalte **zueinander** stehen: *Paula liegt noch **im** Bett.*

Folgende Präpositionen kannst du unterscheiden:
- des Ortes **(lokal)**: wo? wohin? *durch, auf, in, neben, unter, vor, hinter…*
- der Zeit **(temporal)**: wann? *vor, in, bis, nach, während…*
- des Grundes **(kausal)**: warum? *wegen, aus…*
- der Art und Weise **(modal)**: wie? *mit, aus, ohne…*

Präpositionen stehen immer **in Verbindung mit Nomen** oder **Pronomen** und **bestimmen** deren **Kasus** (Fall): *wegen des Gelds* (Genitiv), *mit der Tasche* (Dativ), *an den Strand* (Akkusativ).

Präpositionen werden **nicht flektiert** (verändert), sie **verschmelzen** aber oft mit dem Artikel des Nomens zu einem Wort: *in dem → im, zu dem → zum.*

2 Formuliere drei weitere Fragen mit Antworten nach dem Muster aus Aufgabe 1.

3 Paula verkürzt sich die Autofahrt mit Sprachspielerei und vertauscht Präpositionen. Ergänze zwei weitere Spaß-Sätze und wähle zur Korrektur des Texts eine der darunterstehenden Aufgaben.

ACHTUNG FEHLER!

Ich packe alle meine Sachen mit [1] meinen Koffer. Ohne [2] dem Einpacken habe ich mir alles bis [3] meinem Bett ordentlich zurechtgelegt. Meine Bücher lege ich hinter [4] ihres Gewichts nach unten in den Koffer. Auf [5] dem Packen setze ich mich vor [6] meinen Koffer, damit er zugeht. Nach [7] Papas Hilfe trage ich den Koffer mit [8] dem Auto.

- Schreibe den Text noch einmal und nutze nun die passenden Präpositionen.
- Notiere die richtigen Präpositionen und die Fragen, die sie beantworten.
  Beispiel: *Wohin packst du deine Sachen? – Ich packe alle meine Sachen in meinen Koffer.*
- Notiere die richtigen Präpositionen. Sortiere sie dabei nach lokalen, temporalen, kausalen und modalen Präpositionen.

„Wir fahren schon früh los, ___ wir noch einen weiten Weg ___ uns haben. Ich hoffe, dass wir ___ der Autobahn gut durchkommen. ___ alles gut funktioniert, können wir eine Mittagspause ___ einer Raststätte machen. ___ das Meer ___ den Strand freue ich mich am meisten. Ich bin sehr gespannt ___ das Hotel ___ freue mich sehr auf das Frühstück."

4 Während der Autofahrt versteht Paula nicht alles, was ihr Vater am Handy mit dem Großvater redet. Schreibe den Text ab und ergänze die Lücken sinnvoll.

5 Unterstreiche in deiner Version des Texts alle neben- und unterordnenden Konjunktionen in zwei unterschiedlichen Farben. Nutze die Informationen aus dem Kasten.

Konjunktionen

Das musst du wissen

Konjunktionen (Bindewörter) verknüpfen **Satzteile** und einzelne Aussagen. Sie sind **nicht flektierbar** (veränderbar). Man unterscheidet zwei Arten:

- **Nebenordnende Konjunktionen** verbinden Wörter, Wortgruppen und Hauptsätze: *und, oder, aber …*
  *Phil ist müde, **aber** er will noch nicht schlafen.*
- **Unterordnende Konjunktionen** leiten Nebensätze ein und bestimmen die Beziehung zum Hauptsatz: *obwohl, deshalb, weil, wenn, sondern …*
  ***Obwohl** Phil müde ist, will er noch nicht schlafen.*

10

Was DU schon kannst!

Kompetenztest

WORTARTEN

(1) … Wortarten — **(2) … Wortarten**

(3) … Wortarten
(5) … z. B. *Flugzeug*
(6) … z. B. *das*
(7) … z. B. *schnell*
(8) … z. B. *ich*

(4) … Wortarten
(9) … z. B. *fliegen*

(10) … z. B. *bald*
(11) … z. B. *weil*
(12) … z. B. *auf*

Wortspeicher

Adjektive – Adverbien – Artikel – deklinierbare – flektierbare – konjugierbare – Konjunktionen – nicht flektierbare – Nomen – Präpositionen – Pronomen – Verben

Wortarten kennen und benennen

1 Notiere den Fachbegriff aus dem Wortspeicher, der jeweils in die nummerierte Lücke passt.

Um dich zu erholen oder etwas Besonderes zu erleben, musst du nicht unbedingt weit von zu Hause wegfahren. Manchmal reichen schon ein kurzer Ausflug oder eine Wanderung zu einem Ziel in der Nähe. Vielleicht gibt es sogar einen Reiseführer für die Gegend, in der du lebst. Obwohl sie einfach zu besuchen sind, fallen uns viele Ausflugsziele in unserer Nachbarschaft nicht auf.

Wortarten unterscheiden

2 Notiere zu jeder in der Tabelle genannten Wortart je ein Beispiel aus dem Text in dein Heft.

(1) Verb	(2) Nomen mit Artikel	(3) Pronomen	(4) Adjektiv	(5) Adverb	(6) Präposition	(7) Konjunktion

Wortarten bestimmen

3 Die fett gedruckten Wörter innerhalb eines Satzes gehören zur selben Wortart. Bestimme sie. Notiere dafür die richtige Zahl.

1) Vielleicht gibt es eine schöne **Wanderroute** in deiner **Nähe**.
(1) Nomen (2) Adjektiv (3) Pronomen

2) **Gibt** es eine Burg oder eine Burgruine, die du **besichtigen kannst**?
(1) Konjunktion (2) Adverb (3) Verb

3) **In** manchen Museen gibt es **neben** den Hauptausstellungen sehr ansprechende Ausstellungen extra für junge Besucherinnen und Besucher.
(1) Adverb (2) Präposition (3) Konjunktion

4 Übertrage die Sätze in dein Heft und setze die korrekte Form des angegebenen Verbs im vorgegebenen Tempus an der richtigen Stelle im Satz ein.

1) Paula gern an einen Klassenausflug zu einer Burg. (zurückdenken, Präsens)
2) Sie viele tolle Erfahrungen von dort mit nach Hause. (bringen, Perfekt)
3) Im nächsten Urlaub sie wieder ans Meer. (fahren, Futur I)
4) Paula schon darauf. (sich freuen, Präsens)

Verbformen als zentrale Satzaussage verwenden

5 Notiere alle abstrakten Nomen aus der Aufzählung:

Wortspeicher
Leuchtturm – Sand – Wind – Liebe – Eis – Sturm – Sonne – Witz – Freude

Konkrete und abstrakte Nomen unterscheiden

6 Schreibe die Nomen in der richtig deklinierten Form in dein Heft und notiere jeweils den Kasus und den Numerus.

Paula hat Angst vor (der Nachbarshund), wenn sie mit (ihr Hund) Gassi geht, denn (der Nachbar) lässt (sein Hund) immer frei laufen.

Nomen deklinieren

7 Übertrage die fett gedruckten Pronomen in dein Heft. Bestimme jeweils, ob es sich um ein Personalpronomen oder ein Possessivpronomen handelt.

Paula, Tarek und Enya wollen eine Liste mit Urlaubszielen in **ihrer** Umgebung zusammenstellen. Tarek schlägt vor, zunächst die Stadtbücherei in **seiner** Heimatstadt zu besuchen. „Hier können **wir** fragen, ob es hilfreiche Bücher für **unsere** Idee gibt", schlägt **er** vor.

Pronomen erkennen und bestimmen

8 Notiere alle Adjektive aus dem folgenden Wortspeicher mit Steigerungsform.

Wortspeicher
heute – toll – wunderbar – nett – dort – langsam – manchmal – nie

Adjektive und Adverbien durch die Steigerungsprobe unterscheiden

9 Notiere passende Lösungen für die fehlenden Konjunktionen und Präpositionen nach den Lückennummern. Verwende unterschiedliche Farben zur Unterscheidung der zwei Wortarten.

(1) die Ferien jetzt vorbei sind, müssen alle wieder (2) die Schule gehen. Das ist (3) die drei Freunde nicht so schlimm, (4) so sehen sie sich jeden Tag in der Schule (5) können sich unterhalten. (6) des Unterrichts dürfen sie aber nicht schwätzen, (7) müssen still sein, (8) es ihnen manchmal sehr schwer fällt.

Präpositionen und Konjunktionen richtig verwenden

11 Und welchen Sport machst du?

Sätze analysieren und Satzglieder bestimmen

1 Sprecht über die Bilder. Geht zum Beispiel auf die dargestellten Situationen ein. Benennt auch die Sportarten, die zu sehen sind.

2 Erzählt von euren eigenen sportlichen Aktivitäten: Welche Sportarten treibt ihr? Wo liegen eure Stärken?

Bist du eher der sportliche Typ oder liegen deine Interessen auf anderen Gebieten? Vielleicht lässt du dich ja hier zu neuen sportlichen Aktivitäten anregen. Auf jeden Fall lernst und trainierst du in diesem Kapitel, …

- … Satzarten zu unterscheiden,
- … Haupt- und Nebensätze voneinander abzugrenzen,
- … Satzglieder zu bestimmen und zu benennen,
- … Satzglieder durch Proben zu bestimmen.

11

Sagen, fragen, auffordern

Satzarten unterscheiden und ihre Wirkung beschreiben

1 Vergleicht **in Partnerarbeit**, wie sich die Sätze unterscheiden: Achtet dabei auf die Aussagen, die Wirkungen und die Zeichensetzung. Notiert eure Ergebnisse.

„Interessierst du dich für Fußball?"

„Ich finde Fußball richtig spannend."

„Hol bitte den Ball!"

Das musst du wissen

Unterscheidung von Satzarten

Um die Absicht eines Satzes deutlich zu machen, nutzt man verschiedene Satzarten:

- Ein **Aussagesatz** teilt etwas mit. Er wird mit einem Punkt beendet. *Ich mag Sport.*
- Beim **Fragesatz** unterscheidet man Ergänzungsfragen *(Wann beginnt das Spiel?)* und Entscheidungsfragen *(Gehst du mit uns auf den Fußballplatz?)*. Fragesätze enden mit einem Fragezeichen.
- **Ausrufe-** bzw. **Aufforderungssätze** beinhalten Aufforderungen und Ausrufe, die auch Verwunderung, Überraschung oder Verärgerung ausdrücken können. Man beendet sie mit einem Ausrufezeichen. *Spiel doch mit! Endlich ein Tor! Wie lange lässt der denn noch spielen!*

2 Übernimm die Tabelle in dein Heft und ordne die Beispielsätze zu. Ergänze die Satzzeichen.

Aussagesatz	Fragesatz	Ausrufe- bzw. Aufforderungssatz
– Jakob liebt Fußball.	– …	– …

- Jakob liebt Fußball
- Sein bester Freund Tarek feuert ihn bei jedem Spiel an
- „Siehst du den Ball nicht, Jakob"
- Hat Tarek wirklich immer Zeit
- Fast jedes Wochenende begleitet er Jakob zu den Wettkämpfen
- „Jakob, lauf schneller"
- „Beeil dich"
- „Wir sind spät dran"
- „Ich finde meine Fußballschuhe nicht"
- „Hast du sie gesehen"
- „Ja, sie sind in deiner Sporttasche"

3 „Gleicher Inhalt – unterschiedliche Wirkung" – Erkläre diese Aussage zu den beiden Textfassungen schriftlich. Gehe dabei auf die verwendeten Satzarten ein.

a Tarek, Jakob und Paula sind schon seit dem Kindergarten Freunde. Sie verstehen sich blendend. Sie unternehmen viel zusammen. Sie spielen an den Wochenenden oft Fußball. Sie finden nur nicht immer Zeit dazu. Sie haben auch noch andere Hobbys.

b Wie lange Tarek, Jakob und Paula Freunde sind? Schon eine kleine Ewigkeit, seit dem Kindergarten! Sie verstehen sich blendend und unternehmen viel zusammen. „Lasst uns am Wochenende Fußball spielen!", schlägt Paula vor. Aber nicht immer finden sie Zeit dazu, weil sie auch noch andere Hobbys haben.

4 Mithilfe verschiedener Satzarten kannst du die Geschichte der drei Freunde weitererzählen.

- Notiere je zwei weitere, zur Geschichte passende Beispiele für die verschiedenen Satzarten.
- Notiere drei weitere passende Beispiele für verschiedene Satzarten ohne Satzzeichen. Dein Partner ordnet sie zu und ergänzt die Satzzeichen. Besprecht die Lösungen.
- Verfasse ein Gespräch der Kinder zu einer der folgenden Situationen: „Ein Nachmittag im Schwimmbad"/„Beim Schulsportfest"/„Beim Schlittschuhlaufen". Verwende dabei alle genannten Satzarten.

5 Notiere mithilfe der Bilder Regeln, die in Schwimmbädern im Allgemeinen gelten. Formuliere je drei als Aussagen und als Aufforderungen. Erkläre die unterschiedliche Wirkung.

6 Ein Reporter der Lokalzeitung steht aufgeregt und mit gezücktem Notizblock am Spielfeldrand: „Hat der Schiedsrichter denn keine Augen im Kopf! Er will das Tor wirklich anerkennen? Der Spieler war doch eindeutig im Abseits! Das kann doch nicht sein?"

- Schreibe die Sätze neu und verwende die eigentlich zu erwartenden Satzzeichen.
- Beschreibe zusammen mit einem Partner, wieso hier andere Satzzeichen verwendet werden.
- Schreibe zwei weitere Sätze auf, die anstelle eines Ausrufezeichens ein Fragezeichen verwenden oder einen Punkt und umgekehrt.

11

Wer kann allein stehen?

Haupt- und Nebensätze erkennen und formulieren

1 Jakob hat ein Buch ausgeliehen, in dem es um die Zwillinge Johannes und Mario und ihren großen Bruder Arne geht. Verfasse kurze, im Stil passende Fortsetzungen zu den beiden Versionen des Buchanfangs.

a „Könnt ihr mal den Küchentisch frei machen?" Arne, der ältere Bruder von Johannes und Mario, stellte einen großen Topf Spaghetti auf den Tisch. Dabei schob er mit dem Ellbogen einen Stapel Hefte und Schulbücher beiseite, sodass das Chaos auf der anderen Tischhälfte noch größer wurde. Die Zwillinge protestierten im Duett: „He!"

b „Könnt ihr mal den Küchentisch frei machen?" Arne war der ältere Bruder von Johannes und Mario. Er stellte einen großen Topf Spaghetti auf den Tisch. Er schob mit dem Ellbogen einen Stapel Hefte und Schulbücher beiseite. Das Chaos auf der anderen Tischhälfte wurde noch größer. Die Zwillinge protestierten im Duett: „He!"

2 Erkläre die unterschiedlichen Formulierungen und Wirkungen der beiden Textfassungen mithilfe des Kastens.

Das musst du wissen

Unterscheidung von Haupt- und Nebensätzen

Ein **Hauptsatz** ist ein einfacher selbstständiger Satz. Hauptsätze können allein stehen. *Jakob spielt gut Fußball.*

Zwei oder mehr Hauptsätze bilden zusammen eine **Satzreihe**. Dabei muss zwischen den Teilsätzen ein Komma gesetzt werden, wenn diese nicht durch ***und*** oder ***oder*** verbunden sind.
Paula trainiert in einer Mädchenmannschaft Fußball und Jakob spielt bei den Jungen mit.
Paula trainiert in einer Mädchenmannschaft Fußball, Jakob spielt bei den Jungen mit.

Ein **Nebensatz** ist ein Teilsatz, der nicht ohne einen Hauptsatz stehen kann. Hauptsatz und Nebensatz bilden zusammen ein **Satzgefüge**.

Wenn Paula trainiert, hat sie viel Spaß.
Nebensatz, Hauptsatz.

Tarek, der meist zuschaut, ist Jakobs bester Freund.
Hauptsatz, Nebensatz, Hauptsatz.

Jakob, Paula und Tarek fahren auch zusammen Fahrrad, weil Tarek das lieber mag.
Hauptsatz, Nebensatz.

3 Die drei Brüder unterhalten sich über ihre Lehrer. Wandle die Satzreihen in Satzgefüge um.

- Arne: Was habt ihr ausgefressen? Ihr habt eine Strafaufgabe bekommen.
- Johannes: Wir haben nur ein bisschen mit der Kreide rumgekickt. Da ist die Lehrerin schon ausgerastet.
- Mario: Die rastet wegen jeder Kleinigkeit aus. Und dann kriegt man sofort eine Million Matheaufgaben auf.
- Arne: Ihr seid selbst schuld! Ihr lasst euch alles gefallen.

4 Übertrage die Tabelle in dein Heft und fülle jede Spalte mit mindestens zwei Beispielsätzen aus dem Text darunter. Unterstreiche in den Satzgefügen die Nebensätze.

einfache Sätze	zusammengesetzte Sätze	
	Satzreihe: Hauptsatz und Hauptsatz	Satzgefüge: Hauptsatz und Nebensatz (oder umgekehrt)
– Johannes nickte. –	– –	– –

Johannes nickte. Die Zwillinge waren sich einig: Schule war höchst überflüssig. Es gab viel wichtigere Dinge. Deswegen hatten sie auch eine Methode entwickelt, wie sie eine Menge Zeit und Arbeit sparten. Jeder machte nur immer die Hälfte der Hausaufgaben, den Rest schrieben sie voneinander ab. Die Vokabeln teilten sie sich genauso auf und verließen sich darauf, dass der eine dem anderen notfalls die fehlenden Wörter einflüsterte. Aber auch so ging eine Menge Zeit für die Hausaufgaben drauf – wertvolle Zeit, die man viel besser zum Fußballspielen verwenden konnte.

5 Der folgende Textentwurf ist stilistisch nicht gelungen. Formuliere eine neue Version, indem du die Hauptsätze zu sinnvollen Satzgefügen verbindest. Achte auf die richtige Zeichensetzung.

Die Zwillinge wollen mit ihrer Mannschaft gewinnen. Sie müssen hart dafür arbeiten. Es ist nicht gut. Sie hatten lange keinen Trainer. Es waren zudem Ferien. Immer wieder hatte jemand keine Zeit. Die „Fantastischen Elf" hatten sich selten zum Fußballspielen getroffen. Einer war fast immer im Urlaub. Die Schule hat wieder begonnen. Die Jungen hoffen auf Herrn Berger. Er wäre früher fast Fußballprofi geworden. Sein Sohn Florian spielt bei den Fantastischen Elf mit. Er war vor seinem Umzug in einem Verein gewesen.

11

Wer macht was?

Subjekt und Prädikat als Satzkern verstehen

1 Führt in kleinen **Gruppen** einen Wettbewerb durch: Wer notiert innerhalb von drei Minuten aus den Begriffen im Wortspeicher die meisten sinnvollen Sätze?

Wortspeicher

den Sport – die Kinder – einmal in der Woche – Enya – gern – ihre Schwester – lieben – macht ... Aikido – montags – Samuel – spielt ... Fußball – tanzt

Das musst du können

So wendest du die Umstellprobe an

Sätze bestehen aus **Satzgliedern**, die unterschiedliche Aufgaben innerhalb eines Satzes erfüllen. Die einzelnen Satzglieder können mithilfe der **Umstellprobe** ermittelt werden: Wörter, die zusammen ein Satzglied bilden, können bei der Umstellung des Satzes nicht voneinander getrennt werden, ohne dass der Satz seinen Sinn verändert.

Montags | macht | sie | Aikido, eine Kampfsportart.
Sie | macht | montags | Aikido, eine Kampfsportart.
Aikido, eine Kampfsportart, | macht | sie | montags.

2 Führe bei drei Sätzen aus Aufgabe 1 die Umstellprobe durch.

3 Jakob hat in Aufgabe 1 die Sätze „Die Kinder montags den Sport" und „spielt Fußball einmal in der Woche" gebildet. Erkläre schriftlich mithilfe des folgenden Kastens, was er falsch gemacht hat. Gib auch Ratschläge, die ihm beim Bilden sinnvollerer Sätze helfen können.

Das musst du wissen

Subjekt und Prädikat

Ein sinnvoller vollständiger Satz besteht mindestens aus einem Subjekt und einem Prädikat. Die Satzglieder **Subjekt** und **Prädikat** bilden zusammen den **Satzkern**.

Das **Subjekt** beantwortet die Frage: „**Wer/was** handelt?" Es steht immer im Nominativ. ***Die Samurai*** *kämpften mit Schwertern.*

Das **Prädikat** gibt die Tätigkeit des Subjekts an. Es ist das einzige Satzglied, das sich mit der Umstellprobe nicht verschieben lässt. In einem Aussagesatz steht es immer an zweiter Stelle. *Aikido* ***ist*** *eine japanische Sportart.*

Im Nebensatz steht das Prädikat an letzter Stelle.
Aikido ist, weil es aus Japan ***kommt****, noch nicht so bekannt.*

Es gibt auch mehrteilige Prädikate, man spricht dann von einer Verbklammer.
Enya ***hat*** *erst mit dieser Sportart* ***begonnen.***

4 Wer macht was? – Übertrage die Subjekte und Prädikate der Sätze aus dem Informationstext über Aikido in eine Tabelle in deinem Heft.

Ein Aikido-Sportler lernt keine Angriffstechniken wie Schläge oder Tritte. Vielmehr prägen Griffe, Wurf- und Hebeltechniken diese Sportart. Das Ziel besteht darin, sein Gegenüber auf die Matte zu werfen.

Die Technik des Aikido ist von verschiedenen Kampfsportarten geprägt. Judo, Ju-Jutsu, der Schwertkampf und die Tradition des Samurai hatten Einfluss auf die Entstehung des Aikido-Sports.

Siege stehen allerdings beim Aikido nicht im Vordergrund. Die Bedeutung des Namens Aikido lässt sich eher mit „Sieg durch Frieden" umschreiben. Wettkämpfe gibt es im Aikido deshalb nicht. Eine neue Gürtelfarbe kann ein Aikidoka durch eine besondere Prüfung erreichen.

5 Bereite aufgrund des kurzen Texts einen Kurzvortrag zur Sportart Aikido vor. Nutze die notierten Subjekte und ihre Bedeutung als Grundlage dieses Vortrags.

6 Wähle für den Text unten das jeweils passende Verb und setze es als Prädikat in die richtige Form.

Wortspeicher

machen – lachen – trainieren – gehören – bringen – sein (2x) – aussehen – üben – freuen

Enya ……… noch nicht lange Aikido. Ein weißer Anzug und ein farbiger Gürtel ……… zur Grundausstattung. Enya und ihre Freunde, die auch Anfänger ………, ……… noch das Fallen. Es ……… gar nicht so einfach, wie es ……… . Dennoch ……… ihnen die Sportstunden viel Spaß. Sie ……… viel und ……… sich schon auf die nächste Trainingseinheit, die wieder etwas Neues ……… .

7 Wähle eine der Aufgaben und formuliere Sätze zu einer Sportart deiner Wahl.

- Schreibe sechs Sätze, die nur aus Subjekt und Prädikat bestehen. Notiere jeweils die Frage und die Antwort zum Subjekt.
  Beispiel: *Der Junge spielte. – Wer spielte? – Der Junge.*
- Schreibe vier Sätze, die zunächst nur aus Subjekt und Prädikat bestehen, und erweitere sie dann. Notiere dann jeweils die Frage nach dem Subjekt.
  Beispiel: *Der Junge spielte. – Der Junge spielte jede Woche Fußball. – Wer spielte jede Woche Fußball? – Der Junge.*
- Schreibe vier Sätze, die nicht nur aus Subjekt und Prädikat bestehen. Notiere jeweils die Frage nach dem Subjekt.
  Beispiel: *Der Junge spielte jede Woche Fußball. – Wer spielte jede Woche Fußball? – Der Junge.*

11

Wen oder was braucht ein Satz sonst noch?

Objekte als Satzergänzungen nutzen

Was ist Slacklining?

Wenn man durch Stadtparks geht, kann man mancherorts **Seile** zwischen zwei Bäumen aufgespannt sehen, auf denen junge Menschen balancieren. Dieser Trendsport nennt sich Slacklining. Ein Seil und zwei Bäume, mehr braucht man nicht **fürs Slacklining**. Ähnlich wie beim Seiltanz balanciert man bei der Trendsportart Slacklining auf einem Schlauchband oder Gurtband, welches man zuvor an zwei Bäumen oder Ähnlichem befestigt hat. Slackliner freuen sich daher **über nicht zu weit auseinander stehende Bäume.** Beim Slacklining wird ein guter Gleichgewichtssinn und Konzentration sowie Koordination benötigt. Deswegen wird die Trendsportart häufig von Kletterern oder anderen Extremsportlern betrieben, die dadurch **ihr Gleichgewichtsgefühl** trainieren können. Sie sind sich **des Trainingseffekts** bewusst, den sie durch Slacklining für ihre Sportart erzielen. Man muss sich aber nicht **vor einem Absturz** fürchten, wenn man das Seil niedrig genug spannt.

1 Beschreibt und erklärt die Situationen auf dem Bild mithilfe des Texts. Tauscht euch über die neue Sportart aus: Würdet ihr Slacklining betreiben?

2 Die markierten Satzglieder sind „notwendige Ergänzungen" der jeweiligen Sätze. Nennt in Partnerarbeit die Gründe, warum diese Ergänzungen „notwendig" sind.

Das musst du wissen

Objekte

Objekte sind notwendige Ergänzungen in Sätzen. Ohne sie würden die Sätze unvollständig. Objekte antworten auf verschiedene Fragen:

Genitivobjekt	Wessen? (Genitivobjekte sind selten)	*Natalia erfreut sich **ihrer Kindheitserinnerungen.***
Dativobjekt	Wem?	*Natalia hilft **ihrer Tochter.***
Akkusativobjekt	Wen?, Was?	*Ein altes Foto zeigt **Natalia im Kinderwagen.***
Präpositionalobjekt	Worauf?, Woran?, Worüber?, Wobei?, Wofür?	*Sie freut sich gerade **über das Spiel.** (Worüber?)* *Roberta freut sich **auf das Sportfest.** (Worauf?)*

3 Bestimme die fett gedruckten Objekte im Slacklining-Text, indem du die jeweils passende Frage stellst. Notiere die Ergebnisse wie im Beispiel.
Beispiel: *Wen oder was kann man sehen? – Seile. → Akkusativobjekt*

So wendest du die Weglassprobe an

Das musst du können

Mithilfe der Weglassprobe lässt sich feststellen, ob ein Satzglied zur Gestaltung eines grammatisch richtigen Satzes notwendig ist.

Der Satzkern aus Subjekt und Prädikat kann niemals weggelassen werden.
Paula lacht vor Freude. → Paula lacht.

Auch Objekte können bei der Weglassprobe als notwendige Satzergänzungen erkannt werden. *Paula erkennt eine Slackline sofort.*
Ohne das Akkusativobjekt ergibt der Beispielsatz keinen Sinn mehr.

4 Wähle aus dem folgenden Text vier Sätze aus, an denen du die Weglassprobe anwendest. Notiere diese Sätze in dein Heft und bestimme die Subjekte, die Prädikate und die nicht notwendigen Ergänzungen wie im Beispiel.
Beispiel: *Das **Slacklining** **gleicht** auf den ersten Blick **dem Seiltanz**.*
Subjekt – Prädikat – Dativobjekt (Wem?)

Die Geschichte des Slacklinings

Das Slacklining gleicht auf den ersten Blick dem Seiltanz. Tatsächlich hat sich das Slacklining aber aus dem Klettersport entwickelt. In den 1980er Jahren kreierten Kletterer in den Nationalparks der USA aus ihrer Freizeitbeschäftigung eine neue Sportart. Sie bedienten sich ihrer Kletterseile. Etwa ab dem Jahr 2000 kam das Slacklining nach Europa. Der österreichische Slackline-**Pionier** Heinz Zak arbeitet als Fotograf und zeigt den Leuten so „seinen“ Sport. Erst in den letzten Jahren hat sich das Slacklining zu einer bekannteren Trendsportart entwickelt. Heutige Slacklines sind Schlauchbänder mit einer Breite von 2,5 bis 3 Zentimetern. Einige Sportgeschäfte bieten die neuen Sportgeräte inzwischen interessierten Kunden an. Diese neue Sportart erfreut sich großer Beliebtheit.

Ein **Pionier** ist ein Wegbereiter.

5 Notiere alle im Text vorkommenden Objekte in einer Tabelle in dein Heft und ergänze die Verben, die die Objekte jeweils „fordern“.

	Beispiel	Verb
Genitivobjekt (Wessen?)		
Dativobjekt (Wem?)		
Akkusativobjekt (Wen?, Was?)		
Präpositionalobjekt (Worauf?, Wodurch?, Wofür?, Worüber? …)		

11

Das kann man doch auch weglassen

Sätze durch adverbiale Bestimmungen erweitern

1 Bestimme in den folgenden Sätzen über Seifenkistenrennen Subjekt, Prädikat und Objekt. Übernimm dafür die Tabelle in dein Heft und fülle die ersten drei Spalten.
Beispiel: *Seit mehr als 100 Jahren* ***rasen Kinder und Jugendliche*** *in selbstgebauten Rennwagen* ***Straßen hinab****.*

- Die ersten Vorläufer der Seifenkiste wurden Anfang des 20. Jahrhunderts im Taunus gebaut.
- Deshalb fand 1904 in Oberursel das erste „Kinderautomobilrennen" der Welt statt.
- In den folgenden Jahren verbreitete sich der Kinder-Rennsport in ganz Deutschland rasant und griff nahezu ungebremst auch auf die USA über.

Subjekt	Prädikat	Objekt	weitere Satzglieder (Fragewörter)
Kinder und Jugendliche	rasen ... hinab	– Straßen (Akkusativobjekt)	seit mehr als 100 Jahren (seit wann?) in selbstgebauten Rennwagen (wie?)

2 Einige Satzglieder ließen sich nicht in die ersten drei Spalten einordnen. Bestimme, auf welche Fragen sie Antwort geben, und notiere sie in der letzten Tabellenspalte.

Das musst du wissen

Adverbiale Bestimmungen

Adverbiale Bestimmungen sind Satzglieder, die angeben, wann, wo, wie oder warum etwas geschieht. Grammatisch sind sie – anders als die Objekte – nicht notwendig.

Adverbiale des Ortes (Lokales Adverbiale)	Wo? Wohin?	*zu Hause, im Stadtpark, auf der Straße*
Adverbiale der Zeit (Temporales Adverbiale)	Wann? Bis wann? Seit wann?	*gestern, vor drei Wochen, schon seit langem*
Adverbiale des Grundes (Kausales Adverbiale)	Warum? Weshalb?	*wegen des schlechten Wetters, aus Freude*
Adverbiale der Art und Weise (Modales Adverbiale)	Wie? Auf welche Art und Weise?	*schnell, gern, so*

3 Schreibe aus dem folgenden Text über die Seifenkistenrennen zu jeder im Kasten genannten adverbialen Bestimmung mindestens ein Beispiel heraus.

Von der Seifenpackung auf die Straße

Es war ein amerikanischer Seifenhersteller, der den Namen „Seifenkiste“ in den 1930er Jahren prägte. Aus Werbegründen zeichnete das Unternehmen auf seine Verpackungskisten den Bauplan für einen Kinder-Rennwagen. Dieser wurde nun „soap box“ genannt. 1935 fanden im US-Bundesstaat Ohio die ersten „All American Soap Box Derbys“ statt. Schnell stieg der Bekanntheitsgrad. Noch heute werden dort die Weltmeisterschaften im Seifenkisten fahren mit Rennfahrern ausgetragen, die aus aller Herren Länder kommen.

So wendest du die Ersatzprobe an

Das musst du können

Die verschiedenen Satzglieder sind jeweils als ganze Wortgruppe ersetzbar. Durch die Ersatzprobe kannst du ermitteln, welche Wörter zusammen ein Satzglied bilden.

Im Liegen fährt ein Seifenkistenrennfahrer schon immer am schnellsten und am sichersten.

So fährt er dann auf diese Weise.

4 Notiere drei adverbiale Bestimmungen aus der zweiten Textfassung. Gib die Art der adverbialen Bestimmung an und notiere eine mögliche Ersatzformulierung.

Sicherheit steht an erster Stelle

Die Kisten erreichen zum Teil beträchtliche Geschwindigkeiten. Die selbstgebauten Rennwagen werden schnell. Eine höhere Geschwindigkeit ist nicht erlaubt, um die Fahrer nicht zu gefährden. Das **DSKD** legt großen Wert auf die Sicherheit. Jedes Fahrzeug wird überprüft. Es gibt auch noch andere Wettkampfklassen, z. B. die Spaß-Rennen, in denen mit möglichst ausgefallenen Kisten angetreten wird.

Deutsches Seifenkisten Derby e.V.

Sicherheit steht an erster Stelle

Auf den etwa 300 Meter langen Rennstrecken erreichen die Kisten zum Teil beträchtliche Geschwindigkeiten. Bis zu 60 Kilometer pro Stunde werden die selbstgebauten Rennwagen schnell. Eine höhere Geschwindigkeit ist nicht erlaubt, um die Fahrer nicht über die Maßen zu gefährden. Auch vor dem Wettkampf legt das DSKD großen Wert auf die Sicherheit. Jedes Fahrzeug wird technisch überprüft. Es gibt auch noch andere Wettkampfklassen, z. B. die Spaß-Rennen, in denen nur aus Spaß mit möglichst ausgefallenen Kisten angetreten wird.

5 Erkläre die Funktion der adverbialen Bestimmungen anhand der beiden Textfassungen.

- Notiere alle Fragen, auf welche die adverbialen Bestimmungen in der zweiten Textversion eine Antwort geben.
- Erkläre an zwei Beispielen, welche Informationen ohne die adverbialen Bestimmungen fehlen würden.
- Verfasse einen „Aufruf zur häufigeren Verwendung adverbialer Bestimmungen“.

11

Was DU schon kannst!

Kompetenztest

Haupt- und Nebensätze unterscheiden

1 Schreibe aus den folgenden Sätzen die Nebensätze in dein Heft.

- Dass der Kite-Surfer Konrad Krieger auf seinem Brett den Ärmelkanal in nur zwei Stunden und 7 Minuten durchsurfte, war eine echte Sensation.
- Er durchquerte den Ärmelkanal als jüngster Kite-Surfer so schnell, wie es keiner zuvor geschafft hatte.
- Der Elfjährige, der aus Berlin stammt, hat wohl einen neuen Weltrekord aufgestellt.
- Weil der Ärmelkanal, der zwischen Großbritannien im Norden und Frankreich im Süden liegt, nur 54 Kilometer breit ist, wird er als Meerenge bezeichnet.

Satzzeichen in Satzgefüge einsetzen

2 Übertrage die Sätze und ergänze die fehlenden Satzzeichen.

- Das schnellste Tor im Fußball in einem WM-Endrundenspiel schoss Hakan Sükür 2002 für die Türkei gegen Südkorea 10 Sekunden nach Spielbeginn
- Ob Lionel Messi der Weltfußballer wirklich 120 Millionen Euro wert ist wird sich zeigen
- Für Cristiano Ronaldo wurden 2009 94 Millionen Euro bezahlt Das ist ja Wahnsinn
- Weißt du wer die weltbeste Nationalmannschaft im Fußball ist Brasilien gewann den Titel fünfmal in den Jahren 1958, 1962, 1970, 1994 und 2002

Subjekte und Prädikate erkennen

3 Schreibe alle Subjekte und Prädikate aus dem folgenden Gedicht von Heinz Erhardt in eine zweispaltige Tabelle in dein Heft.

Heinz Erhardt

Fußball

Vierundvierzig Beine rasen
durch die Gegend ohne Ziel
und weil sie so rasen müssen,
nennt man das ein Rasenspiel.

Rechts und links steh'n zwei Gestelle,
je ein Spieler steht davor.
Hält den Ball er, ist ein Held er,
hält er nicht, schreit man: „Du Toooor!"

Fußball spielt man meistens immer
mit der unteren Figur.
Mit dem Kopf, obwohl's erlaubt ist,
spielt man ihn ganz selten nur.

4 Notiere aus dem Gedicht von Heinz Erhardt alle adverbialen Bestimmungen und ordne sie in die Tabelle mit dem jeweiligen Fachbegriff ein. Findest du für jede Spalte ein Beispiel im Text?

Adverbiale Bestimmungen erkennen und bestimmen

Adverbiale des Ortes (lokal)	Adverbiale der Zeit (temporal)	Adverbiale des Grundes (kausal)	Adverbiale der Art und Weise (modal)
durch die Gegend	...	...	...

5 Ergänze die folgenden – etwas kurz geratenen – Sätze mit adverbialen Bestimmungen aus dem Kasten, um sie ansprechender und informativer zu machen. Lies erst alle Sätze, bevor du dich ans Einsetzen machst.

Adverbiale Bestimmungen nutzen

Wortspeicher

wegen einer Wirbelverletzung – für zehn Jahre – nochmals – zum dritten und letzten Mal – im Jahr vor den Spielen – zum ersten Mal – in Asien – hier – im Übermut des Siegs – daraufhin – bis drei Monate vor den Olympischen Spielen

- 1964 finden Olympische Spiele statt. (2 Ergänzungen)
- Die sowjetische Turnerin Larissa Latynina nimmt an Olympischen Spielen teil und gewinnt sechs von ihren insgesamt 18 Medaillen. (3 Ergänzungen)
- Schwimmstar Dawn Fraser gewinnt zum dritten Mal seit 1956 die 100 m Freistil, obwohl die Australierin einen schweren Autounfall hatte. (1 Ergänzung)
- Nach diesem Unfall musste sie ein Stützkorsett tragen. (2 Ergänzungen)
- Fraser durchschwimmt einen Kanal vor dem kaiserlichen Palast und klaut eine Fahne. (1 Ergänzung)
- Der australische Verband sperrt seinen Schwimmstar. (2 Ergänzungen)

6 Schreibe die geforderten Objekte aus den folgenden Sätzen in dein Heft.

Objekte erkennen

- **Akkusativobjekt:** Das Guinness-Buch der Rekorde von 2014 präsentiert auf 275 Seiten tausende Rekorde, darunter skurrile und irre Leistungen wie skateboardende Ziegen.
- **Dativobjekt:** Gleich zwei Seiten widmet die Sammlung dem Österreicher Felix Baumgartner und seinem Stratosphärensprung.
- **Genitivobjekt:** Eine junge Frau kann sich einer besonders witzigen Tatsache rühmen: Sie kann am schnellsten auf Schuhen mit sehr hohen Absätzen laufen.
- **Präpositionalobjekt:** Sie alle können sich über einen Eintrag in diesem Buch freuen.

12 Paulas Welt

Rechtschreibstrategien und Rechtschreibregeln kennen und anwenden

1 Beschreibt und erklärt die Schreibsituationen auf den Bildern und erläutert, welche Bedeutung richtiges Schreiben jeweils hat.

2 Wäre es nicht einfacher, wenn jeder schreiben dürfte, wie er spricht? – Diskutiert den Sinn von Rechtschreibregeln. Nutzt die Situationen auf den Bildern und eure eigenen Erfahrungen mit der Rechtschreibung.

Immer wieder steht Paula vor Rechtschreibproblemen, wenn sie Texte schreiben muss. Das kennst du sicher auch. Zusammen mit Paula und ihrer Familie lernst und trainierst du in diesem Kapitel …

… Tipps anzuwenden, die dir beim richtigen Schreiben helfen,
… Rechtschreibstrategien anzuwenden,
… richtig zu schreiben,
… Rechtschreibfehler selbst zu erkennen und zu vermeiden.

12

So schreibst du richtig

Unterscheide: Mitsprech-, Nachdenk-, Merkwörter

Momo ist ein kleines Mädchen, das in einem Theater lebt.
Viele Menschen möhgen Momo, besonders weil sie so gut
zuhören kann. Einer ihrer Freunde, Fusi, der Friesör,
bekommt eines Tages Besuch von einem graun Hern.
Er überedet ihn mit dem zeitsparen anzufangen und
so wird Fusis Leben völlich freutlos. Balt darauf geet
es der ganzen statt so, alle sin trübsinnich, unfreundlich
oda gehetzt. Momo bekommt eine Gelegenheit, die
graun Hern zu besihgen, doch das wird schwirig.

1 Paulas Mutter Natalia ist entsetzt, als sie Paulas Textentwurf sieht. Formuliere eine kurze Reaktion der Mutter, in der sie ihn mit einer Begründung bewertet.

Das musst du können

So schreibst du Texte sorgfältig

- Achte auf ein **sauberes** und **leserliches** Schriftbild.
- Nutze **Schreiblinien**, die du dir auch selbst einzeichnen kannst.
- Lasse auf dem Blatt **freie Ränder**.
- Gliedere deinen Text in **Sinnabschnitte**.

2 Eine Rechtschreibregel lautet: „Schreib, wie du sprichst!" Notiere diejenigen Wörter des Satzes, bei denen die Regel ausreicht, und jene, bei denen sie offensichtlich nicht genügt.

„Balt darauf geet es der ganzen statt so, alle sin trübsinnich, unfreundlich oda gehetzt."

Das musst du wissen

Mitsprechwörter – Nachdenkwörter – Merkwörter

Mitsprechwörter werden „lautgetreu" geschrieben. Wenn du sie deutlich sprichst, kannst du jeden Laut hören: *Esel, Mantel, gut …*

Bei **Nachdenkwörtern** folgt die Schreibung bestimmten Regeln. Du kannst z. B. das Großschreibprinzip *(die Übung, das Lesen)* oder die Verwandtschaft von Wörtern (*Hände* gehört zum Wortstamm *Hand* und wird daher nicht *Hende* geschrieben) erkennen.

Merkwörter sind Wörter, die du lernen musst. Sie enthalten besondere Schreibweisen oder sind Fremdwörter: *Handy, Toilette …*

3 Überarbeite den Momo-Text und lies ihn für dich halblaut Satz für Satz vor. Achte dabei auf eine deutliche Aussprache und schreibe fünf Mitsprechwörter in Blau in dein Heft. Schreibe in Rot fünf Wörter aus dem Text heraus, bei denen das Mitsprechen für die richtige Schreibung nicht genügt.
Beispiele: Momo Theater

4 Notiere die jeweils richtige Schreibung der folgenden Sätze. Begründe deine Entscheidung stichwortartig mithilfe des Kastens.

> Fusi bekommt B/besuch. – Fusis L/leben wird freutlos/freudlos. – Momo ist, biss/bis auf die Schildkröte Kassiopeia, gans/ganz auf sich allein gestellt.

5 In manchen Wörtern hört man einen f-Laut, schreibt aber ein *f*, ein *v* oder ein *ph*. Gestalte ein Kreuzworträtsel mit mindestens zehn Wörtern, in denen zu hörendes /f/ als *f*, *v* oder *ph* geschrieben wird. Löst eure Kreuzworträtsel in Partnerarbeit.
Beispiel: ein Elternteil → Vater

6 Die Schreibung mancher Wörter musst du lernen. Notiere fünf Merkwörter aus dem Momo-Text in dein Heft, bei denen dir jeweils eine der folgenden Eselsbrücken hilft.

- Wer *nämlich, ziemlich* und *dämlich* mit *h* schreibt, ist nämlich ziemlich dämlich.
- Sei nicht dumm und merk dir bloß: Namenwörter schreibt man groß!
- Nach *l, m, n, r,* das merke ja, kommt nie *tz* und nie *ck*.
- Diese Regel ist schon nett, nach *ei, äu, eu* steht nie *tz*.
- Nimm die Regel mit ins Bett: Nach Doppellaut kommt nie *tz*!
- Doppel-a, das ist doch klar, sind in *Waage, Haar* und *Paar*!
- Wenn *wider* nur dagegen meint, dann ist das *e* dem *i* stets feind.
- Wenn *wieder* nur *noch einmal* meint, dann ist das *e* dem *i* ein Freund.
- Das *s* in *das* muss einsam bleiben, kannst du auch *dieses* oder *welches* schreiben.
- *Aus, bei, mit, nach, seit, von, zu* – kannst du nicht den Dativ, dumme Kuh?!
- Einmal doppelt gemoppelt – immer doppelt gemoppelt!
- Das Wörtchen *weil* steht nie allein, das Komma muss ihm nahe sein.

7 Diktiert euch in Partnerarbeit gegenseitig den „Momo"-Text Satz für Satz ins Heft. Korrigiert das Diktat anschließend.

12

Mein Werkzeugkasten für die Rechtschreibung

Rechtschreibstrategien anwenden

Das wichtigste Werkzeug, das ich beim Schreiben dieser Wörter benötige, ist ein gutes Gehör, denn …

1 Diktiert euch in Partnerarbeit die folgenden Wörter. Überprüft die richtige Schreibung gegenseitig und notiert eine Fortsetzung des Satzes in der Sprechblase.

Partner 1: Hase, Bank, Luft, toben, Baum, Lampe
Partner 2: Blume, Senf, Wagen, reden, Ast, Nest

Das musst du wissen

Laute und Buchstaben

Bei der Beschreibung von Sprache unterscheidet man zwischen den **gesprochenen Lauten** und den **geschriebenen Buchstaben**. Nicht immer wird ein Laut durch genau einen Buchstaben abgebildet. So kann ein lang gesprochenes /a/ geschrieben werden als *a, aa* oder *ah (baden, Aal, Wahl)*, der Zischlaut /z/ als *z, tz* oder *ts (Brezel, Katze, rätseln)*.

Die Laute werden in Gruppen zusammengefasst:

- **Vokale** (Selbstlaute): *a, e, i, o, u*
- **Konsonanten** (Mitlaute): *s, t, r, m …*

Umlaute sind eine Sondergruppe der Vokale, die im Deutschen durch Pünktchen gekennzeichnet werden *(ä, ö, ü)*, **Diphthonge** (Zwielaute) sind Verschmelzungen von zwei Vokalen zu einem Laut *(au, eu, ei …)*.

2 Übe das Erkennen der einzelnen Laute. Sprich dazu die folgenden Wörter übertrieben deutlich. Notiere sie so, dass die einzelnen Laute wie in den Beispielen getrennt stehen. Notiere unter den Lauten ein V für Vokal, ein K für Konsonant, U für Umlaut, D für Diphthong.

Beispiele:	*S – ä – g – e*	*F – ei – l – e*
	K U K V	K D K V

~~Säge~~, ~~Feile~~, Kiste, Zange, Schlüssel, Zwinge, Nagel, Schraube

3 Paula und Jakob sammeln Beispiele zur Laut-Buchstaben-Zuordnung. Sprich die Wörter aus dem Wortspeicher der nächsten Seite deutlich aus und wähle eine der folgenden Aufgaben.

- Notiere alle Wörter, in denen alle Laute genau durch einen Buchstaben abgebildet werden. Ergänze mindestens fünf weitere Beispielwörter.
- Übernimm das folgende Schaubild in dein Heft und trage die Beispielwörter an der richtigen Stelle ein.
- Übernimm das folgende Schaubild, trage die Beispielwörter ein und beschrifte die Äste des Schaubilds sinnvoll.

Wortspeicher

~~Banane~~ – ~~Bitte~~ – Dieb – ~~Haar~~ – ~~Huhn~~ – Kasse – Mitte – Moos – Mühe – Rebe – Rohr – ~~Rose~~ – Rummel – Saal – ~~Sahne~~ – ~~Seele~~ – ~~Sieb~~ – ~~Spiel~~ – Staat – Stuhl – ~~Zimmer~~

Laut- Buchstaben-Zuordnung

- Rose
- Banane
- …

- Sahne
- Huhn
- …

- Haar
- Seele
- …

- Sieb
- Spiel
- …

- Zimmer
- Bitte
- …

4 Wörter können nicht nur in Laute, sondern auch in Sprechsilben zerlegt werden. Schreibe die Begriffspaare ab und markiere ihre einzelnen Sprechsilben wie im Beispiel mit Silbenbögen.
Beispiele: Wildpferde – Blumentopferde

- Nachtisch – Nachttisch
- Festtagsessen – festgesessen
- Eisenbahn – Eisrennbahn
- Baumwolle – Baumarkt
- Landebahn – Landei
- Wachsstift – Wachsoldat

Das musst du können

So nutzt du die Wortzerlegung zum richtigen Schreiben

Um dir längere Wörter zu merken und Schreibfehler zu vermeiden, kannst du Wörter in kleinere Einheiten **zerlegen**:
- in einzelne **Wörter**: *Krautsalat = Kraut + Salat, Mittagessen = Mittag + Essen*
- in einzelne **Sprechsilben**: *Sa-lat, Mit-tag, Es-sen*

Wenn du Schwierigkeiten hast, die Silben zu erkennen, kannst du zu jeder Silbe klatschen oder jeweils einen Schritt nach rechts machen und dabei die Arme schwingen.

5 Notiere alle im Buchstabenfeld versteckten Begriffe. Kennzeichne die Sprechsilben durch Silbenbögen.

QWEHOCHGEBIRGEJKKARTOFFELBREIPOKFABSEITSFALLELLICHOLIPLOECGLQUEGC-
ABFALLBESEITIGUNGCEUQBQAUNWETTERWARNUNGEISENBAHNABTEILQYDSCUR-
VERGISSMEINNICHTEKHCOQIEHBCLUQECMASCHENDRAHTZAUNERDBEERMARMELA-
DEHXUWIQUGXZEQGVIOOOOMXWPAUSENHOFKIKEQCHEUIRCHLEHRERZIMMERUZ-
GUZECQECEFEDERMÄPPCHENCEUQIUGECQCQEWACHSMALKREIDETURNHALLE

6 Bilde die Verlängerung der nebenstehenden Wörter und schreibe sie dann gemeinsam mit der Grundform richtig in dein Heft.
Beispiel: Kälber – Kalb

Wortspeicher

Grun(d/t) – er so(l/ll) – har(d/t) – er tri(f/ff)t – trifti(g/ch) – Bu(g/k) – er sto(p/pp)t – To(d/t) – Schul(d/t)

Das musst du können

So nutzt du die Wortverlängerung zum richtigen Schreiben

Am Wortende weichen **Aussprache** und **Schreibung** oft voneinander ab. So sprichst du *wenich, Walt* oder *er knurt*, schreibst aber *wenig, Wald* und *er knurrt*.
Wenn du dir bei der Schreibung am Wortende unsicher bist, kannst du das Wort verlängern und laut aussprechen:

- Nomen kannst du in den Plural (Mehrzahl) oder in den Genitiv (2. Fall) setzen *(der Wald - die Wälder, des Walds)*.
- Adjektive werden gesteigert *(wenig - weniger)*.
- Verben werden in den Infinitiv (Grundform) gesetzt *(knurren)*.

7 Schreibe die Grundform der verlängerten Nomen und Adjektive aus dem Wortspeicher auf. Erkläre jeweils in einem Satz, welchen (Rechtschreib-)Vorteil die verlängerte Form gegenüber der Grundform hat.

Wortspeicher

die Felder – zügiger – die Räder – des Zugs – wilder – des Bunds – des Gelds – die Lieder – die Feinde

Das musst du können

So nutzt du das Stammprinzip zum richtigen Schreiben

Das **Stammprinzip** bedeutet, dass Wörter, die miteinander **verwandt** sind, also zur selben Wortfamilie gehören, auch gleich geschrieben werden:

- *kälter* (nicht *kelter*) wegen *kalt*.
- *Träume* (nicht *Treume*) wegen *Traum*.

Noch mehr zur Schreibung von gleich klingenden Lauten findest du auf Seite 218.

8 Finde für die nebenstehenden Wörter jeweils einen „Verwandten“ mit *a/au* im Stamm und schreibe dann beide Wörter in dein Heft.
Beispiel: *färben – Farbe*

Wortspeicher

bläulich – Häuser – ~~färben~~ – Täterin – wählerisch – äußerlich – Fälle – Männer – Gebläse – väterlich – läuten

9 Schreibe den folgenden Text ab und wähle dabei jeweils die korrekte Schreibweise.

N(eu/äu)lich wollte Paula früh in die Schule gehen, als sie ein kl(e/ä)gliches Piepsen hörte. Sie folgte dem Ger(eu/äu)sch und fand zwei M(eu/äu)se, die in den Lichtschacht des K(e/ä)llerf(e/ä)nsters geraten waren. N(eu/äu)gierig betrachtete Paula die rosafarbenen Schn(eu/äu)zchen mit den zitternden Schnurrh(e/ä)rchen. Vorsichtig nahm sie die Tierchen in ihre H(e/ä)nde, fr(eu/äu)te sich über ihren tr(eu/äu)herzigen Blick und entließ die beiden (e/ä)ndlich in die Freiheit.

10 Nutze den folgenden Text als Lauf- oder – gemeinsam mit einem Partner – als Partnerdiktat. Wende bewusst die bekannten Rechtschreibstrategien an. Korrigiere dein Diktat oder das Diktat deines Partners und unterstreiche falsch geschriebene Wörter deutlich.

Paula und Jakob haben viele Ideen bei der Arbeit in der Rechtschreibwerkstatt. Mit einem Hammer klopfen sie die Wörter nach einzelnen Lauten ab. Häufig zersägen sie Wörter auch und finden die Sprechsilben heraus. Dies schadet den Wörtern weder äußerlich noch innerlich. Wenn die beiden bei der Schreibung einer Endung unsicher sind, verlängern sie das Wort mit Wortklebstoff. Auch ein Werkzeug zur Suche nach Verwandten befindet sich in der Werkzeugkiste. So haben die beiden für alle Fälle das passende Gerät.

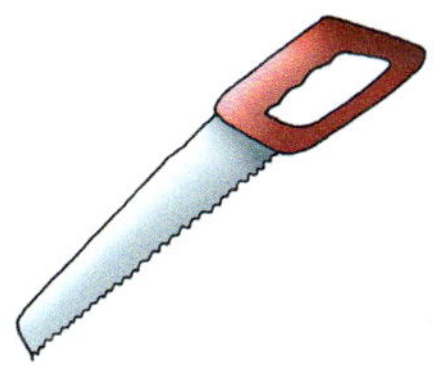

11 Berichtige falsch geschriebene Wörter aus deinem Diktat. Notiere hinter jedem Wort, welche Rechtschreibstrategie dir beim richtigen Schreiben helfen kann.

12 Gestalte für deinen Arbeitsplatz ein Lernplakat, auf welchem du die beschriebenen Rechtschreibtipps und Rechtschreibstrategien mit Beispielen ansprechend und übersichtlich zusammenstellst.

12

Langer oder kurzer Vokal?

Dehnung der Vokale richtig schreiben

Mutter: „Seht mal, nun ist wirklich Frühling geworden! Die Bienen haben schon den ersten Klee im Gras entdeckt und fliegen um die Blüten herum."

Vater: „Wie ärgerlich, dass ich die Heckenschere nicht mitgenommen habe! Der Flieder muss geschnitten werden. Aber vielleicht kann ich die langen Zweige vorübergehend mit einer Schnur zurückbinden?"

Mutter: „Kinder, wollt ihr mir helfen die Beete neu anzulegen?"

Phil: „Nein, ich habe keine Lust. Schau mal, unsere Nachbarn arbeiten alle noch nicht im Garten! Ich möchte lieber die Schneereste wegkehren."

Paula: „Ich helfe dir gern, Mama! Hast du denn die Saatkörner schon ausgepackt? Ich möchte ein Beet mit Bohnen anlegen und ein Beet mit Blumen."

Vater: „Denkt daran, dass wir noch Platz für die Johannisbeeren brauchen!"

1 Lest das Gespräch mehrfach mit verteilten Rollen. Achtet beim ersten Lesen darauf, dass die Stimmungen der Sprecher durch euren Lesevortrag deutlich werden. Sprecht beim wiederholten Lesen die langen Vokale übertrieben lang aus.

2 Übertrage die Tabelle in dein Heft und fülle sie mit insgesamt 16 Wortbeispielen aus dem Text.

Wortbeispiele mit lang ausgesprochenem …							
a	ä	e	i	o	ö	u	ü

Das musst du wissen

Dehnung

Vokale können **lang** oder **kurz ausgesprochen** werden. Meist werden die **Langvokale** ohne besonderes Längenkennzeichen geschrieben. Es folgt ein einfacher Konsonant *(nun, Los …)*.

In anderen Fällen wird die Länge eines Vokals schriftlich angezeigt durch:

- **Verdopplung** eines Vokals bei *a, e* und *o (Saat, Beet, Moor …)*.
- ein nachfolgendes **h** *(fehlen, wohnen …)*.
- Anhängen eines **e** an den Vokal **i** *(fliegen, Liege …)*.

3 In den Blütenkelchen muss jeweils ein Doppelvokal eingesetzt werden. Zusammen mit den Konsonanten der Blütenblätter ergeben sich Wörter. Schreibe die Lösungswörter in dein Heft.

4 **Wortspeicher**

Bienen / Mienen – fliegen / siegen – lieben / ? – schließen / ? – Sieb / ?

Finde weitere Reimwörter mit gedehntem *ie* und schreibe sie in dein Heft.

5 Ergänze bei den folgenden Wortpaaren die fehlenden Buchstaben, sodass jeweils zwei gleich klingende Begriffe mit unterschiedlicher Bedeutung und unterschiedlicher Schreibung entstehen. Wähle eine der Aufgaben.

- Fülle die Lücken mit unterschiedlich geschriebenen, aber gleich klingenden Langvokalen.
- Fülle die Lücken und bilde zu jedem Wortpaar einen Satz, aus dem die jeweilige Bedeutung deutlich hervorgeht.
- Fülle die Lücken und formuliere einen Hinweis für Schüler, der erklärt, warum diese Begriffe und ihre Schreibungen eine große Fehlerquelle darstellen.

Wortspeicher

m__len/m__len – B__t/Geb__t – M__r/m__r – L__d/L__d – M__ne/M__ne – St__l/St__l

6 Ein technisches Problem hat den Text zum Schulgarten auf der Internetseite von Paulas Schule zerstört. Schreibe den Bericht ab und ergänze die Lücken.

Kartoffeln, M__ren, Zw__beln oder Erbsen kennen sie alle, die Sch__lerinnen und Sch__ler der Klasse 6a. Doch wie kommt das Gem__se eigentlich in den S__permarkt oder auf den Teller? Da sind die meisten Kinder __nungslos. Sp__testens im Herbst wird sich das ändern: Dann beginnt w__der das bew__r-te Naturschutzprojekt des Gymnasiums. Auf einer gr__ßen Parzelle im Sch__lgarten s__en die M__dchen und Jungen, bepflanzen ihre eigenen B__te und entwickeln so ein Gef__l für Bl__men, S__men und B__te. Gemeinsam können sie die Entwicklung im „gr__nen Klassenzimmer“ verfolgen. Am kommenden M__ntag st__t der erste Arbeitseinsatz auf dem Stundenpl__n. Unter Anleitung von Frau M__nkorn lernen die Kinder einiges über Nutzpflanzen im Garten und deren Anbau. Ein w__nig Vorerf__rung erwartet die L__rkraft von einigen Kindern, die bereits zu Hause bei der Gartenarbeit geholfen haben.

12

In der Kürze liegt die Würze: Kurzvokale

Schärfung der Vokale erkennen und richtig schreiben

Wochenend-Camp im Allgäu

Wir bieten **Gruppen** von Kindern und Jugendlichen zwischen 6 und 14 Jahren ein abwechslungsreiches, **spannendes**, aber in erster Linie spaßiges Wochenende. Eine **tolle** Kombination von Sportangeboten (Fußball, **Handball**, Basketball, Tanz, Skateboarden und Akrobatik) und Ausflügen (**Schwimmen**, **Nachtpaddeln**, Lagerfeuer mit Nachtwanderung) **bestimmt** die sportlichen drei Tage. Ihr erlebt täglich qualitativ hochklassiges Training durch erfahrene und ausgebildete Trainer (geringe Verletzungsgefahr!), mit ausgewogener **Vollverpflegung** und Obst als Zwischenmahlzeit. Am Sonntag geben wir nochmal alles mit einem Fußballturnier, Bühnenshow und großer Siegerehrung. Zum **Abschluss** bekommen alle Kinder noch eine Medaille oder ein T-Shirt.

1 „Das ist ein rein informierender Text." – „Nein, es ist ein Text, der überzeugen will." – Diskutiert Tareks und Paulas Aussagen zur Absicht des Texts. Erkläre die Meinungsverschiedenheiten und belege deine Position am Text.

2 Die markierten Wörter im Text zeigen die verschiedenen Fälle der Schärfung aus dem folgenden Merkkasten. Sortiere die Beispielwörter in einer Tabelle, fülle die fehlenden drei Überschriften aus und ergänze mindestens zwei weitere Beispiele in jeder Spalte.

ss	pp	mm	?	?	?
	Gruppen				

Das musst du wissen

Schärfung

Nach einem kurz gesprochenen, betonten Vokal folgen meist zwei Konsonanten *(Topf, Kasten …)* oder der darauffolgende Konsonant wird verdoppelt *(Suppe, Sonne …)*.

Beachte: Nach kurzem Vokal wird *k* zu *ck* und *z* zu *tz: Stock, schätzen …*

Phil meckert, als er die Einladung des Handballtrainers an Paula sieht. „Ich will auch mit!" Die Mutter beruhigt ihren motzenden Sohn: „Ich denke, dass du alt genug bist, um an der Fußballgruppe teilzunehmen!" Der Vater kratzt sich am Kopf, doch seine Augen leuchten plötzlich und er nickt verschmitzt: „Einverstanden! Wenn die Kinder über das Wochenende Handball und Fußball spielen, kann ich in aller Ruhe den Keller entrümpeln."

3 Notiere die im Text enthaltenen Wörter mit *ck* und *tz*.

4 Nutze die Entrümpelungsaktion des Vaters: Schreibe darüber einen kurzen Diktattext. Mindestens fünf der abgebildeten Dinge müssen in dem Text vorkommen.

5 Diktiert euch eure Texte als Partnerdiktat. Korrigiert die Diktate gegenseitig und berichtigt falsch geschriebene Wörter, indem ihr sie noch einmal in richtiger Schreibung notiert.

6 Phil und Paula freuen sich auf das sportliche Wochenende und reimen beim Kofferpacken fröhlich drauflos. Wähle eine der folgenden Aufgaben.

- Ergänze die Reime in deinem Heft.
- Dichte zwei weitere Verse zu dem Gedicht und notiere sie in deinem Heft.
- Schreibe eine weitere Strophe mit vier Versen über das bevorstehende Wochenende der Kinder.

Bin ich erst einmal am Ball,
bringe ich jeden Gegner zu ...!

Ich täusche den Gegner mit einem Blick,
beim Spielen braucht es viel ...!

Der Schiedsrichter hat schon gepfiffen,
....!

Das Spiel ist wirklich anspruchsvoll,
....!

12

Nicht nur *Schule* wird großgeschrieben

Groß- und Kleinschreibung sicher beherrschen

1 Abhängig von der Groß- und Kleinschreibung hat Phils Text zwei unterschiedliche Bedeutungen. Notiere zu beiden Möglichkeiten je einen sinnvollen Satz und bestimme jeweils die Wortart von *GEFANGENE* und *FLOH*. (→ S. 168 ff.)

2 Schreibe den folgenden Text mit richtiger Groß- und Kleinschreibung in dein Heft. Überprüft eure Schreibungen in Partnerarbeit und markiert Unsicherheiten.

EINE ZUVERLÄSSIGE HELFERIN
NICHT NUR, WENN PHIL COMPUTERPROBLEME HAT, IST PAULA ZUR STELLE. SIE STEHT IHM AUCH BEI, WENN ANDERE KINDER IHN EINMAL ÄRGERN ODER WENN DIE ELTERN ZU STRENG MIT DEM JUNGEN SIND. AUF PAULA IST EINFACH IMMER VERLASS. DAS IST EIN GROßES PLUS FÜR PHIL.

Das musst du wissen

Großschreibung von Satzanfängen, Nomen und Nominalisierungen

Wörter beginnen mit einem **großen Anfangsbuchstaben**, wenn

- es sich um **Eigennamen** *(Sandra Schmitt)* oder **Nomen** *(das Buch, das Haustier)* handelt,
- sie am **Anfang einer Überschrift** oder eines **Satzes** stehen.

Wörter **anderer Wortarten** können manchmal zu **Nomen** werden (= Nominalisierung) und werden dann ebenfalls großgeschrieben. Nominalisierungen erkennst du, wie alle Nomen, an folgenden Kennzeichen:

- Artikel *(die Klügste, beim = bei dem Radfahren, ein Leben)*
- Wörter, die eine unbestimmte Menge angeben *(manch Gutes, allerlei Interessantes)*
- Adjektive *(fehlerfreies Lesen, ein starkes Ich)*

3 Notiere die großgeschriebenen Wörter aus Aufgabe 2 unter der jeweils passenden Überschrift in dein Heft.

- Eigennamen
- Nomen
- Nominalisierung
- Überschrift
- Satzanfang

4 Schreibe den folgenden Text in dein Heft und fülle dabei die Lücken mit Wörtern aus dem Wortspeicher, sodass sich sinnvolle Sätze ergeben.

Phil möchte mit Paula ___ gehen. Besonderes Vergnügen bereitet ihm das ___. Er ist der ___ Taucher seiner Klasse. Beim ___ vom 3-m-Brett ist hingegen Paula die ___. Im Schwimmbad haben Phil und Paula schon viel ___ erlebt. Phil findet Sport im ___ sowieso viel interessanter als stundenlanges ___ oder ___ ___.

Wortspeicher

Allgemeinen – beste – fleißiges – Herumsitzen – Lernen – Mutigere – Schönes – schwimmen – Springen – Tauchen

Das musst du wissen

Großschreibung höflicher Anreden

Die höfliche Anrede *Sie* und die dazugehörigen Pronomen *(Ihnen, Ihr, Ihre …;* Ausnahme: *sich)* werden großgeschrieben.
Die vertraute Anrede *du/ihr* mit Pronomen *(dich, dein, euch, euer …)* wird kleingeschrieben, nur in persönlichen Briefen oder E-Mails darfst du sie großschreiben.

5 Herr Bieber bietet im Nachmittagsprogramm von Paulas Schule einen Singkreis an, an dem Paula und ihre Freundin Clara teilnehmen möchten. Wähle eine der Aufgaben.

- Formuliere ein kurzes Schreiben an Herrn Bieber, mit dem Paula sich und ihre Freundin anmeldet. Nutze die höfliche Anrede.
- Paulas Eltern melden Paula und Clara schriftlich zu dem Kurs an. Paula schickt Clara dazu eine Mitteilung. Formuliere die beiden Texte.
- Vermische Sätze aus Paulas Schreiben an Herrn Bieber und ihrer Mitteilung an Clara. Lasse dabei die Anfangsbuchstaben der Anreden weg. Dein Partner ordnet die Sätze und notiert die richtige Groß-/Kleinschreibung.

6 Herr Bieber gibt in einem Elternbrief weitere Informationen zum Singkreis. Formuliere einen Brieftext so, dass er sich als Übungsdiktat zur Groß- und Kleinschreibung bei Satzanfängen, Nominalisierungen und Anreden eignet.

12

Einfach, doppelt oder extrascharf? s-Schreibung

Regeln für die s-Schreibung kennen und anwenden

1 Tauscht euch in Partnerarbeit darüber aus, wie sich die Rollen und das Aussehen einer „weisen Frau“ und einer „weißen Frau“ in einem Theaterstück wohl unterscheiden.

2 Möglicherweise hat Paulas Lehrer nicht deutlich genug gesprochen. Sprecht die beiden Möglichkeiten mehrmals laut aus und beschreibt die Unterschiede.

Das musst du wissen

Aussprache und Schreibung des s-Lauts

Der **s-Laut** kann **unterschiedlich ausgesprochen** und auch **geschrieben** werden.

Den **stimmhaften**, „weichen“ oder „gesummten“ s-Laut schreibt man mit einfachem *s*: *Sonne, summen, Nase, weise …*

Den stimmlosen, „gezischten“ s-Laut schreibt man

- nach einem kurzen Vokal mit *ss*: *Nuss, Nässe, essen, müssen, bisschen …*,
- nach einem lang gesprochenen Vokal oder einem Diphthong (Zwielaut) mit *ß*: *Straße, Maß, außen, weiß …*

Beachte: Am **Wortende** schreibt man *s*, wenn in der verlängerten Form ein stimmhaftes *s* erklingt *(Glas – Gläser)* und in vielen **kleinen Wörtern** wie *was, bis …*

3 Theaterschauspieler verbessern ihre Aussprache mit Übungssätzen. Sprich die folgenden Sätze halblaut und übertrieben deutlich. Zähle mit den Fingern die stimmhaft ausgesprochenen s-Laute.

- So simmert die salzige Suppe sanft vor sich hin.
- Durchs Wasser sausen riesige Walrösser und sanfte Seepferdchen.
- Silas sieht das scheußliche Muster des hässlichen Teppichs entsetzt an.

4 Übernimm die Tabelle in dein Heft. Ersetze die Fragezeichen im Kopf der Tabelle mithilfe der Informationen aus dem Kasten.

Die s-Schreibung			
? Aussprache	? Aussprache		
	nach ? Vokal	nach ? Vokal oder Diphthong	Wortende
s	ss	ß	s

5 Sortiere alle Wörter mit s-Schreibung aus dem Text in die Tabelle.

Lasst uns weitere Aufgaben verteilen, falls es keine Fragen mehr zu den Rollen gibt. Tarek, du solltest ein großes Bühnenbild auf ein weißes Leintuch malen. Jakob wird dafür sorgen, dass die Beleuchtung passt. Und Annika befasst sich mit der Musik.

6 Übertrage den folgenden Text in dein Heft und füge dabei in die Lücken *ss* oder *ß* ein. Markiere zunächst die betonten Vokale als lang (Strich darunter) oder kurz (Punkt darunter).

In der Nacht vor der Premiere hat Paula einen äu_erst seltsamen Traum. Sie mu_ ein scheu_liches Kostüm tragen und eine hä_liche Maske, die voller Ru_ ist. Währendde_en hat die bla_e Emely mit ihrem sü_en Lächeln allen die Show gestohlen und lä_t sich unmä_ig feiern. Mi_mutig beschlie_t Paula, die Bühne zu verla_en – da wacht sie auf.

7 Finde bei den folgenden Wörtern die richtige Schreibung für den s-Laut am Ende, indem du sie verlängerst. Schreibe jeweils beide Formen in dein Heft.
Beispiel: *Biss – Bisse.*

8 Wähle eine der folgenden Aufgaben.

- Übertrage die Wörter in dein Heft und markiere das stimmhafte s jeweils blau und das stimmlose s rot: Nase, Zeugnis, Spaß, wissen, Sessel, leise, sehr, Gast
- Sortiere die Wörter nach *ss*- und *ß*-Schreibung: wei_, Me_er, er sa_, Flo_, Ki_en, fa_en, mä_ig, Gewi_en
- Finde zwei Wörter mit unterschiedlicher Schreibung des s-Lauts aus der Wortfamilie des Verbs *schließen* und bilde jeweils einen Satz.
  Beispiel: *schießen* → *Der Schössling schießt aus der Erde.*

Ich bin sicher, dass das passt!

Die Schreibung von *das* und *dass* kennen

Paula: „Stimmhaft – stimmlos – das ist ja alles schön und gut. Trotzdem weiß ich nicht, warum man schreibt *Es ist ein Problem, für* ***das*** *ich keine Lösung finde,* aber *Es ist ein Problem,* ***dass*** *ich keine Lösung finde.*"

Katharina: „Ein Tipp aus meinem Sprachunterricht: Die Form *das,* also die Schreibung mit einfachem *s,* lässt sich fast immer durch *dies, dieses, jenes* oder *welches* ersetzen."

1 Kennst du Paulas Problem? Erkläre ihren Ärger in deinen eigenen Worten.

2 Überprüfe, ob der Tipp aus Katharinas Sprachunterricht stimmt. Übertrage den folgenden Text in dein Heft und ersetze das Wort *das*, wie Katharina es vorschlägt.

> Katharina ist das Mädchen, das neu in Paulas Klasse gekommen ist. Sie stammt wie Paulas Mutter aus Kasachstan, einem Land in Zentralasien, das früher zur Sowjetunion gehörte. Das weiß Paula schon von ihrer Mutter. Katharina findet es schön, dass ihr Heimatland viele interessante Nachbarländer, zum Beispiel Russland oder China, hat. Dass es aber keinen Zugang zum Meer hat, findet sie schade.

3 Notiert in Partnerarbeit eine Vermutung über die verschiedenen Aufgaben des Worts *das*. Nutzt den Text als Beleg.

Katharina: „*Dass* mit *ss* leitet oft Nebensätze ein, in denen eine Wahrnehmung, ein Denkvorgang, ein Wunsch oder eine Aussage formuliert wird."

4 Katharinas Hinweis bezieht sich auf Sätze, die zum Beispiel mit den Verben aus dem Wortspeicher eingeleitet werden. Setze das Gespräch zwischen den beiden Mädchen fort, indem du möglichst viele *dass*-Sätze mit den angegebenen Verben formulierst.

Katharina: „Ich hoffe, dass ich mich in der neuen Klasse wohlfühlen werde."
Paula: „Ich glaube, dass …"
Katharina: „Denkst du, dass …"
Paula: …

Wortspeicher

hoffen – glauben – denken – vermuten – sagen – annehmen – erkennen – behaupten – einsehen – wissen – mitteilen

Das musst du wissen

Schreibung von *das* und *dass*

Die Wörter *das* und *dass* werden nicht nur unterschiedlich geschrieben, sie haben auch verschiedene **Aufgaben** im Satz.

das kann bei der Ersatzprobe durch *dieses, dies, jenes* oder *welches* ersetzt werden. Es
- steht als bestimmter Artikel vor einem sächlichen Nomen *(das Land, das Kind)*,
- weist als Demonstrativpronomen auf eine Person oder einen Gegenstand hin *(das ist meine neue Klassenkameradin)*,
- leitet einen erklärenden Nebensatz ein *(ein Land, das am Meer liegt, hat Vorteile)*.

dass lässt sich nicht ersetzen. Es steht
- als Konjunktion am Anfang eines Nebensatzes *(ich weiß, dass du Paula heißt)*.

5 Schreibe die folgenden Sätze ab und fülle die Lücken. Begründe deine Schreibung von *das/dass*, indem du in Klammern jeweils die Wortart angibst.

1. Katharina kam mit fünf Jahren aus Kasachstan in ____ ferne Deutschland.
2. Deutschland war ein Land, ____ sie nur aus Erzählungen kannte.
3. Als kleines Kind ahnte sie nicht, ____ Deutschland einmal ihre Heimat werden würde.
4. Deutschland ist ____ Land, in dem Katharinas Vorfahren lebten.
5. Katharina besucht nach der Grundschule ____ Gymnasium.
6. Sie ist stolz, ____ gerade ____ Fach Deutsch ihr Lieblingsfach wurde.
7. ____ die deutsche Sprache nicht ihre Muttersprache ist, merkt man kaum.

6 Nutze den folgenden Text als Übungstext.

- Decke die Sätze nach und nach auf und übertrage sie in dein Heft.
- Suche dir einen Partner. Diktiert und korrigiert euch den Text als Partnerdiktat.
- Schreibe den Text ab. Notiere Erklärungen für die Schreibung von *das* und *dass* und bereite dich darauf vor, deine Mitschüler bei Unsicherheiten zu unterstützen.

Paula und Katharina merken schnell, dass sie sich gut verstehen. Katharina ist froh, dass sich Paula für Kasachstan interessiert. Sie hat ihr inzwischen viel über das Land, das lange ihre Heimat war, berichtet. Es ist eigentlich noch ein recht junges Land, das bis zum Jahr 1991 zur damaligen Sowjetunion gehörte. Dass die heutige Hauptstadt Astana heißt, hat Paula schon von ihrer Mutter gewusst. Katharina erzählt auch, dass Kasachstan ein sehr großes Land ist, das sehr unterschiedliche Landschaften in seinen Grenzen vereint. Paula staunt darüber, dass sich das Gebiet über große Wälder, Berge und sogar Steppen erstreckt.

12

Warum fallen dabei so viele hin?

Gleich- und Ähnlichklinger richtig schreiben

„Früher fiel Phil viel hin, vielleicht fehlte es ihm an Vorsicht."

1 „Wir sollten diesen Satz in einem Diktat schreiben und mussten besonders auf die Schreibung des Lauts ... achten. Das war schwierig, denn ..." Ergänze Tareks Aussage.

Das musst du wissen

Gleich und ähnlich klingende Laute

Obwohl sie gleich oder ähnlich klingen, werden manche Laute mit unterschiedlichen Buchstaben geschrieben. Die meisten Fälle musst du dir als **Merkwörter** einprägen.

Laut	Schreibweisen	Besonderheiten
/f/	f, v	*v* steht nur in den Präfixen (Vorsilbe) *vor-* und *ver-* sowie in ein paar Merkwörtern *(Vater, viel)*, *ph* in Fremdwörtern und Namen
/k/	k, ck	*ck* steht für Doppel-k und wird wie ein Doppelkonsonant verwendet *(Zucker)*
/ts/	z, tz	*tz* steht für Doppel-z und wird wie ein Doppelkonsonant verwendet *(Katze)*

2 Sortiert in Partnerarbeit die folgenden Wörter aus Tareks Diktat nach der Schreibweise des f-Lauts. Legt eine Tabelle mit zwei Spalten an. Manche Wörter müssen in beide Spalten eingetragen werden. Unterstreicht Wörter, bei denen ihr euch unsicher wart.

___eilchen, ___eilen, ___äterlich, sich ___er___ahren, Rinder___ett, Rind___ieh,
___iel___alt, ___ierblättrig, ___ehlen, ___ogel, ___olgen, ___ölkerball

3 Diktiert und korrigiert die folgenden Sätze als Partnerdiktat. Notiert anschließend alle Wörter, die ihr falsch geschrieben habt, als Merkwörter in der richtigen Schreibung.

Auch beim Mittagessen verbessert sich Tareks Stimmung nicht. Seine Familie bekommt eine neue Heizung. Sein Vater hilft den Handwerkern bei den Vorarbeiten. Er musste sogar eine Wand aufhacken. Nun tut ihm der Rücken weh. Er kann sich kaum bücken. Tareks Mutter schimpft mal wieder. Die Kinder sollen ihre Jacken an die Haken hängen. Später muss Tarek noch sein Zimmer putzen. Das ist nicht witzig.

Das musst du wissen

Gleichklinger am Wortende und im Wortstamm

Am Wortende klingen *b* wie *p*, *d* wie *t*, *g* wie *k* und *ig* wie *ich*. Die richtige Schreibweise findet man heraus, indem man das Wort verlängert:
Dieb → *Diebe* → also *Dieb* mit *b*
Rad → *Räder* → also *Rad* mit *d*, aber: *Rat* → *Räte* → also *Rat* mit *t*
Flug → *Flüge* → also *Flug* mit *g*, aber: *Spuk* → *spuken* → also *Spuk* mit *k*
billig → *billiger* → also *billig* mit *g*, aber: *festlich* → *festlicher* → also *festlich* mit *ch*

Bei Verben mit gleich und ähnlich klingenden Konsonanten hilft es, den Infinitiv (Grundform) zu bilden: *er gab* → *geben* → also *er gab* mit *b*

Im **Wortstamm** klingen *e* und *ä* sowie *eu* und *äu* häufig gleich. Die richtige Schreibweise erkennt man durch den Vergleich mit verwandten Wörtern:
Häuser → *Haus, stärker* → *stark*

4 Fülle die Lücken mit *b* oder *p*, *d* oder *t*, *g* oder *k/ck*, *ig* oder *ich*. Schreibe die Wörter in dein Heft und notiere neben jedem Wort eine verlängerte Wortform, die bei der richtigen Schreibung hilft.

Bro___ – freudi___ – lächerli___ – Sa___ – lie___ – lusti___ – Pflu___ –
ro___ – run___ – Sie___ – Wal___ – Wel___ – zicki___

5 Notiere zu den markierten Verben im folgenden Text jeweils den Infinitiv (Grundform) und die richtige Schreibung der Verbform in den Beispielsätzen.

Auch der Nachmittag trägt/träkt nicht zur Verbesserung von Tareks Stimmung bei. Er fährt mit dem Fahrrad, das er von einem Verwandten geerbt/geerpt hat, zur Musikschule. Als er an einer Kreuzung abbiekt/abbiegt, bemerkt/bemergt er das herankommende Auto nicht. Er erblickt/erbligt es erst, als der Fahrer laut hubt/hupt und ihn anschnaupt/anschnaubt. Woran es wohl liegt /liekt, dass manche Tage so furchtbar sind?

6 Übertrage die Wörter in dein Heft und setze *e* oder *ä* in die Lücken ein. Nutze die Hilfswörter zur Erklärung der ä-Schreibung.

N___tz, Tr___nke, L___mmchen, B___tt,
schl___mmen, t___nzeln,
w___rfen, h___mmern, P___lz, N___rv,
St___ngel, w___lzen

12

Ohne Trennungsschmerz

Wörter richtig trennen

Ich hatte gerade meinen Anorak angezogen und öffnete die Haustür,
da stand Tarek ganz aufgeregt vor mir und rief: „Auf dem Bahndamm
ist ein Sportflugzeug gelandet. Bei der Notlandung hat es einen Baumstamm
berührt und ist still auf der Seite liegen geblieben. Als die Nachbarn
den Notarzt und die Feuerwehr rufen wollten, kam der Pilot heraus
und beruhigte alle. Es war beim Absturz wirklich nichts Schlimmes
passiert. Unglaublich, oder?

1 Erkläre, warum es wichtig und hilfreich sein kann, Wörter zu trennen.

2 Hilf Paula bei der Verbesserung. Trenne die folgenden Wörter an der passenden Stelle. Markiere Wörter, bei deren Trennung du unsicher bist.

Wortspeicher

Haustür – Baumstamm – Bahndamm – Nachbarn – Schlimmes

Das musst du wissen

Worttrennung

Wörter werden nach **Sprechsilben** getrennt: *lau-fen, Schu-le, wan-dern.*
Nicht immer sind die Sprechsilben deutlich erkennbar. Merke dir deshalb:

- Wenn **mehrere Konsonanten** im Wort aufeinandertreffen, wird nur der letzte in die neue Zeile genommen *(sin-gen, ras-ten, müs-sen).*
- **Nicht getrennt** werden *ch, sch, ck (la-chen, Zu-cker, deut-sche).*
- **Einzelne Vokale** dürfen nicht abgetrennt werden *(~~A-bend, ü-bel~~).*

3 Notiere die folgenden Wörter. Kennzeichne die Silben durch Silbenbögen und schreibe die Wörter dann mit Trennungsstrich.
Beispiel: *Pau la – Pau-la.*

Kobold, lieben, reden, Schlaufe, Zehe, Laken, zielen, Knoten

4 Notiere auch diese Wörter. Markiere die Konsonanten im Wortinnern und schreibe die Wörter dann mit Trennungsstrich.
Beispiel: *Kosten → Kos-ten.*

dulden, Wasser, springen, Zapfen, Strümpfe, bürsten, schnellstens

5 Überlege dir fünf Wörter mit mindestens drei Konsonanten im Wortinnern, wie zum Beispiel *Kämpfer* (kein *ck, ch* oder *sch*!). Diktiert euch die Wörter in Partnerarbeit und notiert sie mit der richtigen Trennung.

6 Sortiere die folgenden zweisilbigen Wörter nach ihrer Trennbarkeit in einer Tabelle in deinem Heft. Markiere bei den trennbaren Wörtern die Trennstelle und erkläre bei nicht trennbaren Wörtern in Stichworten, weshalb diese nicht getrennt werden dürfen.

Wortspeicher

~~Amsel~~ – ~~Ofen~~ – offen – Esel – Agent – Engel – unten – über – Euro – Insel – außen – Iris – ölig – Ärger

trennbare Wörter	nicht trennbare Wörter	Erklärung
Am-sel		
	Ofen	*einzelner Buchstabe darf nicht getrennt werden*

7 Schreibe die folgenden Wörter mit getrennten Silben in dein Heft. Markiere Konsonantenverbindungen, die nicht auseinandergerissen werden dürfen.

Wortspeicher

Sache – waschen – kochen – Drucker – Dusche – wachsen – Rücken – bisschen – Rutsche – knicksen

8 Gestaltet in der Klasse gemeinsam ein Silbenrätsel, in dem Tiere erraten werden müssen. Jeder formuliert jeweils Fragen zu drei Tieren. Das Lösungswort muss in richtiger Trennung notiert werden. Wählt Tiere, die bezeichnet werden durch …

- … zusammengesetzte Wörter *(Grünfink)* und einfache Zweisilber *(Hase)*.
- … Wörter mit zwei Konsonanten im Wortinnern *(Katze)*.
- … Wörter mit mehreren Konsonanten im Wortinnern *(Hamster)* sowie Wörter mit mehr als zwei Silben *(Chamäleon)*.
  Beispiel: *Welches riesige Tier kann mit seinem Rüssel trompeten? Ele – fant*

9 In einen Text für die Schülerzeitung, den Paula durchsehen soll, haben sich ein paar Trennungsfehler eingeschlichen. Übertrage die falsche Form in dein Heft, korrigiere sie und notiere dazu, welche Regel jeweils verletzt wurde.

Da der
let-
zte
Läuf-

er die
Zie-
llinie
erst

spät am
A-
bend
err-

eichte,
wur-
de
die Fe-

ier
auf
den
näch-

sten Tag
verschob
en.

12

Wohin mit dem Komma?

Satzzeichen richtig setzen

NACH DEM MITTAGESSEN FRAGT PAULAS MUTTER HAST DU VIELE HAUSAUFGABEN AUF ICH HABE DIE AUFGABEN SCHON IN DER SCHULE ERLEDIGT ANTWORTET PAULA DU KÖNNTEST MIR HIER BEIM SPÜLEN HELFEN DANACH KANNST DU EINE STUNDE AN MEINEN NEUEN COMPUTER DAS IST UNFAIR RUFT PHIL AUS DEM KINDERZIMMER ICH MÖCHTE AUCH MIT DEM NEUEN COMPUTER SPIELEN

1 Entwirf einen kleinen Comic zu der Szene. Trage die gesprochenen Teile des kurzen Texts in Sprechblasen ein.

2 Notiere die gesprochenen Sätze aus den Sprechblasen noch einmal in dein Heft. Ergänze mithilfe des Kastens die richtigen Satzzeichen.

Das musst du wissen

Zeichensetzung in wörtlicher Rede

Die **wörtliche Rede** wird von **Anführungszeichen** umschlossen. Das Verb, mit dem die wörtliche Rede eingeleitet wird *(sagen, fragen, meinen ...)*, kann vor, nach oder innerhalb der wörtlichen Rede stehen.

1) redeeinleitendes Verb – Doppelpunkt – wörtliche Rede in Anführungszeichen:
Paula sagt: „Ich habe jetzt Zeit."
Phil fragt: „Spielst du mit mir?"

2) wörtliche Rede – Komma – redeeinleitendes Verb:
„Ich habe jetzt Zeit", sagt Paula.
„Spielst du mit mir?", fragt Phil.

3) wörtliche Rede (Teil 1) – Komma – redeeinleitendes Verb – Komma – wörtliche Rede (Teil 2):
„Jetzt", sagt Paula, „habe ich Zeit."
„Dann", fragt Phil, „spielst du jetzt mit mir?"

3 Lasse Paula den folgenden Satz in allen drei im Kasten beschriebenen Varianten sagen.

Am liebsten würde ich den Computer sofort einschalten.

4 Schreibe den folgenden Dialog ab. Ergänze vor der wörtlichen Rede passende Verben und die fehlenden Satzzeichen.

Paula: Ich will jetzt endlich an den Computer – Phil: Wieso – Paula: Mama hat es mir versprochen – Phil: Aber ich will erst noch das Level fertig spielen – Paula: Mama – Mutter: Was gibt's – Paula: Phil ist schon ganz lange am Computer, aber du hattest mir versprochen, dass ich ihn nun benutzen darf

5 Setze nun auch bei der Fortsetzung des Gesprächs die Anführungszeichen an die richtige Stelle. Wähle auch das richtige Satzabschlusszeichen. Variiere die Stellung des Verbs, damit der Text abwechslungsreicher wird. Schreibe den kompletten Text auf.

Mutter: Wie lange spielst du denn schon, Phil
Phil: Seit zwei Uhr, glaube ich
Mutter: Okay, das ist deutlich länger als die abgemachte halbe Stunde
Phil: Aber ich bin fast am Ziel
Mutter: Tut mir leid, die Zeit ist um. Jetzt ist Paula dran

Das musst du wissen

Zeichensetzung bei Aufzählungen

Wenn gleichrangige Satzteile oder Sätze ohne *oder, bzw.* oder *und* miteinander verbunden werden, steht ein Komma: *Hunde, Katzen, Meerschweinchen sind beliebte Haustiere. Er kam, er sah, er siegte.*

6 Übertrage eine überarbeitete Version des folgenden Texts in dein Heft. Ersetze *und* und *oder* überall, wo es möglich ist, durch Kommas.

Paula unterhält sich mit Tarek und Jakob und Katharina darüber, ob ihre Eltern ihnen einen eigenen Computer oder einen Laptop oder einen Tablet-PC zur Verfügung stellen. „Meine Eltern erlauben mir das Nutzen gar nicht. Smartphones und Handys und Computer sind bei uns tabu." Jakob sagt, dass er es besser habe und dass er einen eigenen Computer in seinem Zimmer habe und dass er diesen jederzeit nutzen dürfe. „Ich darf surfen und mailen und chatten, so lange ich will." Scheinbar hat jede Familie eine andere Regelung. Tarek darf kaum am Computer arbeiten und bei Paula gibt es klare Absprachen und bei Jakob ist vieles erlaubt.

12

So kannst du Rechtschreiben selbstständig trainieren

Rechtschreibfehler selbst erkennen und vermeiden

Astrid Lindgren
Ronja Räubertochter

In der Nacht, als Ronja geboren wurde, rollte der Donner über die Berge, ja, es war eine Gewitternacht, dass sich selbst alle Unholde, die im Mattiswald hausten, erschrocken in ihre Höhlen und Schlupfwinkel verkrochen. Nur die wilden Druden liebten Gewitter mehr als jedes andere Wetter und flogen mit Geheul und Gekreisch um die Räuberburg auf dem Mattisberg. Das störte Lovis, die dort lag, um ein Kind zu gebären, und sie sagte zu Mattis: „Scheuch diese Grausedruden weg, damit es hier still ist, sonst höre ich nicht, was ich singe!"

Es war nämlich so, dass Lovis sang, als sie ihr Kind gebar. Es gehe dann leichter, behauptete sie, und wahrscheinlich werde das Kind auch von heiterer Natur, wenn es bei Gesang zur Welt kam. Mattis griff nach seiner Armbrust und schoss ein paar Pfeile durch die Schießscharte. „Trollt euch, ihr Wilddruden!", brüllte er. „Ich krieg heut Nacht doch ein Kind, begreift ihr das nicht, ihr Scheusale?"

1 Nutzt die beiden Textabschnitte als Partnerdiktate. Tauscht die Rollen nach dem ersten Textabschnitt. Korrigiert eure Texte gegenseitig.

2 Lies den von deinem Partner korrigierten Diktattext noch einmal durch und lege für jedes falsch geschriebene Wort eine Karteikarte an. Beachte dabei die folgenden Tipps.

Das musst du können

So übst du mit einer Fehlerkartei

Lege für jedes falsch geschriebene Wort eine Karteikarte an.
Schreibe das Lernwort auf die **Vorderseite** der Karteikarte. Notiere auf ihrer **Rückseite**

- bei **Verben** die Stammformen *(rollen, rollte, gerollt)*,
- bei **Nomen** den bestimmten Artikel und die Genitivform *(der Donner, des Donners)*,
- bei **Adjektiven** die Steigerungsformen *(wild – wilder – am wildesten)*.

Notiere auf der Rückseite außerdem **weitere Wörter aus der Wortfamilie** und **Beispielsätze**, in denen das Wort vorkommt. Markiere die schwierige Stelle.

Nutze die Karteikarte zum **Üben** der Lernwörter. Lies das Wort und die Beispielsätze einer Karte durch. Lege die Karte dann beiseite und schreibe das Wort aus dem Gedächtnis auf. Kontrolliere anschließend mit der Karte die Rechtschreibung.

Übe **täglich** mit **fünf Wörtern** aus dem Karteikasten. Wenn du die Wörter richtig geschrieben hast, ordne sie im Karteikasten hinten ein. Bei erneuten Fehlern wandert die Karte im Karteikasten ganz nach vorne.

Rechtschreibstrategien und -regeln kennen und anwenden

3 Sprecht über den Anfang des Jugendbuchs „Ronja Räubertochter“: Welche Figuren werden vorgestellt, in welcher Situation sind sie und welche Eigenschaften haben sie? Wie versucht der Buchanfang, das Interesse des Lesers zu wecken? Informiert euch über den Inhalt des Buchs. Lest auch die Zusammenfassung auf Seite 226.

4 Übertrage den folgenden Text in dein Heft und schließe das D.U. Lies den Text Korrektur und achte bewusst darauf, welche Techniken du anwendest, um auf mögliche Fehler zu stoßen. Notiere deine persönliche Korrekturtechnik.

„Hoho, er kriegt heut Nacht ein Kind!“, heulten die Wilddruden. „Wohl ein Gewitterkind, klein und hässlich fürwahr, hoho!“ Da schoss Mattis noch einmal mitten in die Schar, aber sie hohnlachten nur über ihn und flogen mit wütendem Gekreisch über die Baumwipfel davon.

So liest du deine Texte Korrektur

Das musst du können

Um Schreibfehler zu entdecken, ist es hilfreich, alle geschriebenen Texte noch einmal Korrektur zu lesen.

- Du kannst deine Texte **sofort nach dem Schreiben** noch einmal in Ruhe und Wort für Wort lesen. Achte dabei nicht so sehr auf den Sinn und den Inhalt des Geschriebenen, sondern schaue dir jedes Wort als einzelnes Wort an.
- Noch ergiebiger ist es, einen Text **mit zeitlichem Abstand** – möglichst am nächsten Tag - noch einmal zu lesen. Am besten liest du den Text mindestens zweimal. Achte zunächst auf den Inhalt und den Sinn des Geschriebenen, dann auf die Rechtschreibung.
- Auch das **Rückwärtslesen** eines Texts kann beim Entdecken von Schreibfehlern helfen. Lies den Text Wort für Wort von hinten nach vorn. So achtest du zwangsläufig auf die Schreibung.

5 Lies die rückwärts notierten Sätze und notiere die falsch geschriebenen Wörter in korrigierter Schreibung in dein Heft.

ACHTUNG FEHLER!

würde geschehen Turmzimer im oben da was, darauf nur warteten Räuber zwöf Alle.
worden gebohren Kind ein nieh noch hir wahr Mattisburg der auf Reuberleben ganzen ihrem in Denn.
Sinnen von gans Freude vor war und hereingestürtzt kam Mattis.

12

Hilfsmittel sind erlaubt!

Ein Rechtschreibwörterbuch und die Korrekturhilfe am Computer nutzen

Das Kinderbuch *Ronja Räubertochter* wurde von der bekannten schwedischen Autorin Astrid Lindgren verfasst und ist 1981 erschienen. Die **Illustrationen** der Erstausgabe stammen von Ilon Wikland. Das Buch ist noch heute sehr **populär**.

Ronja, die Tochter des Räuberhauptmanns Mattis und seiner Frau Lovis, wächst auf der Mattisburg auf. Obwohl sich ihre Eltern **befehden**, freunden sich Ronja und Birk Borkason, dessen Vater ebenfalls ein Räuberhauptmann ist, an. Die Borkaräuber leben in der Borkafeste – einem Teil der Mattisburg, der durch einen Blitzeinschlag vom restlichen Teil des Gebäudes getrennt wurde. Als Mattis Birk gefangen nimmt und Ronja sich deshalb freiwillig in die Hände Borkas begibt, **eskaliert** der Konflikt.

1 Kennt ihr andere Werke der Autorin Astrid Lindgren? Tauscht euch dazu aus.

2 Erkläre, warum die fett gedruckten Wörter vielen Schreibern Schwierigkeiten bereiten.

3 Suche die markierten Wörter in einem Rechtschreibwörterbuch. Neben der Schreibung und Bedeutung werden weitere Informationen geliefert. Notiere zu mindestens zwei dieser Wörter Fragen, die durch den Wörterbucheintrag beantwortet werden. Beantworte die Fragen auch.
Beispiel: Illustration – *Wie wird* Illustration *getrennt?*
Welcher Artikel steht vor Illustration?

Das musst du können

So arbeitest du mit einem Wörterbuch

Wenn du dir bei der Schreibung eines Worts unsicher bist, kannst du dich mit einem Rechtschreibwörterbuch absichern. Hier findest du die Wörter in alphabetischer Reihenfolge abgedruckt (die Umlaute *ä, ö* und *ü* werden wie *a, o* und *u* behandelt). Neben der richtigen Schreibweise bekommst du folgende weitere Informationen:

po|pu|lär ‹lat.› (volkstümlich; beliebt; gemeinverständlich)
po|pu|la|ri|sie|ren (gemeinverständlich darstellen; in die Öffentlichkeit bringen);
Po|pu|la|ri|sie|rung
Po|pu|la|ri|tät, die; – (Volkstümlichkeit, Beliebtheit

- Wort aus dem Lateinischen (Herkunft)
- Angabe der Bedeutung bei Fremdwörtern oder selten gebrauchten Wörtern
- Angabe aller möglichen Trennungen
- bei Nomen gibt der Artikel das Genus an
- der erste – bedeutet, dass das Wort im Genitiv keine Endung hat; das Fehlen eines zweiten Strichs bedeutet, dass das Wort nicht im Plural vorkommt

4 Reagiere auf die Aussagen der Schüler während der Suche im Wörterbuch. Erkläre die Probleme und formuliere Tipps zu ihrer Lösung.

„Das Wort *Mattisburg* finde ich nicht!“

„*Forstellung* muss doch drinstehen. Ich finde das Wort nicht.“

„*Eltern* oder *Ältern*? – Im Wörterbuch steht *älter*, also mit *ä*.“

5 Jakob hat die Zusammenfassung von „Ronja Räubertochter“ am Computer fortgesetzt. Notiere, welche Arten von Fehlern der Computer markiert hat. Schreibe den Text mit korrigierter Schreibung noch einmal ab.

ACHTUNG FEHLER!

Weil der Streit zwischen den beiden Fahmilien immer häftiger wird, ziehen Ronja und Birke gemeinsam in die Beerenhöhle im Wald. Der Räuberhauptmann Mattis bekomt daraufhin eine solche sehnsucht nach seiner Tochter, dass er doch mit mit seinem Feind in der Borkafeste Kontackt aufnmmt, um die Kinder wieder nach Hause zu holen. Mattis möchte, dass Ronja auch eine Räubrein wird. Aber sie will einen anderen Weg gehen.

So überprüfst du die richtige Schreibung am Computer

So nutzt du digitale Medien

Die Funktion zur Überprüfung der Rechtschreibung hilft dir beim Finden von Rechtschreib- und Tippfehlern.

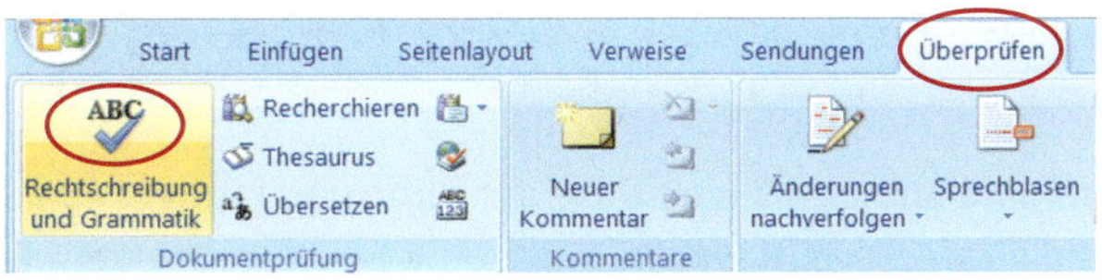

Markiere den Textabschnitt, den du überprüfen möchtest, und wähle unter Überprüfen die Funktion Rechtschreibung und Grammatik.

Viele Programme sind auch so eingestellt, dass Rechtschreibfehler direkt im Text angzeigt - verbessert: angezeigt - werden.

6 Die Tippfehler bei *Birke* und *Beerenhöhle* hat der Computer nicht erkannt, dafür hat er das richtig geschriebene Wort *Borkafeste* markiert. Erkläre die Ursachen dieser Pannen.

- Setze die Sätze fort: Birke markiert er nicht, weil … – Beerenhöhle markiert er nicht, weil … – Borkafeste markiert er, weil …
- Notiere zu den Beispielen jeweils die Erklärungen der falschen oder fehlenden Markierungen. Ergänze je zwei weitere mögliche Beispiele.
- Entwirf ein Übersichtsplakat zum Thema *Nutzung der Rechtschreibüberprüfung am Computer.*

12

Was DU schon kannst!

Kompetenztest

Rechtschreibtipps und -strategien anwenden

1 Notiere die Zahlen und Buchstaben der zusammengehörenden Textteile.

1) Eine deutliche Aussprache hilft dir dabei,
2) Um Merkwörter richtig zu schreiben,
3) Wenn du ein Wort verlängerst oder ein verwandtes Wort suchst,

a) findest du mit der richtigen Regel auch die richtige Schreibung eines sogenannten Nachdenkworts.
b) jeden Laut eines Mitsprechworts zu hören.
c) kannst du die Schreibung in einem Wörterbuch nachschauen.

Rechtschreibprinzipien anwenden

2 Die markierten Wörter der folgenden Sätze sind falsch geschrieben. Schreibe die korrekte Form auf und begründe deine Schreibung schriftlich.

> An einem morgen im Herbst war es wunderbar sonnich.
> Das Laup der Beume läuchtete in allen Farben.

In einem Rechtschreibwörterbuch nachschlagen

3 Im Wörterbuch findest du folgenden Eintrag:
Fu|tur, das; -s, -e Plur. selten ‹lat.› (Sprachwiss. Zukunft)

Nenne und erkläre alle Informationen, die du diesem Artikel entnehmen kannst.

Gedehnte Vokale richtig schreiben

4 Notiere die Wörter mit den Lücken richtig in dein Heft. Entscheide, ob der Vokal durch eine Verdopplung, ein *e* oder ein *h* verlängert oder als einfacher Vokal geschrieben wird.

> Ein Gartenteich ist eine Oase der Ruhe und lädt ein zum Entspannen, Beobachten und Entdecken: Hi…r öffnet eine Se…rose gerade ihre Blü…ten, dort wi…gen sich die Ro…rkolben im Wind und di… Sonne lässt das Wasser ma…gisch funkeln. Frösche qua…ken und die Libellen warten darauf, dass ihre Flü…gel trocknen. Es gibt nichts Schö…neres, als auf das spi…gelnde Wasser vom Gartenteich zu blicken, sich an den Blü…ten zu erfreuen und dem leisen Glucksen eines Wasserspi…les zu lauschen.

Geschärfte Vokale richtig schreiben

5 Lies den Text in Ruhe durch. Schreibe ihn anschließend ab und achte auf die korrekte Schreibung der im Text als Variante angegebenen Wörter.

> Kaum hat das neue Jahr begonnen/begonen, sind auch die Handbaler/Handballer schon wieder aktiv. Am Wochenende spielt die Manschaft/Mannschaft des örtlichen Vereins in zwei Qualifikationsturnieren ihre Teilnehmer am Kreis-Pokal aus, der bei den Junioren in der kommenden/komenden Saison in der altbekannten/altbekanten Form ausgetragen wird. Den/Denn nur die beiden Finalisten dürfen dann bei der Kreismeisterschaft im Sommer/Somer mittspielen/mitspielen.

Rechtschreibstrategien und -regeln kennen und anwenden

6 Im folgenden Text sind alle Wörter kleingeschrieben, obwohl manche nach den Regeln großgeschrieben werden müssen. Schreibe den Text korrekt ab. Wähle fünf der nun großgeschriebenen Wörter und erläutere, warum sie jeweils großgeschrieben werden.

Regeln der Großschreibung beachten

> zusammen mit seinen eltern will sich tarek in der bücherei über ratten informieren. er wünscht sich ein eigenes tier zum schmusen, aber auch zum herumtollen. am schönsten ist für ihn die vorstellung, das tier unbemerkt in die schule zu schmuggeln und die lehrer zu verblüffen.

7 Übertrage die folgenden Wörter in dein Heft und markiere dabei die stimmlosen *s* rot und die stimmhaften blau.

Stimmhaftes und stimmloses *s* unterscheiden

> Wesen, stoßen, mies, Senke, fassen, südlich, als, Rose, Füße, Blase, vermissen

8 Schreibe den Text ab und fülle die Lücken mit *s, ss* oder *ß*.

Regeln zur s-Schreibung anwenden

> An den mei__ten Tieren hat Tarek etwa__ au__zusetzen: Hunde findet er zu bei__freudig, Katzen zu lei__e, Vögel zu flatterhaft, Ha__en zu äng__tlich. Tarek i__t der Meinung, eine Ratte hat gerade die richtige Grö__e, i__t kein zu teure__ Futter und lä__t sich überallhin mitnehmen.

9 Schreibe den Text ab und setze in die Lücken *das* bzw. *dass* ein:

Regeln zur *das/dass*-Schreibung anwenden

> Die Ratte ist _____ ideale Haustier für Menschen, die _____ Besondere wünschen – und sich nicht viele Gedanken darüber machen, _____ Vorhänge zerfetzt werden können oder _____ Geschirr zu Bruch gehen könnte. Denn all _____ gehört dazu, wenn man sich entschieden hat, _____ _____ Leben mit Ratte schöner ist als ohne.

10 Markiere in den folgenden Wörtern alle Trennmöglichkeiten:

Wörter richtig trennen

> segeln, tausend, Kasten, Bagger, Büchertasche, Trennungen, Bezirksliga, Zehnkämpfer

11 Schreibe den folgenden Text ab und setze dabei die fehlenden Satzzeichen ein. Achte insbesondere auf die wörtliche Rede.

Satzzeichen richtig setzen

> Warum muss es unbedingt eine Ratte sein? will Paula wissen. Ach, weißt du entgegnet Tarek die sind einfach so putzig witzig unterhaltsam und mit ihnen wird es nie langweilig. Paula meint Ich finde, ihr habt schon so genug Trubel zu Hause.

EIN SCHREIB-PROJEKT

It's magic!

Wir erstellen unser Zaubergeschichtenbuch

1 Sprecht über die drei Bilder. Klärt dabei, was genau gezeigt wird und was daran bemerkenswert ist.

2 Erfinde Zaubersprüche, mit denen du die Situation des Bilds jeweils heraufbeschwören kannst.

3 Stelle dir vor, du bist die Wurst aus dem dritten Bild, der Reiter auf dem zweiten Bild oder ein Bewohner eines Hauses auf dem ersten Bild. Erzähle von deinen Erlebnissen.

4 Sammelt Ideen für weitere Gemälde oder Fotos dieser Art.

Im Verlauf dieses Kapitels soll ein Klassenbuch mit Fantasiegeschichten entstehen. Dabei lernst, wiederholst und trainierst du, ...

... fantastische Ideen zu entwickeln und zu sammeln,
... einen Text sinnvoll zu planen,
... eine Geschichte gekonnt zu formulieren,
... Texte zu überarbeiten und zu verbessern,
... den Computer zum Schreiben zu nutzen,
... verschiedene einzelne Ergebnisse zu einem gemeinsamen Ergebnis zusammenzutragen.

13

Was soll ich nur schreiben?

Schreibanlässe erfassen und Ideen für das Schreibprojekt entwickeln

Carl Spitteler
Der Zauberer und der Frosch

Nachdenklich schritt ein Zaubrer auf und ab:
„Was nützt denn sonst ein Zauberstab?
Es gilt ja bloß zu wünschen, nur zu handeln;
In einen Engel will ich diesen Frosch verwandeln."

Er schwang den Stock, rief „Abrada",
Und fertig stand der Engel da.
Himmlisch und hehr, beschwingt mit Flügeln,
Und länger konnt er seine Leidenschaft nicht zügeln.

[…]

1 Wie könnte das Gedicht „Der Zauberer und der Frosch" ausgehen? Notiere deine Ideen stichpunktartig.

2 Schreibe nun die Geschichte aus Sicht des Zauberers weiter. Nutze den folgenden Anfang, erzähle von der Verzauberung und einem weiteren Ereignis. Runde die Erzählung auch ab.

Jetzt habe ich so einen schönen Teich im Garten. Aber ich kann ihn gar nicht genießen, weil den ganzen Tag dieser Frosch quakt. Mir reicht es jetzt. Ich verwandle den Frosch in einen Engel, denn einen Schutzengel kann man immer gebrauchen. Das ist mir auch gut gelungen. Aber warum schaut mein Engel denn dieser Fliege so interessiert hinterher? ...

3 Im Laufe des Schreibprojekts soll ein Buch mit euren Zaubergeschichten entstehen. Auch hier könnte bei der Verzauberung eines Gegenstands oder eines Lebewesens etwas schiefgehen. Führt in Kleingruppen ein Brainstorming mit Ideen für eine solche Zaubergeschichte durch.

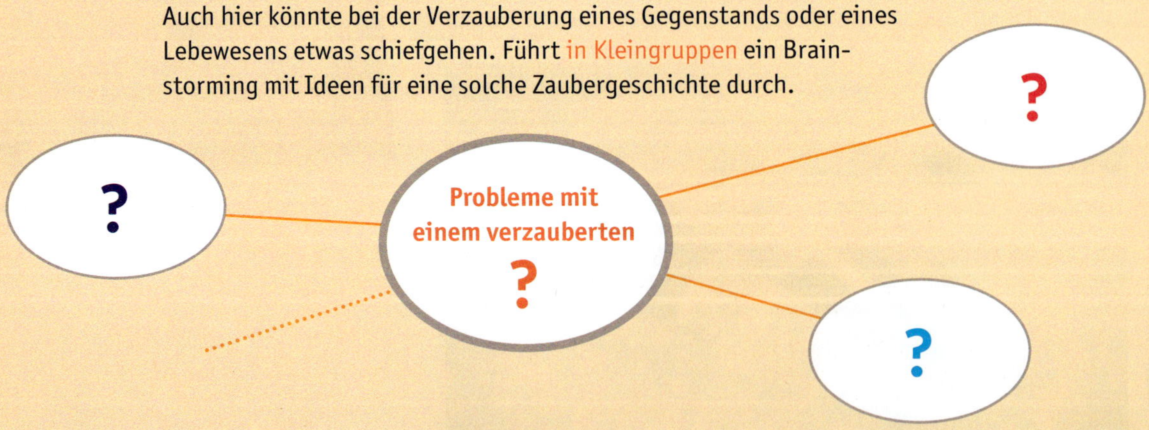

4 In fantastischen Geschichten haben die Figuren oftmals „sprechende Namen", die dem Leser etwas über ihr Aussehen oder ihre Charaktereigenschaften verraten.
Notiere zu den vier abgebildeten Figuren mögliche „sprechende Namen".

5 Erfinde für deine Fantasiegeschichte eine Figur mit „sprechendem Namen".

- Erstelle zu deiner Figur einen Steckbrief.
- Verfasse einen kurzen Text, in dem sich deine Figur selbst beschreibt.
- Schreibe einen kurzen Brief an einen guten Freund, in dem du ihm von der Begegnung mit deiner Figur erzählst.

6 Besprecht in Kleingruppen die Bedeutung der Kriterien in der Tabelle für das Schreiben einer Fantasiegeschichte. Notiert die Ergebnisse eurer Diskussion und bereitet euch auf deren Begründung vor.

Kriterium	gar nicht wichtig	teilweise wichtig	sehr wichtig
1) Der Schreiber wählt das Thema selbst.			
2) Der Text ist spannend.			
3) Der Text nutzt nur sachliche Sprache.			
4) Der Text muss logisch sein.			
5) Der Text folgt einem bestimmten Aufbau.			
6) Menschen müssen vorkommen.			
7) Sprachbilder dürfen verwendet werden.			
8) Es können lustige Passagen vorkommen.			
9) Tiere und Gegenstände benehmen sich wie Menschen.			
10) Der Text enthält wörtliche Reden.			

13

Hast du einen (Schreib-)Plan?

Das Schreiben von Geschichten planen

Ludmillas lustiger Lollitag

Ludmilla Lutschlolli bezahlte und stieg die Stufen vom Lolli-Laden hinab. Die letzten Münzen steckte sie in ihren Geldbeutel. Der Geldbeutel war sehr schön. Sie hatte ihn von ihrer Tante Jasmina vor zwei Jahren geschenkt bekommen. Ihre Tante lebte seit einiger Zeit in Hamburg. Hamburg liegt an der Elbe. Wie jeden Samstagmorgen freute sich Ludmilla auch diesmal auf ihren Lolli. Doch aß sie ihn heute nicht auf. Heute wollte sie den Zauberspruch ausprobieren, den sie neulich in einem Buch gelesen hatte. Voller Vorfreude packte sie den Lolli knisternd aus dem glänzenden Papier und murmelte ...

1 Du bist in der Auswahlkommission bei einem Geschichtenwettbewerb. Formuliere eine kurze Beurteilung, in der du auf Gelungenes und weniger Gelungenes dieses Erzählanfangs eingehst. Achte dabei auch auf folgende Merkmale einer guten Einleitung zu einer spannenden Geschichte:

spannend	klar	unterhaltsam	anschaulich	lebendig	macht neugierig

2 Überarbeite den vorgegebenen Textanfang, sodass er deinen Erwartungen an einen guten Beginn einer Geschichte entspricht.

3 Im weiteren Verlauf der Geschichte um Ludmilla Lutschlolli spielen nachfolgende Textteile eine Rolle. Stelle den Spannungsverlauf der Geschichte in Form einer Erzähltreppe auf einem DIN-A4-Blatt dar (Querformat!). Beschrifte die einzelnen Stufen deiner Treppe mit den Begriffen aus den blauen Kästen. Ordne die Erzählteile aus den lila Kästchen richtig zu.

„Lilalutsch, der Lolli ist futsch! Stattdessen: was Ungeheu'res – mal was Neues!"	*Woher kam denn dieser Lärm? Erstaunt lauschte Ludmilla in alle Richtungen.*	*Da hatte sich im Schaufenster doch etwas bewegt. Neugierig blickte Ludmilla durch die Scheibe.*	*„Und jetzt alle im Chor!", feuerte der Lolli seine Freunde zum großen Lolli-Konzert an.*	*Da war alles vorbei.*

2. Sinneswahrnehmung: intensiveres Gefühl

Höhepunkt: besonders lebendig

Schluss: evtl. mit 2. Zauberspruch

1. Sinneswahrnehmung: Gefühl

Einleitung: hier mit 1. Zauberspruch

4 In Aufgabe 3 wird der Hauptteil um Ludmilla Lutschlolli mit der Schilderung einer Geräuschwahrnehmung *(Woher kam denn dieser Lärm?)* eingeleitet. Fomuliere entsprechend Ludmillas mögliche erste Reaktionen, wenn sie
(1) einen Geruch wahrnimmt,
(2) etwas Außergewöhnliches sieht oder
(3) plötzlich auf etwas Ungewöhnliches stößt.

So planst du das Schreiben einer Geschichte

Das musst du können

Bei der Schreibplanung kannst du dich an **Schreibmustern** orientieren. Für deine Fantasiegeschichte bietet sich eine Erzähltreppe an:

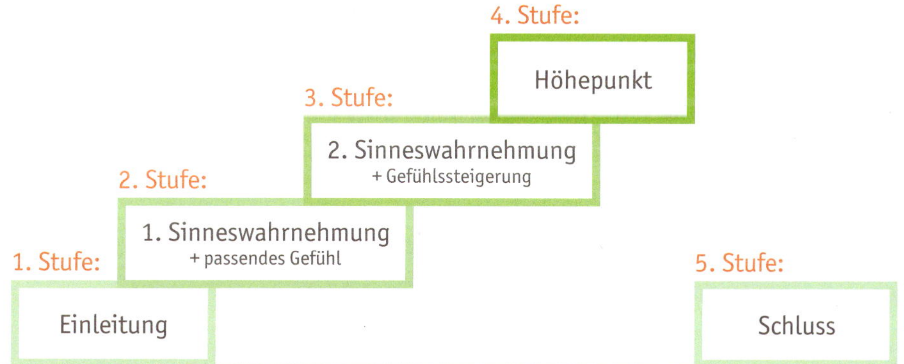

So gestaltest du die Erzählstufen 2 bis 4:

- Die **Sinneswahrnehmung** kann ein Geräusch sein, ein Geruch oder etwas, das du plötzlich siehst.
- Schildere anschaulich deine **Gefühle**, z. B. Überraschung, Angst, Freude, Neugier usw., mit denen du auf die Sinneswahrnehmung reagierst.
- Gestalte den **Höhepunkt** mit passenden Wörtern besonders lebendig.

5 Der Schluss sollte eine Geschichte sinnvoll und knapp abrunden, ohne einen erneuten Höhepunkt zu enthalten. Sammle Stichpunkte, wie Ludmillas Erlebnis zu Ende gehen könnte, indem du dir …

- … ein „happy end“ überlegst, bei dem alle Beteiligten zufrieden sein können.
- … ein Ende überlegst, bei dem alle Beteiligten gerade noch einmal Glück gehabt haben.
- … ein offenes Ende überlegst, bei dem Ludmilla noch eine Frage im Kopf herumschwirrt.

6 Plane nun mithilfe einer Skizze deine eigene Geschichte mit dem Titel „Verzauberter Alltag“. Greife dafür auf das Schreibmuster der Erzähltreppe zurück.

13

Es soll sich ja auch gut anhören

Geschichten gekonnt formulieren

Das konnte doch nicht wahr sein: Winni Wetters Zauberspruch funktionierte einfach nicht. Winni wollte nur noch nach Hause. „Bis dann!“, brummte er zum Abschied. Verärgert und enttäuscht verließ er mit dem Rucksack in der Hand den Zauberclub. Er stapfte wütend am kleinen Bach entlang und marschierte traurig durch die Wiese. Vom grauen Himmel fielen die schweren Tropfen. „Wieso klappt es nur nicht?“, schimpfte er unzufrieden vor sich hin. Er rannte los, lief über die Felder und flitzte blitzschnell durch den Regen.

1 Dieser Text handelt von Winni Wetters Zauberversuch. Sammle in einer Liste alle Synonyme, also fast bedeutungsgleiche Wörter (→ S. 159), für die Begriffe *gehen* und *sagen* aus der Geschichte. Ergänze sie mit deinen eigenen Ideen.

2 Übertrage die untenstehenden Fieberthermometer in dein Heft und ordne die gefundenen Wörter an entsprechender Stelle zu.

für *gehen*	für *sagen*
schnell: …	laut, heftig: …
normal: …	normal: …
langsam: …	leise, sanft: …

3 Gefühle spielen in den Zaubergeschichten immer wieder eine wichtige Rolle. Erstelle eine Mind-Map zum Wortfeld (→ S. 163) *Gefühle* aus den Adjektiven im Text. Nimm die Vorgabe als Hilfe und fülle sie mit weiteren Ideen auf.

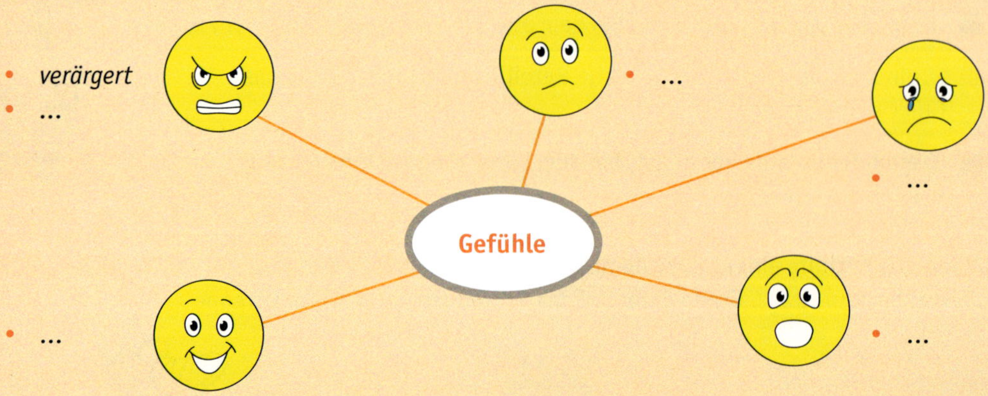

4 Konstruiere bildhafte Beschreibungen für die Nomen in der ersten Tabellenspalte. Notiere die Formulierungen in dein Heft.
Beispiel: *der bleischwere Rucksack*

~~Rucksack:~~	blei	schief
Häuschen:	ur	schwer
Zauberclub:	wind	alt
Bach:	klitze	grün
Wiese:	gras	grau
Himmel:	maus	scharf
Tropfen:	messer	klein
Felder:	kilometer	kalt
Regen:	eis	lang

5 „Er rannte los … und flitzte blitzschnell durch den Regen.“ Oftmals musst du in einer Geschichte eine solche Situation noch genauer beschreiben. Dafür brauchst du anschauliche und aussagekräftige Wörter. Sammelt in Kleingruppen für jeden der begonnen Zweige der Mind-Map weitere Wörter.

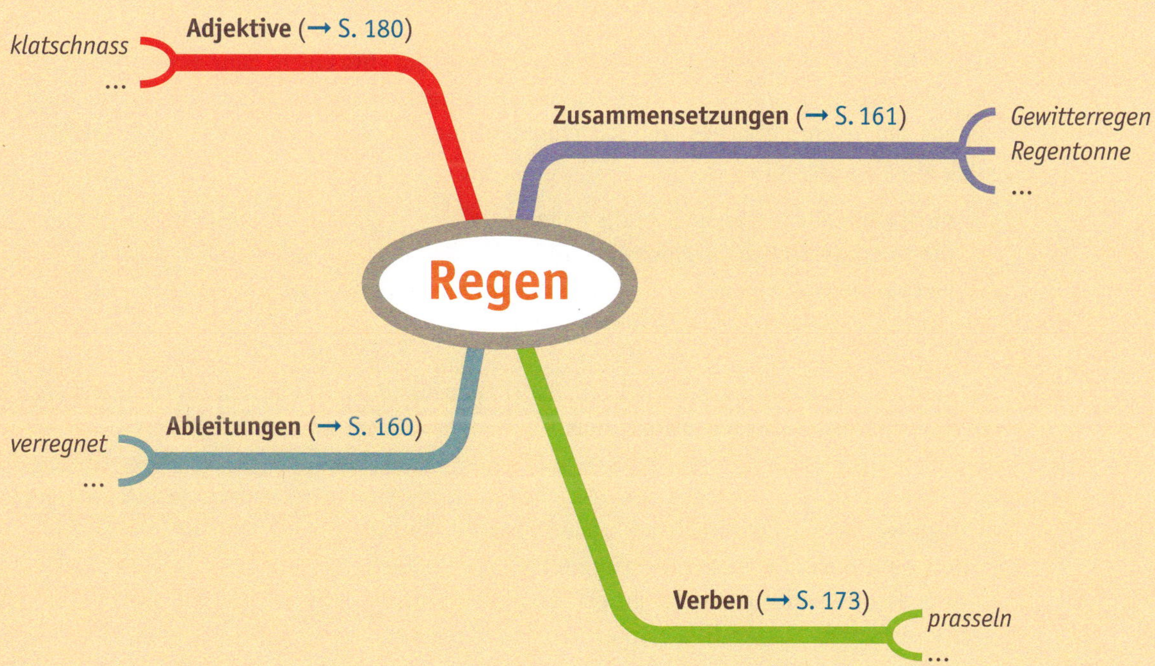

6 Notiere die Redewendungen, die durch die Bilder dargestellt werden.

7 Manchmal werden Redewendungen auch verwendet, um etwas nicht ganz direkt sagen zu müssen. Findet in Partnerarbeit die eigentliche Bedeutung der folgenden Redewendungen heraus und beschreibt in wenigen Stichpunkten eine Erzählsituation, in der die Formulierung jeweils geeignet wäre.

1) nicht mehr alle Tassen im Schrank haben
2) hinter schwedischen Gardinen sitzen
3) viel um die Ohren haben
4) jemandem ein Dorn im Auge sein

8 Vervollständige den Lexikonartikel zum Begriff *Redewendung*. Greife dabei auf mindestens eines der dargestellten Beispiele zurück.

Redewendung: Ein Ausdruck in der Sprache, durch den eine besondere Wirkung erzielt werden kann. Eine Redewendung macht einen Text ..., indem ... Erkennbar ist das zum Beispiel bei den Redewendungen ... und ...

9 Winni Wetters Ausdrucksweise unterscheidet sich deutlich von derjenigen seiner Freundin Erna Etepetete. Erzähle den Anfang der Geschichte von Seite 236 noch einmal in Winni Wetters und in Erna Etepetetes Worten. Nutze die beiden Textanfänge.

„Ich war voll sauer und wollte einfach nur heim …“

„Der gute Winfried war nun recht verärgert und eilte umgehend nach Hause …“

ACHTUNG FEHLER!

Es hatte lange gedauert, bis Winnis Zauberspruch funktionierte. Aber irgendwann hatte er es tatsächlich geschafft und es hörte auf zu regnen. Nun wollte Winni wirklich heim. Auf dem Weg aber war ihn nicht klar, sodass er die Abzweigung verfehlte. Er rannte schlichtweg an ihm vorbei. Er bemerkte es, indem er mitten in einer Einfahrt den Tretroller seiner Freundin Luise erblickte. „Jetzt bin ich falsch!“, fiel es ihm siedend heiß ein. Es blieb ihm nichts anderes übrig, als schnellstens umzudrehen. So machte er später kehrt und war endlich auf dem Weg nach Hause.

10 In diesem Text stimmen die grammatischen Beziehungen nicht. Korrigiere sie, indem du

- den Text mit verbesserten Pronomen, Adverbien und Konjunktionen abschreibst.
- eine zweispaltige Tabelle erstellst, in welcher du die falsch verwendeten Wörter in der Reihenfolge ihres Auftretens sammelst und ihnen verbesserte Formen gegenüberstellst.
- eine zweispaltige Tabelle erstellst, in welcher du die falsch verwendeten Wörter in der Reihenfolge ihres Auftretens sammelst und ihnen verbesserte Formen gegenüberstellst. Kennzeichne dabei alle Pronomen durch ein P, alle Adverbien durch ein A und alle Konjunktionen durch ein K.

11 Verfasse nun deine eigene, auf Seite 235 geplante Geschichte zum Thema *Verzauberter Alltag*. Berücksichtige die Hinweise aus diesem Teilkapitel.

13

Schreibassistent Computer

Den Computer zum Schreiben und Überarbeiten nutzen

1 Jetzt müssen eure Geschichten getippt werden. Dabei kann allerdings einiges schiefgehen, wie das Beispiel zeigt. Sammelt auf einem Plakat, das ihr anschließend im Klassenzimmer aufhängt, Hinweise zur richtigen Gestaltung einer Textseite mit dem Computer.

ACHTUNG FEHLER!

Der verzauberte Stift

„Oh, nein!“, stöhnte ich, denn ich hatte völlig vergessen, für den Englischtest zu lernen. Aber zum Glück hatte ich mich stattdessen das ganze Wochenende über im Zaubern geübt. Unauffällig holte ich meinen Zauberstab und meinen Füller aus dem Federmäppchen. Ich ließ den Zauberstab über dem Füller kreisen und murmelte folgenden Zauberspruch: „Füller, Füller, das wird der Knüller. Du kannst schreiben gar allein, mach der Englischarbeit Beine!“

Sofort verfasste mein Füller einen Text in astreinem Englisch. Zufrieden las ich mir noch einmal durch, was der Füller geschrieben hatte. „Oh, nein!“, stöhnte ich zum zweiten Mal. Der Füller hatte auf Englisch immer wieder den gleichen Satz hingeschrieben: „Margit hat nicht gelernt und ich habe keine Lust, ihr zu helfen!“

So nutzt du digitale Medien

So gestaltest du deine Textseite am Computer übersichtlich

Damit eine Textseite übersichtlich ist, müssen links und rechts ausreichend große **Seitenränder** eingehalten werden und die **Schrift** muss gut lesbar sein.

Stelle hierzu unter **Seitenlayout / Seitenränder rechts** mindestens 2 ein. Da ihr eure Geschichten später binden wollt, solltet ihr **links** einen größeren Rand von mindestens 2,5 eingeben. Die Werte 4,5 **(oben)** und 4 **(unten)** ergeben eine optisch schöne Seite.

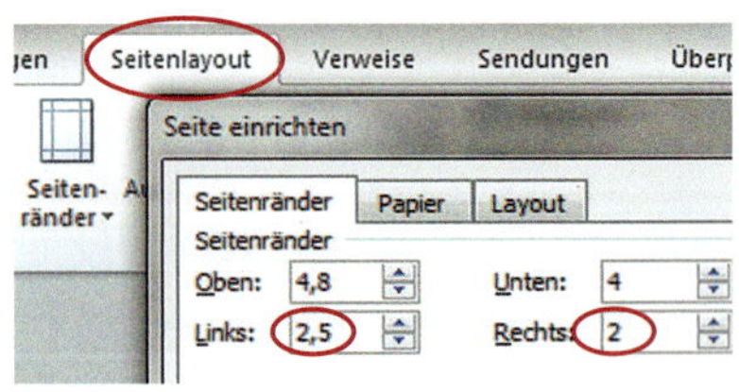

Markiere den ganzen Text und stelle eine einheitliche Schrift ein. Gut lesbare **Schriftarten** sind zum Beispiel *Times New Roman* oder *Calibri*.

Stelle anschließend eine einheitliche **Schriftgröße** ein. Die Schriftgrößen 11 und 12 sind ideal. So passt viel Text auf eine Seite, du brauchst aber keine Lupe zum Lesen.

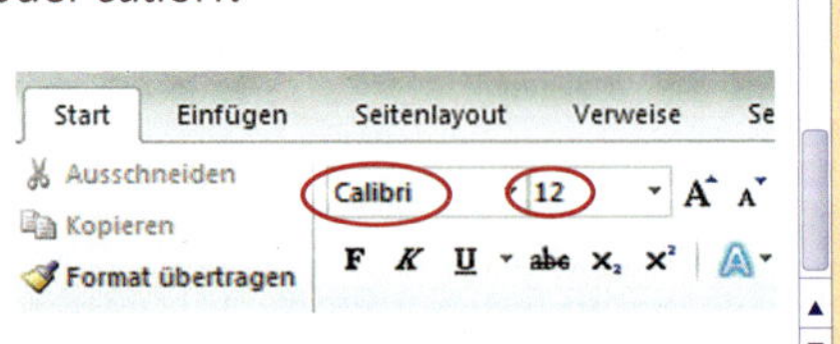

Wütend schaute ich Frau Kleinert, meiner Deutschlehrerin, hinterher. Frau Kleinert hatte uns gerade unsere Kurzarbeit zurückgegeben. Nur weil meine Deutschlehrerin mich nicht mochte, hatte ich eine schlechte Note bekommen. Die schlechte Note wollte ich nicht auf mir sitzen lassen. Nachdem meine Klassenkameraden das Zimmer verlassen hatten, murmelte ich wütend einen Zauberspruch. Frau Kleinert schrumpfte augenblicklich auf die Größe eines Bleistifts.

Danach steckte ich die Deutschlehrerin in meine Tasche. Ich wollte sie bis zur nächsten Deutschstunde ein bisschen schmoren lassen. Doch als ich diese wieder vergrößern wollte, war die Lehrerin aus der Tasche verschwunden. Damit meine Klassenkameraden nicht bemerkten, dass ich die Lehrerin geschrumpft hatte, erzählte ich der Klasse, wir sollten in der Deutschstunde die Wortarten wiederholen.

Nach der Deutschstunde stand Frau Kleinert plötzlich lächelnd auf dem Pult. Ich vergrößerte sie wieder und sagte, es tue mir leid. Ich war nicht mehr wütend, denn ich hatte begriffen, dass ich die schlechte Note nur bekommen hatte, weil ich die Wortarten nicht gelernt hatte.

2 Leider enthält der ansonsten schöne Text zu viele Wortwiederholungen. Je nach deinen technischen Möglichkeiten kannst du eigene Alternativen formulieren, ein Synonymwörterbuch nutzen oder mithilfe des Computers nach passenden Synonymen suchen.

So nutzt du digitale Medien

So nutzt du die Synonym- bzw. Thesaurusfunktion

Viele Textverarbeitungsprogramme bieten dem Nutzer eine Wortsammlung (gr./lat. *Thesaurus*), die dir bei der Suche nach anderen Formulierungen mit (fast) gleicher Bedeutung (gr. *Synonyme*) helfen kann.

So gibt der Thesaurus für das Wort *Pult* zum Beispiel folgende Synonyme an: *Katheder, Gestell, Kanzel, Schreibpult, Bank, Tisch, Platz, Schreibtisch, Schreibfläche.*

Markiere das Wort, zu dem du eine andere Formulierung suchst, und wähle unter Überprüfen die Funktion Thesaurus.

Die Synonyme werden dir angezeigt.

3 Nicht immer passen alle genannten Synonyme in deinen Text. Überprüfe, welche der im Kasten für *Pult* genannten Synonyme im Text oben in Zeile 12 auch verwendet werden können, und begründe deine Auswahl.

4 Gib deine Geschichte nun in ein Textverarbeitungsprogramm ein. Wende hierbei die Hinweise zur übersichtlichen Gestaltung einer Textseite sowie die Thesaurusfunktion an.

13

Unser Zaubergeschichtenbuch

Der Projektfahrplan

Folgt dem fliegenden Bus, um eure eigenen Zaubergeschichten zu schreiben und daraus ein Buch zu machen.

Wolkenstation 1: Wir legen die Themen für unsere Zaubergeschichten fest.
Erstellt eine Liste mit den Themen eurer Zaubergeschichten. Hierzu könnt ihr auf eure Ideen aus dem Kapitel „Was soll ich nur schreiben?" zurückgreifen. Achtet darauf, dass jede Geschichte ein anderes Thema hat, sonst wird es für eure Leser schnell langweilig.

Wolkenstation 2: Wir planen und schreiben unsere Zaubergeschichten.
Plane nun deine eigene Zaubergeschichte, indem du eine Erzähltreppe erstellst. Anschließend formulierst du die Erzählung aus. Das Kapitel „Es soll sich ja auch gut anhören" hilft dir dabei, deine Geschichte anschaulich und spannend zu gestalten.

Wolkenstation 3: Wir überarbeiten unsere Zaubergeschichten.
Untersuche als Spannungsexperte die Zaubergeschichte deines Banknachbarn auf die folgenden Spannungselemente:

- Werden spannungssteigernde Wörter wie *einsam* oder *furchtbar* benutzt? Verwende hierfür einen roten Expertenstift.
- Enthält die Geschichte wörtliche Reden? Verwende hierfür einen grünen Expertenstift.
- Wird die Stimmung treffend beschrieben? Verwende hierfür einen blauen Expertenstift.

An Stellen, wo deiner Meinung nach ein Spannungselement fehlt, machst du am Rand mit dem entsprechenden Expertenstift ein ☹. Notiere außerdem mit den Expertenstiften Tipps, wie die Spannung in der Geschichte gesteigert werden kann.

Wolkenstation 4: Wir tippen unsere Geschichten mit dem Computer.
Tippe nun deine Geschichte mit dem Computer ab. Versuche hierbei die Vorschläge des Spannungsexperten umzusetzen. Das Kapitel „Schreibassistent Computer" hilft dir, die Seiten übersichtlich zu gestalten.

Wolkenstation 5: Wir finden einen Titel für unser Zaubergeschichtenbuch.
Diskutiert Vorschläge für den Titel eures gemeinsamen Zaubergeschichtenbuchs und stimmt am Ende darüber ab, wie euer Buch nun heißen soll.

Wolkenstation 6: Wir illustrieren unser Geschichtenbuch und erstellen ein Inhaltsverzeichnis.
Um euer Buch für die Leser ansprechender und übersichtlicher zu gestalten, braucht es noch ein Cover, Bilder und ein Inhaltsverzeichnis. Wähle hierzu eine der folgenden Aufgaben.

- Erstellt in einer Gruppe euer Buchcover mithilfe der Collagetechnik. Hierzu malt jeder „Autor" je nach Zeichenkünsten entweder einen Buchstaben für den Titel oder einen verzauberten Gegenstand. Schneidet eure Zeichnungen anschließend aus und klebt sie schön angeordnet auf ein Blatt Papier, das euer Cover wird.
- Erstelle für deinen Text eine Zeichnung, die einen spannenden Moment aus deiner Geschichte darstellt.
- Legt gemeinsam die Reihenfolge eurer Geschichten fest und erstellt ein Inhaltsverzeichnis.

Wolkenstation 7: Wir binden unser Buch.

- Ordnet Inhaltsverzeichnis, Geschichten und Illustrationen in sich stimmig und fortlaufend.
- Bindet eure Geschichten mit einer euch zur Verfügung stehenden Technik: Ordner, Faden, Heftstreifen, Klemmordner oder Ringbindung.

Endstation: Wir präsentieren unser Buch.
Normalerweise warten an der Endstation eure Eltern, um euch abzuholen. Ladet deshalb eure Eltern zu einer Buchpräsentation ein, bei der jeder von euch seine Geschichte vorliest.

Sprechen und anderen zuhören

Situationen und Adressaten gerecht werden
→ S. 48

Du nutzt die Sprache in vielen Situationen. Sie dient der Weitergabe von Informationen, dem Ausdruck von Gefühlen und Gedanken oder der Klärung von Konflikten. Damit bei deinem Zuhörer möglichst das ankommt, was du meinst, ist es wichtig, dich beim Sprechen auf deine Adressaten einzustellen.

Folgende Fragen helfen dir bei der Einfühlung in deinen Zuhörer:

- Welche Erwartungen hat der Zuhörer an das Gespräch?
- In welchem Verhältnis stehe ich zum Zuhörer? Wie gut kennen wir uns?
- Welche Vorinformationen zu unserem Gespräch hat der Zuhörer schon, welche muss ich ihm erst noch geben?
- Wie wird der Zuhörer auf meine Äußerung reagieren?

Eine angemessene Redeweise nutzen
→ S. 14

Beim Sprechen vor Zuhörern wirken nicht allein die gesprochenen Worte, sondern auch die Art und Weise, wie du sprichst. Durch die Redeweise kannst du Schwerpunkte hervorheben und Bewertungen andeuten.

Achte auf deine Redeweise:

- Durch Veränderungen in der Lautstärke und der Betonung kannst du Schwerpunkte setzen.
- Verlangsame das Sprechtempo, um besonders wichtige Stellen zu betonen.
- Mit der Veränderung in Klangfarbe und Stimmführung kannst du Bewertungen andeuten.
- Insgesamt unterstützt deine Körpersprache – vor allem der Gesichtsausdruck (Mimik) und der Einsatz der Hände (Gestik) – das Gesprochene.
- Halte Blickkontakt mit der Klasse.

Aktiv zuhören
→ S. 15

Wer zu jemandem spricht, erwartet, dass derjenige ihm auch zuhört. Es gibt verschiedene Möglichkeiten, dem Sprecher dein Zuhören zu signalisieren („aktives Zuhören“) und dir selbst das Zuhören zu erleichtern.

So zeigst und verbesserst du deine Aufmerksamkeit:

- Höre ruhig und geduldig zu.
- Unterbrich den Sprecher nicht an unpassenden Stellen, sondern frage bei Unklarheiten an einer geeigneten Stelle nach.
- Wende dich dem Sprecher zu und suche Blickkontakt.
- Setze bestätigendes Kopfnicken behutsam ein.
- Mache dir bei längeren Vorträgen Notizen zu Fragen und Ergänzungen.

Abhängig von der Situation, den Zuhörern und der Absicht des Sprechers entstehen verschiedene Sprechsituationen, zu denen verschiedene Gesprächsformen passen. Wenn du etwas Spannendes erlebt hast, willst du es deinen Freunden erzählen. Vielleicht möchtest du auch eine Geschichte oder ein Kapitel aus deinem Lieblingsbuch nacherzählen.

Mündlich erzählen → S. 28

So erzählst du wirkungsvoll:

- Bemühe dich darum, dass sich deine Zuhörer das Erzählte gut vorstellen und sich in das Geschehen hineinversetzen können.
- Wähle eine leicht nachvollziehbare Gliederung der Handlung. Oft ist es sinnvoll, in der zeitlichen Reihenfolge zu erzählen.
- Schildere Sinneseindrücke, Stimmungen und Gefühle.
- Drücke Gedanken in der direkten Rede aus.
- Gestalte spannende Stellen, indem du auf Details eingehst und Fragen stellst.
- Erzähle in der Zeitform Perfekt.
- Vermeide beim Erzählen Wiederholungen, suche treffende Ausdrücke und verändere beim Erzählen den Tonfall.
- Unterstütze deinen Vortrag durch Gesten.

In informierenden Sprechsituationen geht es nicht darum, Spannung aufzubauen. Deine Zuhörer sollen möglichst umfassend und genau über Ereignisse informiert werden, sich das Aussehen von Personen oder Gegenständen gut vorstellen oder Abläufe nachvollziehen können.

Mündlich informieren → S. 49

So informierst du deine Zuhörer gut und umfassend:

- Berücksichtige das Vorwissen deiner Zuhörer.
- Informiere gründlich und detailreich. Nenne alle wichtigen Informationen, erfinde aber keine Informationen.
- Erzähle in einer sachlichen Sprache und verzichte auf Bewertungen.
- Nutze passende Verben zur Beschreibung von Vorgängen und Abläufen. Nutze Adjektive zur präzisen Beschreibung von Eigenschaften.

In bestimmten Situationen kommt es vor, dass du deine Zuhörer von deiner Sichtweise, deinen Einstellungen oder deinen Argumenten überzeugen musst.

Meinungen darstellen → S. 17

So stellst du deine Meinung überzeugend dar:

- Sprich deine Position klar aus.
- Unterstütze deine Position, indem du mindestens einen Grund dafür nennst.
- Nenne Beispiele, die bestätigen, dass deine Position die richtige ist.
- Gehe auf die Gegenmeinung ein und zeige, dass du auch diese verstehst.

Kompetenz-bereich

Vor einer Gruppe präsentieren
→ S. 99

Sich vor einer Gruppe von Menschen gut zu präsentieren, kann in vielen Situationen wichtig sein. In der Schule wirst du die entsprechenden Fähigkeiten in verschiedenen Schuljahren trainieren und einsetzen können.

In diesen Situationen musst du vor einer Gruppe präsentieren:

- Bei einer Buchvorstellung gibst du deinen Zuhörern nicht nur wichtige Informationen zu einem Buch. Du versuchst auch, ihr Interesse für das Buch zu wecken.
- Referate zu unterschiedlichen Sachthemen ergänzen oft eine Unterrichtsreihe. So können z. B. Informationen zu einem Autor, dessen Buch ihr gerade im Unterricht besprecht, weitergegeben werden.

Sicherlich wirst du ein wenig aufgeregt sein, wenn du in deiner Klasse oder vor einem anderen Personenkreis etwas vorstellen musst. Denke aber daran, dass deine Zuhörer genauso aufgeregt wären, wenn sie an deiner Stelle stünden.

So kannst du deine Präsentation ansprechend gestalten:

- Notiere deine Vorbereitungen auf Stichwortzetteln oder Karteikarten.
- Sage am Anfang deutlich, worüber du informierst. Schreibe dein Thema am besten auch an die Tafel.
- Gib am Anfang einen Überblick, in welche Teilbereiche sich dein Vortrag untergliedert. Wenn es nicht zu viele Abschnitte sind, kannst du deren Überschriften ebenfalls an der Tafel notieren.
- Schreibe auch wichtige oder schwierige Begriffe vor deinem Vortrag an die Tafel. So kannst du während des Sprechens darauf hinweisen.
- Nutze Beispiele, Fotos, Abbildungen etc. zur Veranschaulichung.
- Halte den vorgegebenen zeitlichen Rahmen ein.
- Trage dein Referat vorher zur Übung einer Vertrauensperson vor.

Neben den wichtigen Inhalten spielt auch dein Auftreten eine große Rolle für den Erfolg deiner Präsentation oder deines Referats.

Das gehört zu einem angemessenen Auftreten:

- Achte vor Beginn deines Vortrags bewusst darauf, dass du frei und aufrecht stehst.
- Du darfst dich natürlich an deiner schriftlichen Vorbereitung orientieren. Lies aber nicht alles ab, sondern sprich ab und zu frei. Suche dabei immer wieder den Blickkontakt zu deinen Zuhörern.
- Stecke die Hände nicht in die Hosentasche, kaue nicht Kaugummi und kleide dich dem Anlass entsprechend.

Die Buchvorstellung ist eine häufige Präsentationsform in der Schule. Du sollst deinen Mitschülern dabei nicht nur die nötigen Informationen zum Inhalt deines Lieblingsbuchs geben, sondern auch versuchen, sie als neue Leser zu gewinnen.

Ein Buch vorstellen → S. 119

Das gehört zu einer Buchvorstellung:

- Stelle den Autor des Buchs kurz vor. Nenne seine Lebensdaten und gib an, an welchen Orten er gelebt hat. Es kann interessant sein, ob er neben der schriftstellerischen Arbeit einen weiteren Beruf ausgeübt hat. Nenne auch andere Bücher, die er geschrieben hat.
- Stelle den Titel des ausgewählten Buchs vor und erkläre, warum du dieses Buch für die Vorstellung ausgewählt hast.
- Stelle den Inhalt des Buchs vor. Gehe auf die Hauptfiguren und deren Beziehungen, Konflikte oder Probleme ein und stelle die Entwicklungen dar, von denen im Buch erzählt wird.
- Achtung: Verrate nicht, wie das Buch ausgeht! Schließlich soll es ja für einen neuen Leser spannend bleiben.
- Lies einen ausgewählten Textabschnitt vor. Erkläre kurz, welche Bedeutung der Abschnitt in der Gesamthandlung hat, und lies ihn ansprechend vor.
- Frage deine Mitschüler, ob sie sich für dein Buch interessieren. Du kannst zum Beispiel fragen, ob sie es sich als Geschenk wünschen würden oder ob sie es ihren Freunden schenken würden.

Vielleicht wirst du selbst einmal darum gebeten, einem Mitschüler, der gerade etwas präsentiert hat, eine Rückmeldung zu geben. Hinweise, die ausdrücklich zur Unterstützung formuliert sind und Verbesserungsvorschläge enthalten, nennt man *konstruktive Hinweise*. Gemeinsam mit dem aus dem Englischen stammenden Fachbegriff für Rückmeldung spricht man auch von *konstruktivem Feedback*.

Feedback geben → S. 100

So gibst du ein konstruktives Feedback:

- Feedback ist der Fachausdruck für eine persönliche Rückmeldung, z. B. nachdem jemand eine Präsentation, einen Vortrag oder ein Referat gehalten hat. Damit das Feedback wirkungsvoll ist, sollte es konstruktiv formuliert sein.

Also nicht so:	Sondern so:
beleidigend	wohlwollend und respektvoll
verallgemeinernd	zutreffende Kritik an Einzelheiten
unsachlich	sachbezogen
abwertend	aufbauend durch Verbesserungsvorschläge
demotivierend	bestärkend durch Anknüpfen an Gelungenes

- Das Feedback sollte möglichst strukturiert erfolgen: Beurteile z. B. den Vortrag nach den Kriterien Inhalt und Aufbau, Anschaulichkeit und Vortragsstil.

Kompetenz-
bereich

Texte planen, formulieren, überarbeiten

Schreiben als Prozess gestalten → S. 31

Schreiben ist ein Prozess, den du in verschiedene Schritte unterteilen kannst. Zwischen dem Moment, in dem deine Schreibabsicht entsteht, und dem Zeitpunkt, an dem dein geschriebener Text vorgetragen, verschickt, abgegeben oder abgelegt wird, werden die folgenden Schritte – man spricht von Schreibphasen – durchlaufen.

Diese Schritte solltest du beim Schreiben einplanen:

- Du erfasst den Schreibanlass oder – so kommt es in der Schule häufig vor – die Schreibaufgabe. Mache dir die Schreibabsicht bewusst und berücksichtige den Leser – den Adressaten – deines Texts und dessen Erwartungen.
- Ausgehend von deinen Überlegungen zu Schreibanlass, Schreibabsicht und zur Adressatenerwartung planst du das Schreiben. Vor allem wirst du überlegen, welche Inhalte in welcher Reihenfolge aufgeschrieben werden.
- Formal sauber und lesbar, sprachlich einheitlich und in einer passenden Gliederung notierst du deine Schreibinhalte.
- Während des Schreibens oder danach liest du das Geschriebene noch einmal und überprüfst, ob es deinen Planungen und Zielen entspricht. Gegebenenfalls wirst du einzelne Textstellen noch einmal überarbeiten.

Texte adressaten- und situationsgerecht planen → S. 31

Wenn du ohne Vorüberlegungen zu schreiben beginnst, ist die Gefahr groß, dass du deinen Text umfassend nachbessern oder sogar neu schreiben musst. Schnell notierst du Aussagen in falscher Reihenfolge oder vergisst Einzelheiten.

So planst du den Schreibprozess und bereitest das Schreiben vor:

- Unterscheide beim Schreibanlass z. B. zwischen Texten, die du freiwillig nach deinen eigenen Ideen schreibst, und Texten, die nach bestimmten Kriterien verfasst werden müssen. Bei Schreibaufgaben in der Schule musst du dich genau mit der Aufgabenstellung vertraut machen.
- Versetze dich in deinen Adressaten hinein und versuche, dir seine Erwartungen an deinen Text vor Augen zu führen. Im Alltag unterscheidest du vor allem zwischen privaten Lesern (z. B. Freunde, Familienmitglieder usw.) und öffentlichen Lesern (z. B. Schülerzeitungskäufer, Lehrer usw.).
- Überlege dir – im Hinblick auf den Schreibanlass und den Adressaten -, welche Ziele du mit deinem Schreiben verfolgst (willst du informieren, unterhalten oder überzeugen?) und wie du diese Ziele erreichen kannst.
- Eventuell musst du noch Informationen sammeln und ordnen, bevor du mit dem eigentlichen Schreiben beginnen kannst.
- Sortiere und gliedere deine Ideen, Gedanken und die gesammelten Informationen. Das Vorschreiben der Texte kann manchmal sinnvoll sein. Vor dem Schreiben längerer Texte solltest du einen Schreibplan erstellen und darin mindestens eine stichwortartige Sammlung und Gliederung vornehmen.

Wenn du alle Vorbereitungen abgeschlossen hast, kannst du mit dem Schreiben beginnen.

Texte gut lesbar gestalten → S. 240/241

Qualitätsmerkmale, die du für ein gutes Schreibergebnis beachten solltest:

- Handschriftliche Texte müssen gut lesbar verfasst sein. Nutze immer Blätter mit Linien oder ziehe dir selbst dünne Schreiblinien auf unlinierte Blätter.
- Berücksichtige bei Texten, die mit einem Textverarbeitungsprogramm verfasst werden, die Hinweise zu einer angemessenen Form (→ S. 253).
- Teile das Schreibblatt sinnvoll auf. Achte darauf, dass du Seitenränder für die Zeilenbreite festlegst und einhältst. Schreibe trotzdem die Zeilen voll: Beginne eng am linken Seitenrand und ende so nah wie möglich am rechten Rand. Nutze gegebenenfalls die Silbentrennung, damit die Ränder einigermaßen gleich sind.
- Schreibe strukturiert und nutze beim Schreiben Absätze in sinnvollem Umfang.
- Schreibe deine Texte in einer Sprache, die verständlich ist und die zum Inhalt, zur Situation und dem Adressaten passt.
- Achte darauf, sprachlich abwechslungsreich zu schreiben.

Auch das Korrekturlesen und Überarbeiten darfst du nicht vernachlässigen. Bei eigenen Texten ist es hilfreich, die Überarbeitung mit ein wenig zeitlichem Abstand zu beginnen. Du kannst auch jemand anderen um eine Überprüfung bitten.

Texte kritisch überprüfen und überarbeiten → S. 41

Überprüfe bei deinem eigenen oder einem fremden Text, ob …

- … Rechtschreibung und Zeichensetzung korrekt sind,
- … der Text vollständig ist,
- … der Text inhaltlich zum Schreibanlass, zum Thema und für den Adressaten passt,
- … der Text – zum Beispiel durch seine sprachliche Gestaltung – die gewünschte Wirkung erzielt.

Nutze deine Beobachtungen schließlich zur inhaltlichen und sprachlichen Überarbeitung des Texts. Korrigiere Fehler und ergänze Fehlendes.

Am Beispiel

Aus einem Unfallbericht:

Gefällt mir nicht …	Überarbeitung …
Gestern ist in Sport ein lustiger Unfall passiert. • Die Angaben sind unpräzise. • Sie enthalten Bewertungen. • Eine Unfallsituation ist nie lustig.	*Am Montag, den 13.04., passierte im Sportunterricht der Klasse 5b ein Unfall, bei welchem sich eine Schülerin …*

Kompetenzbereich

Kreativ und produktiv schreiben

Anschaulich erzählen
→ S. 31, S. 37

Erzählende Texte schreibst du so, dass der Leser die erzählte Situation möglichst anschaulich nacherleben und nachfühlen kann. Begebenheiten, von denen du schriftlich erzählen kannst, sind zum Beispiel Urlaubsereignisse und spannende oder lustige Erlebnisse aus deinem Alltag. Vielleicht denkst du dir sogar – wie ein Schriftsteller – eigene interessante Texte und Textteile aus.

Kriterien, die du beim Schreiben erzählender Texte beachten solltest:

Baue einen erzählenden Text wie folgt auf:
- Einleitung: Beantworte die W-Fragen (Wer? Wo? Was? Wann?) und wecke das Interesse des Lesers.
- Hauptteil: Erzähle anschaulich und lebendig den Höhepunkt der Geschichte. Steigere die Spannung schrittweise.
- Schluss: Erzähle, wie die Geschichte ausgeht und/oder was danach passieren könnte.

Beachte sprachliche und formale Besonderheiten:
- Nutze ausdrucksstarke Adjektive und abwechslungsreiche Verben.
- Beschreibe Orte detailreich.
- Gehe auf Gefühle, Gedanken und Stimmungen („innere Handlung") deiner handelnden Figuren ein.
- Nutze wörtliche Rede.

Baue Spannung auf:
- Stelle innere Konflikte dar.
- Arbeite mit Andeutungen.
- Lasse Unerwartetes oder Unheimliches geschehen.
- Schildere spannende Situationen „in Zeitlupe".

Geschichten um- und weiterschreiben
→ S. 83

Nicht immer schreibst du eine Geschichte über etwas, das du selbst erlebt hast. Du kannst auch bereits vorhandene Geschichten als Anregungen zum Schreiben nutzen. Wie intensiv du dich am Inhalt und an der Form der vorgegebenen Geschichte orientieren musst, hängt dabei von der konkreten Aufgabenstellung ab.

Gehe beim Um- und Weiterschreiben folgendermaßen vor:

- Achte darauf, dass deine Texterweiterungen zum Inhalt und zur Sprache der Vorlage passen.
- Schließe deine Ausführungen an den Handlungsverlauf, das Handeln und Verhalten der Figuren an.
- Beim Modernisieren einer Geschichte hilft es dir, zuerst zu überlegen, welche Teile der Vorlage nicht in die moderne Zeit passen und wie sie sinnvoll ersetzt werden können.

Bei Schreibprojekten in der Schule oder durch deine eigenen Schreibideen entstehen kreative Texte, die sich auch an bestimmten Mustern orientieren können.

Kreative Texte nach Mustern gestalten → S. 83

So schreibst du kreative Texte nach Mustern:

- Mache dir das Muster (z. B. Märchen, Zaubergeschichte ...) klar, nach welchem du deinen Text gestalten sollst bzw. willst, und gliedere die Bestandteile deines Texts dem ausgewählten Erzählmuster entsprechend.
- Nutze sprachliche Merkmale, die für das Muster typisch sind.
- Achte darauf, anschaulich und logisch zu erzählen.

Der Märchenanfang wurde von einem Schüler verfasst, der viele typische Merkmale eines Märchens (→ S. 260) berücksichtigt hat:

Am Beispiel

Es waren einmal zwei Zwillingsbrüder, die als Prinzen auf der Burg ihres Vaters aufwuchsen.	typischer Märchenanfang (unbestimmte Vergangenheit)
Ihr Vater war der berühmte König Wohlgemut,	Fantasiewelt als Handlungsort
welcher von seinen Untertanen wegen seiner Weisheit über alles geliebt wurde.	einfacher Figurencharakter, hier: ein „guter" Mensch
Nach einer langen Regierungszeit überlegte König Wohlgemut, welchem seiner Söhne er das Königreich vererben solle. Schließlich war Prinz Beorad nur wenige Minuten älter als sein Bruder Rotwulf. Wem also sollte er das Königreich vererben?	ein Konflikt oder eine Aufgabe löst die eigentliche Handlung aus
Von seinem Freund Schwarzfeder, einem sehr alten Raben, bekam der König folgenden Rat:	Tiere treten als Helfer auf
Gib den Prinzen 13 Tage Zeit, um die folgenden 3 Aufgaben zu lösen.	besondere Zahlen spielen eine Rolle

Beim Weiterschreiben einer Theaterszene orientierst du dich ebenfalls an den Vorgaben der ausgewählten Szene.

Eine Szene weiterschreiben → S. 149

So schreibst du eine Szene sinnvoll weiter:

- Versetze dich in die Figuren hinein: Was denkt die Figur? Was fühlt sie?
- Mache dir bewusst, in welchem Verhältnis die Figuren des Stücks zueinander stehen. (Mögen sie sich?)
- Sammle deine Ideen zur weiteren Gestaltung der Szene in einer Mind-Map.
- Finde heraus, welche deiner Ideen stimmig und logisch an den vorgegebenen Text anknüpfen und zu den Figuren passen.

Kompetenz-
bereich

Informieren, berichten und beschreiben

Beim informierenden Schreiben geht es nicht darum, deinen Leser eine erlebte Situation nachfühlen zu lassen und ihn durch Spannung zu fesseln. Das Ziel ist es vielmehr, ihn über über bestimmte Ereignisse oder z. B. das Aussehen einer Person zu informieren. Je mehr Einzelheiten du vermittelst und je genauer du sie darstellst, umso gelungener ist dein Text. Suchmeldungen, Zeugenaussagen, Zeitungsberichte usw. sind Beispiele dafür.

Als informierende Textarten stehen dir zur Verfügung:

- Gegenstandsbeschreibungen informieren über Größe, Farbe, Formen und Funktionen von Gegenständen.
- Personenbeschreibungen informieren z. B. über die Größe und die Kleidung einer Person, auch Haarfarbe und Gesichtsform, und sie gehen auf alle Auffälligkeiten ein.
- Berichte stellen Ereignisse knapp und sachlich in der richtigen zeitlichen Reihenfolge dar.

Informierende Texte schreiben → S. 57

Eine gründliche Vorbereitung und die Orientierung an einem nachvollziehbaren Aufbau helfen dir dabei, Informationen möglichst umfassend zu vermitteln.

Kriterien, die du beim Schreiben informierender Texte beachten solltest:

Bereite dich gründlich vor:
Stelle alle wichtigen und notwendigen Informationen in einer Liste, einer Mind-Map oder einer Tabelle zusammen.

Baue den informierenden Text wie folgt auf:
- Einleitung: Informiere kurz darüber, was oder wer hier beschrieben wird. Nenne eventuell auch den Zweck der Beschreibung oder des Berichts.
- Hauptteil: Benenne und beschreibe die Einzelheiten und Merkmale der Situation, des Gegenstands oder der Person. Achte auf eine übersichtliche Gliederung und eine sinnvolle Abfolge der Informationen.
- Schluss: Fasse noch einmal die Informationen und die Besonderheiten zusammen, berücksichtige dabei den Anlass der Information oder die Konsequenzen des Geschehens.

Beachte sprachliche und formale Besonderheiten:
- Benutze eine genaue und sachliche Sprache. Verwende Fachbegriffe, passende Adjektive und treffende Überleitungen.
- Benenne die Einzelheiten des zu Beschreibenden vollständig.
- Gib Geschehen und Abläufe in der richtigen zeitlichen Reihenfolge wieder.
- Umschreibe und erkläre Einzelheiten und Abläufe, die deinem Leser nicht bekannt sind.
- Beschreibe genau und bewerte nicht.

Texte mit dem Computer schreiben und überarbeiten

Texte mit einem Textverarbeitungsprogramm am Computer zu verfassen, ist inzwischen in vielen Bereichen üblich. Einige formale Regeln sind dabei inzwischen gängig.

Textverarbeitungsprogramme zum Verfassen eines Texts nutzen → S. 240

Texte mit einem Textverarbeitungsprogramm verfassen:

- Arbeite mit einem angemessenen Seitenrand (z. B.: oben 4,5 cm und unten 4 cm/ links und rechts 2 cm).
- Wähle eine Schriftart, die gut lesbar und groß genug ist. Die Schriften „Times New Roman“ und „Calibri“ eignen sich gut, die übliche Schriftgröße beträgt 12 Punkte.
- Markiere Überschriften durch eine größere Schrift und Fettdruck. Übertreibe die Markierung nicht!
- Füge hinter jedem Satzzeichen (z. B. Punkt und Komma) ein Leerzeichen ein, bevor du mit dem nächsten Wort beginnst.
- Gehe sparsam mit Absätzen um. Lasse nicht nach jedem Satz eine Zeile frei!

Der Computer hilft dir bei der Überprüfung der Rechtschreibung. Spezielle Korrekturfunktionen zeigen Fehler an und machen Vorschläge zur Verbesserung.

Texte mit Text verarbeitungsprogrammen überarbeiten → S. 227

Die Rechtschreibung mit dem Textverarbeitungsprogramm kontrollieren:

- Entscheide, ob du ständig auf Rechtschreibfragen hingewiesen werden möchtest oder nur nach der Aktivierung dieser Funktion. In vielen Programmen wählst du diese Möglichkeiten unter „Überprüfen“.
- Bei der ständigen Kontrolle werden falsch geschriebene Wörter meist unterschlängelt. Gehe mit dem Mauszeiger auf das unterschlängelte Wort und klicke die rechte Maustaste. Der vermutliche Fehler und ein neuer Schreibvorschlag werden angezeigt.
- Prüfe, ob der neue Schreibvorschlag zu deinem Satzzusammenhang passt. Nimm die Korrektur an oder lehne sie ab.
- Wenn du die ständige Kontrolle ausgeschaltet hast, kannst eine Überprüfung des kompletten Dokuments unter „Überprüfen“ starten.

Die „Thesaurusfunktion“ hilft dir beim abwechslungsreichen Gestalten deiner Texte:

Die Thesaurusfunktion zum abwechslungsreichen Formulieren nutzen → S. 241

Texte mit dem Thesaurus abwechslungsreicher formulieren:

- Markiere das Wort, zu dem du eine Alternative suchst, mit der Maus.
- Wähle unter „Überprüfen“ die Funktion „Thesaurus“.
- Prüfe die Vorschläge, klicke einen brauchbaren Vorschlag an, sodass dein markiertes Wort sofort ersetzt wird.
- Lies den Satz noch einmal und überprüfe, ob die neue Formulierung wirklich passt.

Kompetenz-
bereich

Texte lesen, erschließen und verstehen

Lesetechniken anwenden → S. 96

Texten begegnest du in deinem Alltag ständig: Zeitungen, Gebrauchsanweisungen und Spielanleitungen sind zu lesen, Hinweisschilder sprechen Erklärungen und Verbote aus, in Schulbüchern werden dir schriftliche Aufgaben gestellt und schließlich liest du sicherlich auch gern Comics, Geschichten und Jugendbücher.

Folgende Techniken erleichtern dir das Lesen von Texten:

- Überfliegendes Lesen: Verschaffe dir eine erste Vorstellung vom Thema, von den Aussagen und von der Absicht des Texts. Möglicherweise erkennst du auch schon erste Fragen, auf die der Text Antworten gibt. Nutze dazu Überschriften, Hervorhebungen und wiederkehrende Begriffe, die dir beim ersten Blick in den Text auffallen.
- Navigierendes (gesteuertes, orientierendes) Lesen: Verschaffe dir einen genaueren Überblick über den Text. Kläre zum Beispiel, wie der Text aufgebaut ist, ob er durch Abbildungen ergänzt ist, ob er aus verschiedenen Teilen besteht, welche zentralen Inhalte er behandelt, wo Wichtiges und weniger Wichtiges steht.
- Selektives (auswählendes) Lesen: Um konkrete Informationen zu finden oder eine spezielle Aufgabe beantworten zu können, liest du nur diejenigen Teile des Texts, in denen du Hinweise für deine Fragestellung zu finden glaubst oder die dir z. B. durch die Aufgabenstellung vorgegeben sind.

Texte erschließen und verstehen → S. 72, S. 97

Lange und schwierige Texte musst du oft mehrfach lesen, bis du alle Inhalte richtig verstanden hast.

Diese Methoden erleichtern dir das Erschließen von Texten:

Durch (mehrfaches) sinnerfassendes Lesen erschließt du dir den Inhalt eines Texts umfassend und genau. Gehe dabei schrittweise und gründlich vor:

- Markiere unbekannte Wörter, die du noch klären musst, um den jeweiligen Abschnitt zu verstehen, oder schreibe sie heraus (mit Zeilenangabe).
- Schlage diese Wörter in einem Lexikon nach, kläre sie mithilfe einer Suchmaschine im Internet oder erschließe sie aus dem Kontext.
- Markiere wenige wichtige Schlüsselbegriffe oder zentrale Aussagen oder schreibe diese heraus (mit Zeilenangabe).
- Gliedere den Text in Sinnabschnitte und formuliere zu jedem inhaltlichen Abschnitt eine treffende Überschrift.
- Erstelle eine Mind-Map mit allen zentralen Informationen des Texts oder stelle diese auf andere Weise (z. B. durch Aufzählung) knapp und übersichtlich dar.
- Darüber hinaus kannst du auch Fragen an den Text stellen: Formuliere Inhaltsfragen *(Worum geht es dir? Von welchen Ereignissen berichtest oder erzählst du?)* und Nachdenkfragen *(Auf welches allgemeine Problem willst du hinweisen? Welches typische Verhalten kritisierst du?)*. Du kannst die Fragen selbst beantworten oder von deinen Mitschülern beantworten lassen.

Sachtexte lesen und verstehen

Beim Lesen von Sachtexten geht es darum, dass du die gebotenen Informationen möglichst vollständig nachvollziehst, vielleicht auch ihren Wahrheitsgehalt überprüfst.

Sachtexte lesen → S. 89

Daran erkennst du Sachtexte:

- Sachtexte informieren über einen tatsächlichen Sachverhalt, haben also einen Bezug zur Wirklichkeit.
- Sie bedienen sich dazu einer sachlich-nüchternen, möglichst genauen Sprache. Oft nutzen sie auch Fachbegriffe, die du eventuell nachschlagen musst.
- Sie bereiten die Informationen durch Hervorhebungen, Zwischenüberschriften, Aufzählungen u. Ä. für den Leser möglichst übersichtlich auf. Oft werden dem Text auch noch Abbildungen, Grafiken, Tabellen u. Ä. zur Veranschaulichung beigefügt.

Beim Lesen von Sachtexten wendest du die oben beschriebenen Lesetechniken an. Prüfe dabei auch die Sachlichkeit des Texts und achte darauf, welche Fragen der Text beantwortet.

Informationen aus Sachtexten sortieren → S. 47

Es gibt verschiedene Möglichkeiten, die gesammelten Informationen zu sortieren:

- Die Informationen eines Texts kannst du in einer Liste notieren. Meist wirst du im nächsten Schritt eine Sortierung der aufgelisteten Stichworte vornehmen.
- In einer Tabelle lassen sich zusammengehörende Informationen einander zuordnen.
- Wenn zusammengehörende Informationen über den gesamten Text verteilt sind, hilft eine Mind-Map beim Sortieren. Hier kannst du nach und nach das Gelesene an den passenden Ast der Mind-Map notieren (→ S. 278).

Am Beispiel

Tabelle:

Sachtexte		
Absicht	• genaue Information • Abbildung der Wirklichkeit	
Sprache	• sachlich-nüchtern • genaue Fachbegriffe	
Gestaltung	*Text-gestaltung*	• Hervorhebungen • Zwischen-überschriften • Aufzählungen
	Ergän-zungen	• Tabellen • Abbildungen

Sortierte Liste:

Sachtexte
• genaue Information • Tabellen • Abbildungen • sachliche Sprache • Zwischenüberschriften • Fachbegriffe • Abbildung der Wirklichkeit • Aufzählungen • Hervorhebungen

Kompetenz-bereich

Sich mithilfe von Medien informieren

Nachschlagewerke und andere Medien bei der Informationssuche nutzen → S. 91

In deinem Alltag und vor allem in der Schule wird es immer wieder vorkommen, dass du bestimmte Informationen brauchst. Vielleicht willst du etwas über ein Buch, einen Autor oder ein geschichtliches Ereignis erfahren oder du musst sogar einen Vortrag zu einem bestimmten Thema halten.

Folgende Medien kannst du bei der Informationssuche nutzen:

- Wörterbücher enthalten Informationen zu einzelnen Wörtern. Am häufigsten wirst du ein Rechtschreibwörterbuch benötigen. Darüber hinaus gibt es aber auch Wörterbücher, die etwas über die Bedeutung oder die Herkunft unserer Wörter aussagen.
- Lexika enthalten in verschiedenem Umfang Informationen über bestimmte Sachverhalte. Meist in alphabetischer Ordnung findest du Artikel zu berühmten Personen, Sachverhalten oder geschichtlichen Ereignissen. Lagen Lexika bisher vor allem als gedruckte Bücher vor, werden diese inzwischen von Online-Versionen abgelöst.
- Wenn du umfangreichere Informationen suchst, musst du auf Fachzeitschriften oder Fachbücher zurückgreifen. Es gibt inzwischen viele Bücher und Zeitschriften, die sich an jugendliche Leser richten.
- Eine der am häufigsten genutzten Informationsmöglichkeiten ist das Arbeiten mit Suchmaschinen im Internet. Hier ist es wichtig, die Ernsthaftigkeit und Zuverlässigkeit der Seiten, auf die du stößt, zu überprüfen.

Ein Rechtschreibwörterbuch nutzen → S. 226

Informationen zu Rechtschreibung und zu schwierigen Pluralformen suchst du in einem Rechtschreibwörterbuch.

So arbeitest du mit einem Rechtschreibwörterbuch:

In einem Wörterbuch befindet sich vorn ein Abkürzungsverzeichnis. Hier findest du Informationen zu den zahlreichen Abkürzungen, die innerhalb der Wortartikel vorkommen.

- Oft sind auch die Rechtschreibregeln abgedruckt und Ausnahmen beschrieben.
- Die einzelnen Wortartikel findest du in alphabetischer Reihenfolge.
- Die Wortartikel enthalten z. B. Hinweise zur Schreibung, zur Pluralbildung oder zur Silbentrennung.
- Nicht immer sind alle Wortzusammensetzungen aufgenommen. In diesem Fall musst du nach den einzelnen Bestandteilen suchen.
- Achte auch darauf, in welcher Wortart das gesuchte Wort innerhalb deines Texts gebraucht wird. Nominalisierte Begriffe findest du im Wörterbuch zunächst einmal in ihrer ursprünglichen Wortart.
- In manchen Wörterbüchern sind innerhalb der Wortartikel Hinweiskästen zu besonderen Fällen oder typischen Fehlerquellen abgedruckt.

Informierende Bücher und Zeitschriften gibt es für Leser vieler Altersgruppen, also auch für Kinder und Jugendliche. Aber auch hier gibt es Qualitätsunterschiede, auf die du achten solltest.

Zeitschriften und Bücher nutzen → S. 91

Beurteile die Qualität von Fachbüchern und Fachzeitschriften:

- Prüfe, ob der Verlag, in dem das Buch oder die Zeitschrift erscheint, ein ernsthafter Verlag ist, bei dem weitere informierende Texte erscheinen.
- Achte darauf, ob der oder die Verfasser wirklich Fachleute für das Thema sind.
- Bücher und Zeitschriften verpacken die Informationen oft in unterhaltsame Zusammenhänge: Trenne dabei zwischen den Sachinformationen und den unterhaltenden, vielleicht lustigen oder spannenden Ausschmückungen.
- Achte darauf, ob in dem Text auch für bestimmte Dinge oder Positionen geworben wird. Lies diese Stellen besonders kritisch. Nicht alles, was gedruckt ist, ist auch richtig.

Vielleicht kennst du die gängigen Suchmaschinen für Erwachsene. Hilfreich für junge Internetnutzer sind aber vor allem spezielle Seiten und Suchmaschinen, die sich an Kinder und Jugendlichen richten.

Suchmaschinen nutzen → S. 93

So nutzt du Suchmaschinen im Internet:

- Nutze das Internet, nachdem du dich mit deinen Eltern oder Lehrkräften abgesprochen hast.
- Nimm die Gefahren ernst!
- Nutze Suchmaschinen und Seiten, die sich speziell an Jugendliche richten und die offiziell bekannt sind.
- Gib niemals ohne Absprache mit deinen Eltern deinen Namen, eure Adresse oder eure Telefonnummer an.
- Lasse dich nicht auf Kommunikationen ein, in denen du von Unbekannten nach persönlichen Informationen befragt wirst.

Am Beispiel

Diese Seiten und Suchmaschinen richten sich speziell an Kinder und Jugendliche:

Blinde Kuh	http://www.blinde-kuh.de/
Frag Finn	http://www.fragfinn.de/
Loopilino	http://www.loopilino.com/
Trampeltier	http://www.trampeltier.de/
Helles Köpfchen	http://www.helles-koepfchen.de/

Kompetenz-
bereich

Erzählende Texte lesen und verstehen

Merkmale erzählender Texte erkennen
→ S. 67

Erzählende Texte sind dir sicherlich schon in vielen Formen begegnet – sei es, dass sie dir vorgelesen wurden oder dass du sie selbst gelesen hast. Kurze Geschichten, Märchen und Fabeln gehören dabei ebenso zu den erzählenden Texten wie lange Kinder- und Jugendbücher.

Daran erkennst du erzählende Texte:

- Erzählende Texte werden meist von einer Autorin bzw. einem Autor geschrieben und veröffentlicht. Ihre Handlung ist entweder zum Teil erlebt oder vollkommen erdacht. Man sagt, sie haben eine fiktionale Handlung oder es sind fiktionale Texte.
- Bei Fabeln, aber vor allem bei Märchen, ist der Autor häufig unbekannt. Die berühmten Märchen der Brüder Grimm wurden von diesen nur gesammelt und aufgeschrieben, aber nicht erdacht.
- Erzählende Texte beinhalten oft ein allgemeines Thema (z. B. Freundschaft, Streit, Vertrauen).
- Sie spielen an besonders ausgewählten und bedeutungsvollen Orten und in einer bestimmten Zeit.
- Meist spielen die handelnden Figuren und ihre Beziehung zueinander eine wichtige Rolle.
- Auch erzählende Texte haben in der Regel eine Einleitung, einen Hauptteil und einen Schluss, über welche sich die gesamte Handlung in einem Spannungsbogen erstreckt. Den spannendsten Teil in der Handlungsabfolge nennt man Höhepunkt.
- Besondere Ideen, Wörter oder Formulierungen machen erzählende Texte interessant, spannend oder lustig.
- Erzählende Texte haben sehr unterschiedliche Umfänge. Sie können dir als umfangreiche Romane oder als kurze Geschichten begegnen.

Erzählende Texte lesen
→ S. 69

Natürlich willst du vor allem von der Handlung erzählender Texte gefesselt werden. Aber um sie wirklich genau verstehen und vor allem beschreiben zu können, solltest du auf ganz bestimmte Merkmale achten.

So liest du erzählende Texte:

- Kläre, wer die Geschichte erzählt, was erzählt wird und aus welchem Blickwinkel sie erzählt wird.
- Überprüfe dafür die Erzählform: Wird von einem Er-Erzähler oder einem Ich-Erzähler erzählt? Ist der Erzähler allwissend oder erzählt er von Vorgängen und Figuren nur aus seiner eigenen Sicht?
- Beachte, dass der Erzähler nicht der Autor der Geschichte ist.
- Unterscheide zwischen der äußeren Handlung, also dem, was passiert, und der inneren Handlung, also den Gedanken und Gefühlen der Figuren.

Auch bei Jugendbüchern handelt es sich um erzählende Texte. Durch bestimmte Merkmale unterscheiden sie sich oft von Büchern für erwachsene Leser.

Merkmale von Jugendbüchern erkennen → S. 107

Diese Merkmale findest du in Jugendbüchern:

- Meist sind die Hauptfiguren Jugendliche, in die sich junge Leser gut einfühlen können.
- Jugendbücher befassen sich oft mit Themen, die für junge Leser eine Bedeutung haben (z. B. Streit mit Freunden oder den Eltern, Mutproben).
- Viele Jugendbücher, vor allem Bestseller, werden inzwischen auch verfilmt.

Wenn du dich gründlicher mit einem Jugendbuch beschäftigst, wirst du schnell merken, wie überlegt und passend die Figuren und die Handlung gestaltet sind.

Den Handlungsverlauf eines Jugendbuchs erfassen → S. 115

So erfasst du den Handlungsverlauf und die Figurengestaltung eines Jugendbuchs:

- Um die Handlung nachvollziehen zu können, suchst du Antworten auf die sogenannten W-Fragen: Wer handelt? Was passiert? Wie kommt es zu der Situation? Warum handeln die Figuren so? Wo spielt das Buch?
- Achte auch auf den Spannungsbogen: Es gibt verschiedene Möglichkeiten, Spannung zu erzeugen, z. B. indem Andeutungen über den weiteren Handlungsverlauf vorkommen oder Informationen vom Autor absichtlich zurückgehalten werden.
- Die verschiedenen Personen in einem Jugendbuch nennt man Figuren. Meist gibt es ein oder zwei Hauptfiguren und mehrere Nebenfiguren.
- Ist die Geschichte aus der Sicht der Hauptfigur erzählt, spricht man von einem Ich-Erzähler. Hier erfährst du die Gedanken und Gefühle des Erzählers „aus erster Hand".
- Die Beziehungen zwischen den Figuren nennt man Figurenkonstellation. Diese Beziehungen sind oft wichtig für den Handlungsverlauf.

Ein Lesetagebuch zu erstellen hilft dir vor allem bei umfangreicheren Büchern dabei, immer am Ball zu bleiben und das Buch viel besser zu verstehen.

Ein Lesetagebuch erstellen → S. 114

So erstellst du ein Lesetagebuch:

- Lege dir eine stabile und ansprechende Schreibmappe zu.
- Gestalte den Deckel und die erste Seite mit Bildern und Schriftzügen, die zum Thema „Lesen" oder zu dem ausgewählten Buch passen.
- Notiere Zusammenfassungen zur Gesamthandlung und einzelnen Abschnitten.
- Formuliere zu einzelnen Abschnitten Fragen an den Text und an einzelne Figuren.
- Notiere deine persönlichen Eindrücke und Geschmacksurteile beim Lesen.
- Ergänze Bilder, Zeitungstexte u. Ä. nach deinem Geschmack.

Kompetenz-
bereich

Die Merkmale von Märchen kennen → S. 81

Das Erzählen und Weitergeben von Märchen hat in vielen Ländern eine lange Tradition.

Typische Märchenmerkmale sind zum Beispiel:

- Es gibt eine deutliche Unterscheidung zwischen Gut und Böse, die sich vor allem in den handelnden Figuren zeigt.
- Die Heldenfigur muss Abenteuer und schwere Prüfungen bestehen.
- In der Märchenwelt gibt es keine genauen Orts- und Zeitangaben.
- Zauber, Wunder und besondere Zahlen sind feste Bestandteile der Handlung.
- Märchen gehen fast immer gut aus.

Die Merkmale von Erzählungen kennen → S. 67, S. 69

Erzählungen können zwar unterschiedlich lang sein, haben aber viele Gemeinsamkeiten.

Typische Merkmale von Erzählungen sind:

- Der Leser lernt die Figuren und ihre Konflikte in der Einleitung kennen.
- Im Hauptteil wird die Handlung dann ausführlich erzählt. Die Spannung steigert sich schrittweise bis zum Spannungshöhepunkt.
- Der Schluss löst die Spannung auf und führt die Handlung zu einem Ende. Manche Erzählungen haben ein „offenes Ende“: Wie die Handlung ausgeht, wird nicht erzählt, sodass der Leser sich das Ende selbst denken kann.
- Die Sprache einer Erzählung nutzt ausdrucksstarke Adjektive und Verben.
- Die Figuren unterhalten sich meist in der direkten Rede.
- Meist wird die Handlung einer Erzählung im Präteritum erzählt.

Am Beispiel

In der Erzählung „Hannes fehlt“ von Ursula Wölfel bemerkt ein Lehrer am Ende eines Schulausflugs, dass Hannes – ein Schüler – fehlt und begibt sich mit dem Busfahrer auf die Suche. Der Ausschnitt gibt den Höhepunkt der Erzählung wieder. Er zeigt das Verhalten und die Gespräche der wartenden Mitschüler:

Mittenhinein fragte einer: „Vielleicht hat er [...] den Fuß verstaucht und kann nicht weiter. [...].“ „Was du dir ausdenkst,“ sagten die anderen.	wörtliche Rede
Aber jetzt waren sie unruhig. Einige stiegen aus und liefen bis zum Waldrand und riefen nach dem Hannes.	Unruhe und Unsicherheit werden beschrieben.
Unter den Bäumen war es schon ganz dunkel. Sie sahen auch die beiden Männer nicht mehr. Sie froren und gingen zum Bus zurück.	Die Natur wirkt bedrohlich.
Keiner redete mehr. Sie sahen aus den Fenstern und warteten.	Kurze Sätze drücken die Spannung aus.

Dialogische Texte lesen und spielen

Wenn du schon einmal im Theater warst, hast du die Besonderheit eines dialogischen Texts sicherlich erlebt: Dialogische Texte sind für ihre Inszenierung – also die Aufführung auf einer Bühne – geschrieben. Erst hier entfalten sie ihre Wirkung.

Dialogische Texte lesen → S. 141

Daran erkennst du dialogische Texte:

- Dialoge und Monologe: Wenn zwei oder mehr Personen miteinander sprechen und sich so die Handlung entwickelt, nennt man das einen Dialog. Wenn nur eine Person spricht, nennt man das einen Monolog.
- Die Regieanweisung/Szenenanweisung enthält Hinweise für den Regisseur und die Schauspieler. Das Geschehen wird erläutert, Hinweise zur Bühnengestaltung, zu Bewegung oder Aussehen der Figuren und zur Vortragsart werden formuliert.

Zur Welt des Theaters gehört eine Vielzahl an Besonderheiten, die durch Fachbegriffe beschrieben werden. Sie helfen dir beim Umgang mit szenischen Texten.

Fachbegriffe des Theaters kennen → S. 151

Diese Fachbegriffe der Theaterwelt solltest du kennen:

- Bühne: Das ist der Ort, an dem ein Theaterstück aufgeführt wird.
- Akt und Szene: Kurze Abschnitte, in denen die sprechenden Personen oder der Ort gewechselt werden, heißen Szenen. Mehrere, meist inhaltlich zusammengehörende Szenen werden zu einem Akt zusammengefasst. Man erkennt ihn häufig am Öffnen und Schließen des Vorhangs.
- Requisiten: In vielen Szenen werden auch Gegenstände gebraucht, die eine wichtige Funktion im Handlungsverlauf einnehmen (z. B. Gemüsekorb). Diese wichtigen Gegenstände nennt man Requisiten.

Es gibt verschiedene Möglichkeiten, mit einem dialogischen Text umzugehen.

Dialogische Texte szenisch und kreativ gestalten → S. 143 ff.

Diese kreativen Methoden erwecken einen szenischen Text zum Leben:

- Szenisch lesen: Man liest den Text der gewählten Person aus dem Buch ab und begleitet den Vortrag durch passende Handlungen und Bewegungen.
- Eine Rolle spielen: Die Schauspieler versetzen sich in ihre Rolle und sprechen den Text auf der Grundlage dieser Einfühlung. Die Einrichtung des Klassenraums dient als einfache Bühnengestaltung.
- Ein Standbild bauen: In kleinen Gruppen werden einzelne Situationen in einem nicht-beweglichen „Denkmal“ aus Schülern nachgebaut.
- Eine Szene pantomimisch darstellen: Ohne Worte, nur mit Bewegungen und Gesichtsausdrücken wird eine Situation gespielt.

Kompetenz-
bereich

Gedichte verstehen

Gedichten begegnen
→ S. 127, S. 130 f.

Oft werden in Gedichten Eindrücke, Stimmungen und Gefühle in einer besonderen, man sagt auch „verdichteten“ Sprache und Form ausgedrückt. Verschiedene Lese- und Untersuchungsschritte können dir dabei helfen, das Gedicht besser nachzuvollziehen und seine Sprache wieder zu „entschlüsseln“.

In diesen Schritten kannst du dich einem Gedicht nähern:

- Prüfe die Wirkung des Gedichts.
  Lies das Gedicht leise oder laut und achte darauf, welche Stimmungen und Gefühle du wahrnimmst. Vielleicht gibt es einzelne Textstellen die dir besonders auffallen.
- Versuche, den Inhalt des Gedichts zu verstehen.
  Manche Gedichte gehen von einer bestimmten Situation oder Erfahrung aus, andere haben ein allgemeineres Thema. Überprüfe, auf welche Situation, welches Ereignis oder welches Thema sich das gesamte Gedicht und seine einzelnen Strophen beziehen. Manchmal gibt die Überschrift schon wichtige Hinweise auf den Inhalt des Gedichts.
- Achte auf Sprachbilder.
  In Gedichten wird die Sprache häufig anders genutzt als in einer alltäglichen Unterhaltung. So manche Aussage eines Gedichts ist daher nicht wörtlich gemeint, sondern „bildlich“- das heißt „in einem übertragenen Sinn“ – zu verstehen. Damit soll eine bestimmte Wirkung erzielt werden. Oft werden alltägliche Dinge oder einzelne Wahrnehmungen wie menschliche Personen dargestellt. Das nennt man Personifikation.

Die Form von Gedichten beschreiben
→ S. 129

Die Wirkung eines Gedichts wird oft auch durch seine besondere äußere Form und den Aufbau unterstützt. Fachbegriffe helfen dir, die Besonderheiten in der Gedichtform zu beschreiben.

Nutze folgende Fachbegriffe zur Beschreibung von Gedichten:

- Gedichte sind oft in Zeilen notiert. Die Zeilen des Gedichts werden Verse genannt.
- Mehrere Verse bilden zusammen eine Strophe des Gedichts.
- In vielen Gedichten reimen sich die Vers-Enden. Die gleichklingenden Reimwörter können unterschiedlich angeordnet sein und werden durch Kleinbuchstaben gekennzeichnet.

Paarreim		Kreuzreim		Umarmender Reim	
war,	a	Dingen,	a	Sonne,	a
Schar	a	fort und fort,	b	Höhn!	b
weiterziehn,	b	singen	a	wehn,	b
jetzt entfliehn	b	Zauberwort	b	Wonne	a

Das Thema und die Wirkung eines Gedichts werden oft beim lauten Lesen deutlicher.

Gedichte vorlesen und lernen → S. 135

So gelingt dir ein guter Gedichtvortrag:

- Bereite den Gedichtvortrag durch Textmarkierungen vor. Kennzeichne Stellen, …
  … die du besonders betonen möchtest.
  … an denen du langsamer, schneller, lauter oder leiser sprechen willst.
  … an denen eine Pause die Wirkung des Texts unterstützen kann.
- Überlege dir, welche Gesichtsausdrücke oder Handbewegungen zum Vortrag passen.

Am besten gelingt dir der Gedichtvortrag, wenn du das Gedicht auswendig lernst.

Gedichte auswendig lernen → S. 135

Das hilft dir beim Auswendiglernen:

- Schreibe den Text mehrmals ab.
- Überlege dir zu jeder Gedichtstrophe ein passendes Bild.
- Führe zu einzelnen Textstellen eine bestimmte Bewegung aus.
- Decke den Text ab, verschiebe das Abdeckblatt schrittweise, sodass Vers für Vers aufgedeckt wird und du die Verse lernen kannst.

Am Beispiel

	Peter Hacks Der Herbst steht auf der Leiter		
Strophe 1 besteht aus 4 Versen	Der Herbst steht auf der Leiter	a	*Kreuzreim*
	Und malt die Blätter an,	b	
	Ein lustiger Waldarbeiter,	a	
	Ein froher Malersmann.	b	
Strophe 2	Er kleckst und pinselt fleißig	c	*Kreuzreim*
	Auf jedes Blattgewächs,	d	
	Und kommt ein frecher Zeisig,	c	Personi-
	Schwupp, kriegt der auch nen Klecks.	d	fikationen
Strophe 3	Die Tanne spricht zum Herbste:	e	*Kreuzreim*
	Das ist ja fürchterlich,	f	
	Die andern Bäume färbste,	e	
	Was färbste nicht mal mich?	f	
Strophe 4	Die Blätter flattern munter	g	*Kreuzreim*
	Und finden sich so schön.	h	Besonderheit:
	Sie werden immer bunter.	g	3 Wörter
	Am Ende falln sie runter.	g	reimen sich

Kompetenzbereich

Wortbedeutungen erkennen und Wortbildung anwenden

Funktion und Leistung von Sprache erkennen → S. 157

Sprache funktioniert nur, wenn du als Sprecher dieselben Inhalte mit den Begriffen verbindest wie dein Zuhörer.

Inhalts- und Ausdrucksseite bei Wörtern unterscheiden:

- Sprachliche Zeichen (z. B. einzelne Wörter) haben eine Inhalts- und eine Ausdrucksseite.
- Die Inhaltsseite beschreibt das, was mit einem Sprachzeichen (z. B. einem Wort) gemeint ist. Die Ausdrucksseite beschreibt das Aussehen des geschriebenen und den Klang des gesprochenen Worts.

Synonyme, Antonyme und lautmalerische Ausdrücke erkennen → S. 159

Wegen ihrer besonderen Inhalts- oder Ausdrucksseite, kannst du manche Wörter in Gruppen einteilen.

Daran erkennst du Synonyme, Antonyme und lautmalerische Ausdrücke:

- Synonyme unterscheiden sich äußerlich, also auf der Ausdrucksseite, haben aber dieselben oder ähnliche Inhalte, z. B. *Geschenk – Mitbringsel, Ernennung – Berufung*.
- Antonyme sind Wörter, die das Gegenteil bedeuten, z. B. *groß – klein*.
- Lautmalerische Ausdrücke (Onomatopoetika) ahmen ein Geräusch oder einen Klang nach, die zur Inhaltsseite gehören, z. B. *plätschern, klirren, knistern*.

Den eigenen Wortschatz erweitern → S. 160 ff.

Um abwechslungsreich zu sprechen oder zu schreiben, ist ein möglichst großer Wortschatz hilfreich.

So erweiterst du deinen Wortschatz:

- Bilde Ableitungen: Durch Erweiterungen werden neue Wörter gebildet bzw. die Wortart verändert. Hierzu kann eine Vorsilbe (Präfix) oder eine Nachsilbe (Suffix) angehängt werden. Zur Wortfamilie *Zahl* gehören z. B. *zahlen, bezahlen, zahlbar*.
- Bilde Zusammensetzungen: Aus der Zusammensetzung zweier bekannter Wörter kann ein neues Wort entstehen. Der letzte Teil der Zusammensetzung stellt dabei das Grundwort dar, der erste Teil ist das Bestimmungswort: *Schultag, Ferienanfang, Computerspiel*.
- Stelle Wortfelder zusammen: Wörter, die zu einem gemeinsamen Oberbegriff gehören, kann man in einem Wortfeld sammeln und damit zu einem bestimmten Thema oder Sachverhalt ausdrucksstark formulieren. Zum Wortfeld *Schule* gehören z. B. *Schüler, Lehrer, lernen, Pause, Tafel, Klingel, Hausaufgaben, Ferien, lesen*.

Wortarten kennen und erkennen

Der Wortschatz unserer Sprache lässt sich in verschiedene Wortarten einteilen, die jeweils eine besondere Funktion haben. Zum Teil sind die Wortarten veränderbar (flektierbar).

Wortarten

- **flektierbare Wortarten**
  - **deklinierbar**
    - Nomen
    - Artikel
    - Adjektive
    - Pronomen
  - **konjugierbar**
    - Verben
- **nicht flektierbare Wortarten**
  - Adverbien
  - Konjunktionen
  - Präpositionen

Verben benennen Handlungen, Tätigkeiten oder Zustände und enthalten damit wesentliche Aussagen des Satzes.

Verben benennen und nutzen → S. 173 ff.

Folgende Verbformen kannst du unterscheiden:

- Infinitiv (Grundform): *schwimmen, laufen*
- konjugierte (also grammatisch veränderte) Personalform. Sie verändert sich je nachdem, wer und wie viele etwas tun: *ich schwimme, er schwimmt, ihr schwimmt*
- Imperativ: Ausdruck von Aufforderungen und Wünschen: *Schwimme!, Lauft!*

Verben spiegeln in konjugierter Form auch die verschiedenen Zeitstufen.

Diese Tempusformen (Zeitformen) des Verbs kannst du bilden:

Zeitform der Gegenwart
- Präsens: *Ich schwimme im Meer.*

Zeitformen der Vergangenheit
- Präteritum: *Ich schwamm im Meer.*
- Perfekt: *Ich bin im Meer geschwommen.*
- Plusquamperfekt: *Ich war im Meer geschwommen.*

Zeitformen der Zukunft
- Futur I: *Ich werde im Meer schwimmen.*
- Futur II: *Ich werde im Meer geschwommen sein.*

KOMPETENZ-BEREICH

Nomen benennen und nutzen → S. 176

Die Wortart, mit der Lebewesen, Gegenstände oder Gefühle und Stimmungen bezeichnet werden, ist das *Nomen* oder auch *Substantiv*.

Nomen kannst du folgendermaßen bestimmen:

- Konkrete Nomen (oder Konkreta) bezeichnen greifbare und sichtbare Dinge, abstrakte Nomen (oder Abstrakta) benennen Gefühle, Gedanken oder Stimmungen.
- Oft steht vor einem Nomen ein bestimmter oder unbestimmter Artikel (Begleiter), der das grammatische Geschlecht (Genus) anzeigt.

Konkreta	Abstrakta
der Mann	*der Glaube*
die Gabel	*die Freundschaft*
das Haus	*das Gefühl*

- Nomen kommen im Singular (in der Einzahl) und im Plural (der Mehrzahl) vor.
- Nomen stehen in einem bestimmten Kasus (Fall). Die Nomen in die vier Fälle (Nominativ, Genitiv, Dativ, Akkusativ) zu setzen, nennt man deklinieren bzw. Deklination (Beugung).
- Nomen werden als einzige Wortart immer großgeschrieben.
- Manchmal werden auch andere Wortarten im Satz großgeschrieben. Dann sind sie nominalisiert (→ S. 273).

Pronomen benennen und nutzen → S. 179

Die verschiedenen Pronomen helfen dir dabei, Texte abwechslungsreich zu gestalten und Beziehungen zu verdeutlichen.

Du kannst verschiedene Pronomen nutzen:

- Personalpronomen (persönliche Fürwörter) stehen stellvertretend für Nomen: *Paula kauft ein neues Buch; sie liest es sicher gleich.*
- Possessivpronomen (besitzanzeigende Fürwörter) sind Wörter, die anzeigen, wem oder zu wem etwas gehört, wie *mein, dein, euer.* Meist steht das Possessivpronomen als Begleiter vor einem Nomen, nach dem es sich in Kasus, Genus und Numerus (Zahl) richtet, z. B. *mit ihrem Fahrrad, durch sein Geschick.*

Personal- und Possessivpronomen werden ebenso wie Nomen dekliniert:

	Nominativ	Genitiv	Dativ	Akkusativ
Personal-pronomen	*ich*	*meiner*	*mir*	*mich*
	wir	*unser*	*uns*	*uns*
Possessiv-pronomen	*mein* Boot	*meines* Boots	*meinem* Boot	*mein* Boot
	unser Hund	*unseres* Hunds	*unserem* Hund	*unseren* Hund

Adjektive beschreiben die Eigenschaften von Nomen und können, wie diese, dekliniert werden.

Adjektive benennen und nutzen → S. 180

So verwendest du Adjektive:

- Adjektive richten sich in Kasus, Genus und Numerus nach dem Bezugswort, vor dem sie stehen.
- Adjektive können gesteigert werden:

Positiv	Komparativ	Superlativ
freundlich	*freundlicher*	*am freundlichsten*
viel	*mehr*	*am meisten*

Achtung: Manche Adjektive lassen sich nicht steigern: *tot, schwarz, weiß …*

Adverbien geben Auskunft über die näheren Umstände, unter denen etwas geschieht. Sie sind nicht flektierbar (veränderbar). So kannst du sie von Adjektiven unterscheiden.

Adverbien benennen und nutzen → S. 180

Benenne und nutze verschiedene Adverbien:

Deutsche und lateinische Bezeichnung	Fragen, auf die das Adverb antwortet	Beispiele
Adverb des Ortes Lokales Adverb	Wo? Wohin?	*rechts, unten, hier, dort, unterwegs, überall …*
Adverb der Zeit Temporales Adverb	Wann? Wie lange?	*heute, immer, jetzt, sofort, manchmal …*
Adverb der Art und Weise Modales Adverb	Wie? Auf welche Weise?	*gern, sehr, ganz, kaum*
Adverb des Grundes Kausales Adverb	Warum?	*deswegen, deshalb …*

Am Beispiel

Heute (1) konjugiert (2) der (3) Lehrer (4) im Deutschunterricht. Er (5) sagt: „Ich gehe, du gehst, er geht, sie gehen … Wer hat eine (6) Idee (7), worauf ich hinaus will? Darauf antwortet Jakob: „Ich denke, dann sind jetzt (8) alle weg."	(1) temporales Adverb (2) Verb (3) bestimmter Artikel (4) konkretes Nomen (5) Personalpronomen (6) unbestimmter Artikel (7) abstraktes Nomen (8) temporales Adverb

KOMPETENZ-BEREICH

Präpositionen benennen und nutzen
→ S. 182

Präpositionen (Verhältniswörter) geben an, in welcher Beziehung Lebewesen, Gegenstände oder Sachverhalte zueinander stehen.

Benenne und nutze verschiedene Präpositionen:

Deutsche und lateinische Bezeichnung	Fragen, auf die die Präposition antwortet	Beispiele
Präposition des Ortes Lokale Präposition	Wo? Wohin?	*durch, auf, in, neben, unter, vor, hinter*
Präposition der Zeit Temporale Präposition	Wann? Wie lange?	*vor, in, bis, nach, während*
Präposition der Art und Weise Modale Präposition	Wie? Auf welche Weise?	*mit, aus, ohne*
Präposition des Grundes Kausale Präposition	Warum?	*wegen, aus, trotz*

- Präpositionen stehen immer in Verbindung mit Nomen oder Pronomen und bestimmen deren Kasus (Fall): *wegen des Gelds* (Genitiv), *mit der Tasche* (Dativ), *an den Strand* (Akkusativ).
- Präpositionen werden nicht flektiert (verändert), sie verschmelzen aber oft mit dem Artikel des Nomens zu einem Wort: *in dem* → *im*, *zu dem* → *zum*.

Konjunktionen benennen und nutzen
→ S. 183

Konjunktionen (Bindewörter) verbinden Satzteile und einzelne Aussagen. Sie sind nicht flektierbar (veränderbar).

Unterscheide folgende zwei Arten von Konjunktionen:

- Nebenordnende Konjunktionen *(und, aber, oder …)* verbinden Wörter, Wortgruppen und Hauptsätze. *Ich bin noch müde, aber ich stehe auf.*
- Unterordnende Konjunktionen *(obwohl, deshalb …)* leiten Nebensätze ein und bestimmen die Beziehung zum Hauptsatz. *Obwohl ich müde bin, stehe ich auf.*

Am Beispiel

Während (1) Paula eine CD hört, klingelt das Telefon. **Ohne** (2) den CD-Spieler auszuschalten hebt sie ab und geht **nach** (3) dem Gespräch zu ihrem Vater **ins** (4) Büro. „Papi, es ist Nikos Vater. Er will wissen, wann du mit meinen Hausaufgaben fertig bist. **Und** (5) er fragt, ob er sie dann abschreiben darf."	(1) unterordnende Konjunktion (2) modale Präposition (3) temporale Präposition (4) lokale Präposition (5) nebenordnende Konjunktion

Satzarten und Satzglieder kennen und unterscheiden

In ihrer Verwendung in der Sprache werden einzelne Wörter zu Sätzen verbunden. Die Sätze gehören zu verschiedenen Satzarten.

Satzarten unterscheiden → S. 188

Du kannst verschiedene Satzarten unterscheiden:

- Ein Aussagesatz teilt etwas mit. Er wird mit einem Punkt beendet.
  Heute haben wir viele Hausaufgaben bekommen.
- Beim Fragesatz unterscheidet man zwischen
  – Ergänzungsfragen *(Wann bist du mit den Aufgaben fertig?)* und
  – Entscheidungsfragen *(Gehst du später mit uns auf den Fußballplatz?)*. Fragesätze enden mit einem Fragezeichen.
- Ausrufe- bzw. Aufforderungssätze beinhalten Aufforderungen und Ausrufe, die auch Verwunderung, Überraschung oder Verärgerung ausdrücken können. Man beendet sie mit einem Ausrufezeichen. *Beeile dich doch!*

Je nachdem, ob Sätze sinnvoll für sich allein stehen können oder nicht, unterscheidet man zwischen Haupt- und Nebensätzen. Mit Hauptsätzen formulierst du wesentliche, aber einfache Aussagen, wenn du etwas erzählen oder jemanden informieren möchtest. In Nebensätzen kannst du genauere Bestimmungen zum Hauptsatz vornehmen.

Haupt- und Nebensätze unterscheiden → S. 190

So kannst du Haupt- und Nebensätze unterscheiden:

- Ein Hauptsatz ist ein einfacher selbstständiger Satz. Hauptsätze können allein stehen.
- Zwei oder mehr Hauptsätze bilden zusammen eine Satzreihe. Dabei muss zwischen den Teilsätzen ein Komma gesetzt werden, wenn diese nicht durch *und* oder *oder* verbunden sind.
  Draußen liegt Schnee, wir fahren mit dem Schlitten.
  Draußen liegt Schnee und wir fahren mit dem Schlitten.
- Ein Nebensatz ist ein Teilsatz, der nicht ohne einen Hauptsatz stehen kann.
- Hauptsatz und Nebensatz bilden zusammen ein Satzgefüge.
  – *Wenn draußen Schnee liegt, können wir mit dem Schlitten fahren.*
  Nebensatz , Hauptsatz

  – *Wir müssen mit dem Auto vorsichtig sein, weil draußen Schnee liegt.*
  Hauptsatz , Nebensatz

  – *Obwohl draußen Schnee liegt, fahren wir mit dem Auto.*
  Nebensatz , Hauptsatz
- Nebensätze werden meist mit einer Konjunktion eingeleitet und enden dann mit einem Prädikat.
  Obwohl es draußen kalt ist, geht Ben zum Fußballspielen.

KOMPETENZ-BEREICH

Satzglieder erkennen und unterscheiden
→ S. 192 ff.

Innerhalb des Satzes erfüllen einzelne Wörter und Wortgruppen verschiedene Aufgaben als Satzglieder.

So kannst du Satzglieder durch die folgenden Proben ermitteln:

- Umstellprobe: Wörter, die zusammen ein Satzglied bilden, können bei der Umstellung des Satzes nicht voneinander getrennt werden, ohne dass der Satz seinen Sinn verändert:
  - *Samstags denkt Phils Schwester nicht an die Schule.*
  - *Phils Schwester denkt samstags nicht an die Schule.*
  - *An die Schule denkt Phils Schwester samstags nicht.*
  - *Denkt Phils Schwester samstags an die Schule?*
- Weglassprobe: Wenn man den Satz jeweils ohne einzelne Wörter oder Wortgruppen liest, lässt sich feststellen, welches Satzglied zur Gestaltung eines grammatisch richtigen Satzes notwendig ist.
  - Der Satzkern aus Subjekt und Prädikat kann niemals weggelassen werden. *Paula liest ein Buch.*
  - Auch Objekte können bei der Weglassprobe als notwendige Satzergänzungen erkannt werden. Ohne das Akkusativobjekt ergibt der Beispielsatz keinen Sinn mehr. *Paula kennt ihren Lehrer schon aus der letzten Klasse.*
- Ersatzprobe: Die verschiedenen Satzglieder sind jeweils als ganze Wortgruppe ersetzbar. Durch die Ersatzprobe lässt sich ermitteln, welche Wörter zusammen ein Satzglied bilden.

Mit guter Vorbereitung	*schafft*	*Paula*	*im nächsten Schuljahr*	*bessere Noten.*
So	*schafft*	*sie*	*dann*	*das/ dieses.*

Subjekte und Prädikate erkennen
→ S. 192

Die einzelnen Satzglieder, die du mithilfe der genannten Proben ermittelt hast, sind die Bausteine, aus denen sinnvolle Sätze zusammengebaut werden können. Je nach ihrer Funktion muss man verschiedene Satzglieder unterscheiden.

So erkennst du Subjekte und Prädikate:

- Ein sinnvoller vollständiger Satz besteht mindestens aus einem Subjekt und einem Prädikat. Die Satzglieder Subjekt und Prädikat bilden zusammen den Satzkern.
- Das Subjekt beantwortet die Frage: „Wer oder was handelt?" Es steht immer im Nominativ.
- Das Prädikat gibt die Tätigkeit des Subjekts an. Beachte, dass es sich mit der Umstellprobe nicht verschieben lässt. In einem Aussagesatz steht es immer an zweiter Stelle: *Jakob treibt unheimlich viel Sport.*
- Im Nebensatz steht das Prädikat an letzter Stelle. *Er findet, dass das wichtig ist.*
- Mehrteilige Prädikate umschließen die anderen Satzglieder als eine Verbklammer: *Enya tobt sich mit ihren Freundinnen am liebsten beim Aikido aus.*

Objekte ergänzen die Satzkerne aus Subjekt und Prädikat. Ohne Objekte wären viele Sätze unvollständig; das Verb „verlangt" das/die Objekt/e.

Objekte erkennen → S. 194

Diese Objekte kannst du unterscheiden:

Lateinische Bezeichnung	Fragen, auf die das Objekt antwortet	Beispiele
Genitivobjekt	Wessen? (Genitivobjekte sind selten)	*Der alte Mann erfreut sich seiner Kindheitserinnerungen.*
Dativobjekt	Wem?	*Sie hilft ihrer Tochter.*
Akkusativobjekt	Wen? oder Was?	*Ein altes Foto zeigt Jonas im Kinderwagen.*
Präpositionalobjekt	Worauf?, Woran?, Worüber?, Wobei?, Wofür?	*Roberta freut sich gerade sehr über das Spiel. (Worüber?)* *Roberta freut sich auf das Sportfest. (Worauf?)*

Adverbiale Bestimmungen sind Satzglieder, die angeben, wann, wo, wie oder warum etwas geschieht. Anders als die Objekte sind sie nicht notwendig, damit der Satz grammatisch richtig ist.

Adverbiale Bestimmungen unterscheiden → S. 196

Du kannst verschiedene adverbiale Bestimmungen unterscheiden:

Deutsche und lateinische Bezeichnung	Fragen, auf die die adverbiale Bestimmung antwortet	Beispiele
Adverbiale des Ortes Lokales Adverbiale	Wo? Wohin?	*zu Hause, im Stadtpark, auf der Straße*
Adverbiale der Zeit Temporales Adverbiale	Wann? Bis wann? Seit wann?	*gestern, vor drei Wochen, schon seit langem*
Adverbiale der Art und Weise Modales Adverbiale	Warum? Weshalb?	*wegen des schlechten Wetters, aus Freude*
Adverbiale des Grundes Kausales Adverbiale	Wie? Auf welche Art und Weise?	*schnell, gern, so*

Kompetenzbereich

Rechtschreibregeln anwenden, Fehler reduzieren

Mitsprechwörter – Nachdenkwörter – Merkwörter unterscheiden → S. 202

Leider genügt die Orientierung an dem Satz „Schreib, wie du sprichst!" nicht. Wenn du korrekt schreiben möchtest, ist es wichtig, dass du dir auch Regeln und Rechtschreibstrategien merkst. Die Schreibung mancher Wörter musst du einfach wie eine Vokabel in Englisch lernen.

Unterscheide beim Schreiben folgende Arten von Wörtern:

- Wenn du Mitsprechwörter deutlich sprichst, kannst du jeden Laut hören und richtig schreiben. Sie werden lautgetreu geschrieben.
- Bei Nachdenkwörtern folgt die Schreibung bestimmten Regeln, die du über das Nachdenken finden kannst.
- Merkwörter sind Wörter, die du lernen musst. Sie enthalten besondere Schreibweisen.

Tipps zur richtigen Schreibung → S. 204 ff.

Du musst nicht die Schreibung aller Wörter unseres Wortschatzes auswendig lernen. Einige Tipps und Strategien können dir beim Richtigschreiben helfen.

Das hilft dir, Wörter richtig zu schreiben:

- Sorgfältig schreiben: Trainiere das sorgfältige Schreiben, sodass jeder einzelne Buchstabe eines geschriebenen Worts exakt zu erkennen ist.
- Zerlegen: Um dir längere Wörter zu merken und Schreibfehler zu vermeiden, kannst du sie in kleinere Einheiten (Wortsilben oder Sprechsilben) zerlegen. Du kannst die Silben mitklatschen, um sie besser zu erkennen.
- Verlängern: Wenn du dir bei der Schreibung am Wortende unsicher bist, kannst du das Wort verlängern und laut aussprechen. Nomen können in den Plural gesetzt, Adjektive gesteigert, Verben in den Infinitiv übertragen werden.
- Stammprinzip nutzen: Wörter, die miteinander verwandt sind, werden meist auch gleich geschrieben.

Verbesserungsmöglichkeiten für die Rechtschreibung → S. 224 ff.

Um deine Schreibung langfristig zu verbessern oder Fehler, die du immer wieder machst, zu reduzieren, kannst du auf die folgenden Möglichkeiten zurückgreifen.

So kannst du deine Rechtschreibung dauerhaft verbessern:

- Lege eine Fehlerkartei an, in welche du deine Fehlerwörter aufnimmst, sodass du sie immer wieder übst.
- Lies deine Texte Korrektur. Wenn du keine Zeit hast, um deine Texte mit ein wenig Abstand zu lesen, hilft dir vielleicht das Rückwärtslesen.
- Arbeite mit einem Wörterbuch. Rechtschreibwörterbücher und Schreibhilfen am Computer sind gute Möglichkeiten, Rechtschreibfehler zu reduzieren.

Regeln der Rechtschreibung und Zeichensetzung kennen

Aufzählungen mit der richtigen Zeichensetzung formulieren:
Wenn gleichrangige Satzteile oder Sätze ohne *oder* oder *und* miteinander verbunden werden, setzt man ein Komma: *Hund, Katze, Meerschweinchen sind beliebte Haustiere.*

Aufzählungen
→ S. 223

Das und *dass* unterscheiden:
- *Das* kann Artikel *(das Mädchen)* oder Demonstrativpronomen *(d a s Haus dort)* sein. Es kann durch *dieses, jenes, welches* ersetzt werden.
- *Dass* ist eine Konjunktion und kann niemals ersetzt werden: *Ich habe dir gesagt, dass das gefährlich ist.* Es leitet immer einen Nebensatz ein.

Das und *dass*
→ S. 217

Gleich und ähnlich klingende Laute unterscheiden:
- Obwohl sie gleich oder ähnlich klingen, werden manche Laute mit unterschiedlichen Buchstaben geschrieben. Die meisten Fälle muss man sich als Merkwörter einprägen.
- Merke dir außerdem:
  - *ck* steht für Doppel-k und wird wie ein Doppelkonsonant verwendet *(Bäcker)*
  - *tz* steht für Doppel-z und wird wie ein Doppelkonsonant verwendet *(Katze)*
- Am Wortende klingen *b* wie *p*, *d* wie *t*, *g* wie *k* und *ig* wie *ich*. Die richtige Schreibweise findest du heraus, indem du das Wort verlängerst:
  - *Sieb* → *Siebe* → also *Sieb* mit *b*
  - *Rad* → *Räder* → also *Rad* mit *d*, *Rat* → *Räte* → also mit *t*
  - *Flug* → *Flüge* → also *Flug* mit *g*, *Spuk* → *spuken* → also mit *k*
  - *billig* → *billiger* → also *billig* mit *g*, *festlich* → *festlicher* → also mit *ch*
- Bei Verben mit gleich und ähnlich klingenden Konsonanten hilft es, den Infinitiv (Grundform) zu bilden: *er gab* → *geben* → *er gab* mit *b*.
- Im Wortstamm klingen *e* und *ä* sowie *eu* und *äu* häufig gleich. Die richtige Schreibweise erkennt man durch den Vergleich mit verwandten Wörtern: *Häuser* → *Haus*.

Gleich und ähnlich klingende Laute
→ S. 218 f.

Großschreibung beachten:
- Eigennamen *(Friedrich Schiller)* und Nomen *(das Buch, das Haustier)*
- die ersten Wörter in Überschriften und Sätzen *(Das Dschungelbuch)*
- Nominalisierungen nach:
  - Artikel *(die Schnellste, nach dem Essen, ein Geben und Nehmen)*
  - unbestimmten Mengenangaben *(manch Gutes, allerlei Lustiges)*
  - Adjektiven *(richtiges Schreiben, ein starkes Ich)*
- die höfliche Anrede *(Ich grüße Sie herzlich)*
- (nach Wahl) die vertraute Anrede in Briefen oder E-Mails *(Ich grüße Dich/dich)*

Großschreibung
→ S. 212 f.

Kurze und lange Vokale
→ S. 208, S. 210

Kurze und lange Vokale richtig schreiben:

- Vokale können lang oder kurz ausgesprochen werden. Meist werden die Langvokale ohne besonderes Längenkennzeichen geschrieben. Es folgt ein einfacher Konsonant *(tun, Gabel)*. In anderen Fällen wird die Länge eines Vokals in der Rechtschreibung angezeigt:

Verlängerung durch	**Beispiel**
Verdopplung eines Vokals (a/e/o)	*Saal, Meer, Moor*
nachfolgendes h	*Stahl, stehlen, zahm*
Anhängen eines e an den Vokal i	*liegen, Ziege*

- Nach einem kurz gesprochenen, betonten Vokal folgen immer zwei Konsonanten oder der darauffolgende Konsonant wird verdoppelt.

Kurzvokal + 2 Konsonanten	*Kopf, brechen*
Kurzvokal mit verdoppeltem Konsonant	*Puppe, rennen*

- Beachte: Nach kurzem Vokal wird *k* zu *ck* und *z* zu *tz*: *Trick, Witz*

s-Laute
→ S. 214

s-Laute richtig sprechen und schreiben:

s-Laut
→ stimmhaftes, weiches S → s *lesen*
→ stimmloses, gezischtes S
  → nach kurzem Vokal → ss *wissen*
  → nach langem Vokal und Diphthong → ß *groß*

Beachte: Am Wortende schreibt man *-s*, wenn in der verlängerten Form ein stimmhaftes *-s* erklingt *(Glas – Gläser)*.

Trennung
→ S. 220

Trennung nach Sprechsilben vornehmen:

- Wörter werden nach Sprechsilben getrennt *(lau-fen, Schu-le, wan-dern)*.
- Nicht immer sind die Sprechsilben deutlich erkennbar. Merke dir deshalb:
  - Wenn mehrere Konsonanten im Wort aufeinandertreffen, wird nur der letzte in die neue Zeile genommen *(sin-gen, ras-ten, müs-sen)*.
  - Einzelne Vokale dürfen nicht abgetrennt werden *(~~A-bend~~, ~~ü-bel~~)*.

Wörtliche Rede mit der richtigen Zeichensetzung aufschreiben:
Wörtliche Rede steht zwischen Anführungszeichen. Das redeeinleitende Verb *(sagen, fragen, meinen …)*, kann vor, nach oder innerhalb der wörtlichen Rede stehen.

- (1) redeeinleitendes Verb – Doppelpunkt – wörtliche Rede in Anführungszeichen:
  Jakob sagt: „Ich habe meine Aufgaben fertig."
  Phil fragt: „War es viel Arbeit?"
  Paula ruft: „Dann können wir ja endlich spielen!"
- (2) wörtliche Rede – Komma – redeeinleitendes Verb:
  „Ich habe meine Aufgaben fertig", sagt Jakob.
  „War es viel Arbeit?", fragt Phil.
  „Dann können wir ja endlich spielen!", ruft Paula.
- (3) wörtl. Rede (Teil 1) – Komma – redeeinl. Verb – Komma – wörtl. Rede (Teil 2):
  „Ich habe", sagt Jakob, „meine Aufgaben fertig."
  „War es", fragt Phil, „viel Arbeit?"
  „Dann", ruft Paula, „können wir ja endlich spielen!"

Wörtliche Rede
→ S. 222

Am Beispiel

Des Löwen Anteil (nach Äsop)	
Ein Löwe, ein Esel und ein Fuchs (1) schlossen einen Bund und gingen zusammen (2) auf die Jagd. Nach der Jagd befahl (3) der Löwe dem Esel, die Beute zu verteilen. Der machte drei gleiche Teile und forderte den Löwen auf, sich selbst einen davon zu wählen. Das machte den Löwen wild. Er zerriss und fraß den Esel (4). Dann befahl er, dass (5) der Fuchs die Beute teile. Der nun schob fast die ganze Beute auf einen großen Haufen zusammen und ließ für sich selbst nur ein paar kleine Stücke über. „Du bist wirklich der Beste! (6)", schmunzelte der Löwe. „Wer hat dich so richtig teilen gelehrt?" (7)	(1) Zeichensetzung bei Aufzählungen (2) 2× kurze Vokale vor verdoppeltem Konsonant (3) lange Vokale (4) S-Schreibung (5) *das-* und *dass*-Schreibung (6) Nominalisierung (7) Zeichensetzung bei wörtlicher Rede

Arbeitsaufträge

Arbeitsaufträge und ihre Operatoren richtig verstehen:
Die Arbeit in der Schule wird durch mündliche und schriftliche Aufgaben gesteuert. Wenn du auf die genaue Aufgabenstellung achtest, kann die Bearbeitung der Aufgabe leichter werden.

- Achte genau auf die Formulierung des Auftrags. Gängige Verben in Arbeitsaufträgen sind z. B. *notieren* oder *verfassen*.
- Mache dir klar, ob der Auftrag mündlich oder schriftlich ausgeführt werden soll.
- Überlege, ob du dem eigentlichen Auftrag noch Vorbereitungsschritte (z. B. Sammeln von Informationen) vorschalten musst.
- Achte auf die Arbeits- und Sozialform, in der der Auftrag ausgeführt werden soll.

Arbeits- und Sozialformen

Arbeits- und Sozialformen kennen:

- Um die Möglichkeiten eines Austauschs und der gegenseitigen Hilfe nutzen zu können, wirst du im Deutschunterricht in verschiedenen Sozialformen arbeiten.
- Die Buchaufgabe gibt dir oft Hinweise dazu, ob du in Einzelarbeit, Partnerarbeit oder Gruppenarbeit arbeiten sollst.

Aufgaben in Einzelarbeit

Aufgaben in Einzelarbeit bearbeiten:
Einzelarbeiten haben das Ziel, dass sich jeder Schüler individuell mit einer Aufgabe beschäftigt. Du als Schüler und dein Lehrer können dabei gut überprüfen, welche Arbeitsschritte du schon leisten kannst und wo du noch Schwierigkeiten hast.

- Schaue dir bei einer Einzelarbeit zunächst die Aufgabenstellung an und mache dir klar, was gefordert wird.
- Wenn du die Aufgabe nicht verstehst, solltest du den Lehrer um Unterstützung bitten.
- Bearbeite die Aufgabe dann so weit, wie du kommst. Mache dir mögliche Probleme und Schwierigkeiten klar, indem du möglichst genaue Fragen zur Vorgehensweise formulierst.

Aufgaben in Gruppenarbeit

Aufgaben in Gruppenarbeit bearbeiten:
In einer Gruppe zu arbeiten, kann sinnvoll sein, wenn sich das Gesamtergebnis einer Aufgabe aus umfangreichen Teilergebnissen zusammensetzt, wenn ein Thema diskutiert werden muss oder wenn es nötig ist, euch gegenseitige Hilfestellungen zu geben. Beachtet bei der Gruppenarbeit einige Tipps:

- Arbeitet nicht in zu großen Gruppen. Ideal sind Gruppen von 3 bis 4 Schülern.
- Aus organisatorischen Gründen kann es wichtig sein, bestimmte Rollen zu verteilen. So solltet ihr festlegen, wer das Gespräch leitet, wer die Ergebnisse mitnotiert und wer sie später präsentieren wird.
- Bereitet euch schon während der Gruppenarbeit auf die Präsentation der Ergebnisse vor.

Aufgaben in Partnerarbeit bearbeiten:
Partnerarbeiten ermöglichen einen Austausch über ein Thema oder eine Position und vielleicht auch eine kleine Diskussion. Auch hier könnt ihr euch gegenseitig helfen.

- Besprich deine Ideen zum Thema und zur Vorgehensweise mit deinem Partner.
- Gleicht eure Ideen ab. Versuche, eventuelle Verständnisfragen möglichst genau zu formulieren bzw. die Verstehensprobleme deines Partners genau zu erfassen.
- Handelt eure Positionen in Ruhe aus.
- Bereitet euch auf die Präsentation eurer Ergebnisse und eures Lösungswegs vor. Klärt bereits während der Partnerarbeit, wer welche Teilergebnisse präsentiert. Gestaltet eventuell ein Tafelbild, ein Plakat oder eine Folie.

Aufgaben in Partnerarbeit

Brainstorming zum Sammeln von Ideen nutzen:
Beim Brainstorming notierst du in der Mitte eines Blatts das Thema. Dann schreibst du um das Thema herum unsortiert alle Wörter, die dir dazu einfallen.

Brainstorming

Folien zur Präsentation nutzen:
Achte darauf, dass …

- … die Folie nicht zu voll wird,
- … du groß genug und mit einer nicht zu hellen Farbe auf die Folie schreibst,
- … du Texte nicht als Ganzes, sondern stichwortartig notierst.

Folien

Fragelawinen/Kommentarlawinen zur Textüberarbeitung nutzen:
Du nutzt diese Technik, um selbst verfasste Texte in einer kleinen Arbeitsgruppe zu besprechen:

- Gebt eure Texte reihum in der Gruppe weiter. Notiert unter oder neben jedem Text einen Kommentar zum Text und/oder zu einem vorausgehenden Kommentar.
- Die Runde ist beendet, wenn jeder wieder seinen eigenen Text hat.
- Überarbeite deinen Text aufgrund der Kommentare.

Fragelawinen/ Kommentar-lawinen

(Lern-)Plakate zum Präsentieren nutzen:
Auf einem Plakat kannst du knappe Informationen und deren Beziehungen anschaulich präsentieren. Achte dabei darauf, dass du …

- … das Plakat übersichtlich gliederst,
- … nicht zu viele Einzelheiten aufnimmst,
- … durch farbliche Gestaltungen und die Schrift Schwerpunkte verdeutlichst,
- … die Texte durch Bilder, Skizzen und Grafiken ergänzt.

(Lern-)Plakate

Mind-Maps

Mind-Maps zur Sortierung von Informationen und Ideen nutzen:
In einer Mind-Map kannst du Unter- und Oberbegriffe zu einem Thema anordnen.

- Ein übergeordneter Begriff oder eine Aussage steht in einem Kreis in der Mitte.
- Von diesem Kreis gehen Äste zu verschiedenen Themen ab.
- An diesen Ästen werden Stichworte notiert, die Unterbegriffe zum Thema des jeweiligen Asts darstellen.

Erzählungen sind literarische Texte, die in unterschiedlichen Textarten begegnen. Je nach Inhalt und Umfang werden Märchen, Fabeln, verschiedene Formen von Erlebnis- oder Fantasieerzählungen und umfangreiche Jugendbücher unterschieden. In der Regel erzählen diese Textarten ihre Handlungen in einer anschaulichen und lebendigen Sprache. Oft wird auch spannend formuliert. In fast allen erzählenden Texten lassen sich die Abschnitte Einleitung, Hauptteil und Schluss unterscheiden.

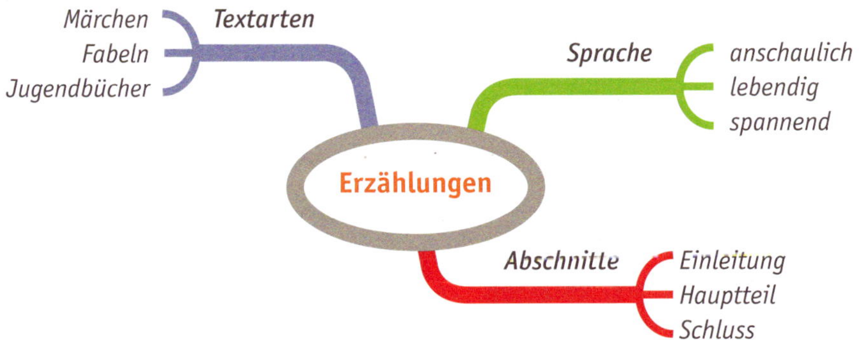

Redeketten

Redeketten zur Weitergabe des Gesprächs nutzen:
Redeketten ermöglichen ein Gespräch zwischen Schülern, ohne dass der Lehrer den nächsten Sprechenden aufrufen oder bestimmen muss.

- Wenn ein Schüler seinen Beitrag geleistet hat, ruft er selbst den nächsten auf.
- Du solltest dich bei einem Beitrag kurz auf die vorausgehenden Äußerungen beziehen, z. B. *Ich sehe es auch/nicht so…/Ich möchte noch ergänzen…*
- Beendet die Redekette, wenn keine neuen Aspekte mehr genannt werden können.

Schreibkonferenzen

Schreibkonferenzen zur Textüberarbeitung durchführen:
Nutze die Schreibkonferenz zur Überarbeitung eigener Texte:

- Lies deinen Text in der Gruppe vor.
- Deine Mitschüler äußern sich spontan und stellen dir Fragen.
- Lies den Text noch einmal abschnittweise. Die anderen machen dir Vorschläge zur Verbesserung. Diese notierst du dir kurz.
- Bearbeitet so nacheinander auch die Texte der anderen Schüler.
- Überarbeite deinen Text aufgrund der Rückmeldungen.

Schreibpläne erstellen:
Schreibe nicht einfach drauflos, sondern plane deinen Text:
- In einem Schreibplan sortierst du in Stichworten deine vorher gesammelten Informationen oder Ideen.
- Berücksichtige vorgegebene Aufbaumuster, etwa die Einteilung in Einleitung, Hauptteil und Schluss.
- Berücksichtige Hinweise zur Gliederung innerhalb der einzelnen Teile, z. B. die Gestaltung des Spannungshöhepunkts in erzählenden Texten.

Schreibpläne

Tabellen zur Sortierung und zum Vergleich nutzen:
In manchen Fällen bietet es sich an, Informationen in einer Tabelle zu sortieren.
- Schaue dir die zu sortierenden oder zu vergleichenden Inhalte gut an und suche nach Gemeinsamkeiten und Unterschieden.
- Überlege dir auf dieser Grundlage sinnvolle Vergleichs- oder Sortierungsaspekte.
- Teile die Tabellenspalten und -zeilen aufgrund der Zahl deiner Inhalte und der Vergleichs- bzw. Sortierungsaspekte ein.

Tabellen

Textlupen zur Überarbeitung von Texten nutzen:
Um selbst verfasste Texte in einer Gruppe zu besprechen, könnt ihr mit einer Textlupe arbeiten. Wie mit einer Lupe wird ganz gründlich und genau auf bestimmte – beispielhafte oder weniger gelungene – Textstellen geschaut.
- Tauscht eure Texte reihum aus.
- Jedem Text wird ein Rückmeldezettel mitgegeben, auf dem „Gelungenes", „Weniger Gelungenes" und „Vorschläge zur Verbesserung" notiert werden kann.
- Jeder füllt den Rückmeldezettel zu mindestens einer bestimmten von ihm gewählten Textstelle aus.
- Die Runde ist beendet, wenn jeder wieder seinen eigenen Text hat.
- Überarbeite deinen Text aufgrund der Hinweise auf dem Textlupenzettel.

Textlupen

Die Think-pair-share-Methode zur Verhandlung von Positionen nutzen:
Diese Methode nutzt man, um Arbeitsergebnisse von einzelnen Schülern in immer größeren Gruppen zu besprechen, zu bündeln und zu optimieren. So geht ihr dabei vor:
- Jeder Schüler löst die Aufgabe für sich und notiert sein Ergebnis.
- Die Einzelergebnisse werden mit einem Partner ausgetauscht. Diskutiert die Lösungen und einigt euch auf ein gemeinsames Ergebnis.
- In einer Gruppe (idealerweise sind dies zwei Partnergruppen) stellt ihr eure jeweiligen Ergebnisse vor und diskutiert diese.
- Zum Schluss präsentiert ihr eure Gruppenergebnisse der ganzen Klasse.

Think-pair-share-Methode

Autoren- und Quellenverzeichnis

80 **Andersen, Hans Christian:** Die Prinzessin auf der Erbse, http://www.zeno.org/Literatur/M/Andersen,+Hans+Christian/Märchensammlung/Märchen/Die+Prinzessin+auf+der+Erbse, zuletzt besucht am 10.06.2014

188 f. **Arold, Marliese:** Reif für die Bundesliga? Die Fantastischen Elf (Band 2), Erika Klopp Verlag GmbH, Hamburg, 2005, S. 7–13

164 **Bichsel, Peter:** Ein Tisch ist ein Tisch, aus: http://www.univie.ac.at/ims/koeppl_lv/Mth_04/Bichsel_Tisch.htm, zuletzt besucht am 10.06.2014

150 **Bintig, Ilse:** Eine richtige Räuberbande. Ein Spielspaß für eine ganze Klasse, Deutscher Theaterverlag, Weinheim, 1986 (Die Schulreihe 525), S. 1–9

120 **Boie, Kirsten:** Der Junge, der Gedanken lesen konnte. Ein Friedhofskrimi, Oetinger, Hamburg, 2012 (Klappentext)

129 **Borchers, Elisabeth:** November, aus: Borchers, Elisabeth (Text) und Blech, Dietlind (Bilder): Und oben schwimmt die Sonne davon, 6. Aufl., Heinrich Ellermann, München, 1981 (ohne Seitenzählung)

80 **Brüder Grimm:** Das Hirtenbüblein, http://gutenberg.spiegel.de/buch/6248/83, zuletzt besucht am 10.06.2014

76 **Brüder Grimm:** Die sieben Raben, http://gutenberg.spiegel.de/buch/6248/8, zuletzt besucht am 10.06.2014

82 **Brüder Grimm:** Die Wassernixe, http://www.grimmstories.com/de/grimm_maerchen/die_wassernixe, zuletzt besucht am 17.07.2014

79 **Brüder Grimm:** Sterntaler, http://gutenberg.spiegel.de/buch/6248/162, zuletzt besucht am 10.06.2014

138 **Buhmann, Alexander:** Rocker/Popper, Deutscher Theaterverlag, Weinheim, 1997 (Texte für junge Spieler 072), S. 1-13

124 **Busta, Christine:** Der Sommer, aus: Busta, Christine: Die Sternenmühle. Bilder von Johannes Grüger. 6. Aufl., Otto-Müller-Verlag, Salzburg, 1988 (ohne Seitenzählung)

60 **Carrière, Jean-Claude :** Das Geheimnis des Bildhauers, aus: Gelberg, Hans-Joachim (Hrsg.): Glücksvogel. Geschichten, Gedichte und Bilder, Beltz & Gelberg. Weinheim Basel, 2013, S. 5 Übersetzer: Marie Rahn

123 **Carroll, Lewis:** Der Zipferlake, aus: Alice hinter den Spiegeln, Deutsch von Christian Enzensberger, Insel, Frankfurt am Main, 1963, S. 27–28

72 **Dunker, Kristina:** Traumtauscher, aus: Geckos große Geschichtenwelt, mixtvision, München, 2013, S. 77 ff.

195 **Eberhorn, Johannes:** Von der Seifenpackung auf die Straße, aus: http://www.planet-wissen.de/alltag_gesundheit/sauberkeit/seife/seifenkiste.jsp, zuletzt besucht am 07.08.2014

70 **Ehret, Angelika:** Wunder über Wunder, aus: Gelberg, Hans-Joachim (Hrsg.), Glücksvogel. Geschichten, Gedichte und Bilder, Beltz & Gelberg, Weinheim, Basel, 2013, S. 46

107 **El Kurdi, Hartmut:** Flunkern bis Finnland, Jurybegründung zum Luchs des Monats August 2011, vergeben von der Wochenzeitung DIE ZEIT und Radio Bremen: „Das ist, neben den vielen Überraschungen ...", aus: http://www.zeit.de/2011/33/Luchs-Naoura, zuletzt besucht am 08.07.2014

196 **Erhardt, Heinz:** Fußball, aus: Das große Heinz Erhardt Buch, Fackelträger, Hannover, 1973, S. 204

104 **Funke, Cornelia:** Die wilden Hühner und die Liebe, Dressler; Hamburg, 2003 (Klappentext)

99 **Goller, Sandra:** Smiley – Wie das Internet lachen lernte ..., aus: http://www.kindernetz.de/infonetz/thema/kommunikation/smiley/-/id=267634/nid=267634/did=96864/1lf3425/, zuletzt besucht am 08.07.2014

127 **Güll, Friedrich Wilhelm:** Fünf Finger und doch keine Hand, aus: ders., Räthselstübchen. hrsg. von Julius Lohmeyer, Flemming, Glogau, 1882, zitiert nach http://www.janko.at/Raetsel/Verse/0167.htm, zuletzt besucht am 10.06.2014

261 **Hacks, Peter:** Der Herbst steht auf der Leiter, aus: Der Flohmarkt, Benziger Verlag, Düsseldorf, S. 12

127 **Haug, Friedrich:** Ich sag dir nicht, was ich dir sage, aus: ders., Gesellige Gedichte, Klett-Cotta, Stuttgart, 1996, S. 72, zitiert nach http://www.janko.at/Raetsel/Verse/0167.htm, zuletzt besucht am 10.06.2014

87 **Hirschhausen, Eckart von:** Ärger, den man nicht gehabt hat, hat man nicht gehabt, aus: Die Idee zum Fühlen: der emotionale Airbag, www.humorhilftheilen.de, Startseite http://www.humorhilftheilen.de/docs/home.php, zuletzt besucht am 10.06.2014

134 **Hoffmann, Heinrich:** Der fliegende Robert, aus: ders., Der Struwwelpeter oder lustige Geschichten und drollige Bilder für Kinder von 3 bis 6 Jahren, Gondrom, Bindlach, 2001, S. 20

160 **Kabatek, Adolf** (Hrsg.): Disneys Ducktales – „Protzkraft", der Roboter. Ehapa, Leinfelden-Echterdingen, 1989 (keine Seitenangaben)

96 **Kammerhoff, Heiko:** Das Smiley – Ein Lächeln für Millionen, aus: GEOlino Nr.2 Februar 2013, S. 49

159 **Köthe, Rainer:** Computer und Roboter (Was ist was – Band 37), Tessloff, Nürnberg, 1999/2010, S. 29

140 **Krauth, Lothar:** Der letzte Schlag der Knackerbande. Ein ziemlich schräger Krimi, Deutscher Theaterverlag, Weinheim 1979 (Die Schulreihe 439), S. 1–10

127 **Krüger, Lars:** Worträtsel, aus: www.denksport-raetsel.de/Rätsel/Osterrätsel/Das_wilde_Tier_am_Morgen, zuletzt besucht am 17.07.2014

86 **Krüss, James:** Timm Thaler oder Das verkaufte Lachen, Lizenzausgabe Ravensburger Taschenbuch Bd. 2093, 1987, S. 284–287, Originalausgabe Friedrich Oetinger Verlag, Hamburg, 1962
128 **Künzler-Behncke, Rosemarie:** Löwenzahnsonnen, aus: http://www.schulzens.de/Grundschule/Allgemeines/Gedichte_6/gedichte_6.html#Loewenzahnsonnen, zuletzt besucht am 08.07.2014
68 **Leeb, Root:** Klein, aus: Gutzschhahn, Uwe-Michael (Auswahl): Ich möchte einfach alles sein. Geschichten, Gedichte und Bilder aus der Kindheit, DTV, München, 1999, S. 284 ff.
176 **Lobe, Mira:** Das kleine ICH BIN ICH, gemalt von Susi Weigel, Verlag Jungbrunnen, Wien-München 1972 (keine Seitenangaben)
222 **Lindgren, Astrid:** Ronja Räubertochter, Oetinger, Hamburg, 1982, S. 5f.
71 **Mai, Manfred:** Hier bin ich!, aus: Gelberg, Hans-Joachim (Hrsg.), Glücksvogel. Geschichten, Gedichte und Bilder, Beltz & Gelberg, Weinheim und Basel, 2013, S. 46f.
132 **Morgenstern, Christian:** Wenn es Winter wird, aus: ders: Werke und Briefe. Band III – humoristische Lyrik, hrsg. von Maurice Cureau, Urachhaus, Stuttgart, 1990, S. 491
66 **Moser, Erwin:** Feuer!, aus: ders.: Fantastische Gute-Nacht-Geschichten, Beltz & Gelberg, Weinheim und Basel, 2011, S. 15f.
148 **Müller, Barbara/Schafhausen, Helmut:** 99 Theater-Spiele. Übungen für die theaterpädagogische Praxis, Schöningh Verlag im Westermann Schulbuchverlag, 2003 (EinFach Deutsch Unterrichtsprojekt), S. 41f.
106 ff. **Naoura, Salah:** Matti und Sami und die drei größten Fehler des Universums; Beltz & Gelberg Verlag, Weinheim und Basel; 2011 (Buch und Klappentext)
130 **Schmid, Fritz:** Rätselgedicht, aus: http://www.aliena.de/lyrics/gedichte/kindneu.html, zuletzt besucht am 10.06.2014
230 **Spitteler, Carl:** Der Zauberer und der Frosch, aus: http://gutenberg.spiegel.de/buch/1294/4, zuletzt besucht am 10.06.2014
126 **Stahl, Karoline:** Die vier Brüder, aus: Stahl, Karoline: Fabeln, Mährchen und Erzählungen für Kinder, 2. Aufl., Campe, Nürnberg, 1821, S. 46–47
92 **Straßmann, Burkhard:** Wer lacht, hat Macht, aus: DIE ZEIT für die Schule: www.zeit.de/schulangebote, Ausgabe März 2013, S. 2–4, http://zfds.zeit.gaertner.de/Arbeitsblaetter-Grundschule-Sekundarstufe-I, zuletzt besucht am 08.07.2014
258 Wölfel, Ursula: Hannes fehlt, aus: Die grauen und die grünen Felder, Anrich Verlag 1970
62 **Wolfrum, Silke:** Der Stinkwettbewerb, aus: Geckos große Geschichtenwelt, mixtvision, München, 2013, S.19 ff.
192/193 **Wrede, Jan:** Was ist Slackline?, aus: http://www.wasistwas.de/wissenschaft/die-themen/artikel/link//11111/article/slacklining-trendsport-fuer-balance-kuenstler.html, zuletzt besucht am 07.08.2014
191 **Zeilinger, Ursi:** Aikido, aus: http://www.kindernetz.de/infonetz/thema/kampfsport/aikido/-/id%3D53020/nid%3D53020/did%3D52988/1g0td9p/index.html, zuletzt besucht am 07.08.2014

Ohne Autor/Autorin

127 **Es hat zwei Flügel ...**, zitiert nach http://www.janko.at/Raetsel/Gedichte/0087.htm, zuletzt besucht am 17.07.2014
100 **Lachen ist die beste Medizin**, aus: http://www.rotenasen.de, zuletzt besucht am 10.06.2014
88 **Lache – und die Welt lacht mit dir!** Interview mit Eckart von Hirschhausen, aus: Mein Eigenheim 03/2013, S. 70f., zitiert nach: http://www.mein-eigenheim.de/gesundheit/items/lache-und-die-welt-lacht-mit-dir.html, zuletzt besucht am 08.07.2014
170 **Radwandern auf der Insel Rügen**, aus: http://www.ruegen.de/na/aktivitaeten/radfahren.html, zuletzt besucht am 10.06.2014
106 **Salah Naoura Lebenslauf**, aus: http://www.literaturfestival.com/teilnehmer/autoren/2012/salah-naoura und www.salah-naoura.de, zuletzt besucht am 08.07.2014
86 **Stichwort „Lachen"**, aus: http://de.wikipedia.org/wiki/Lachen (leicht abgeändert), zuletzt besucht am 24.07.2014
195 **Von der Seifenpackung auf die Straße**, aus: http://www.planet-wissen.de/alltag_gesundheit/sauberkeit/seife/seifenkiste.jsp, zuletzt besucht am 10.06.2014
100 **So arbeiten unsere Clowns**, aus: http://www.clownsvisite.de/?page_id=3872, zuletzt besucht am 07.08.2014
16 **Wann spricht man von Mobbing?**, aus: http://mobbing-schluss-damit.de/mobbing/10fragen, zuletzt besucht am 08.07.2014
178 **Wie gemalt:** Naturschauspiele auf Rügen, aus: http://www.ruegen.de/erlebnisse/naturerlebnis.html, zuletzt besucht am 10.06.2014

Sachregister

Bildquellen

123RF Stockphoto / © kjpargeter – S. 156 // Agentur Sündenfrei, Torgau – S. 4, 44, 45 // akg-images, Berlin – S. 197 // © APA Picture Desk, Wien – S. 97 // © blickwinkel / W. G. Allgoewer, Witten – S. 191 // Kirsten Boje, Der Junge, der Gedanken lesen konnte – Ein Friedhofskrimi, Oetinger Verlag, Hamburg 2012 – S. 122 // Bridgeman Art Library, Berlin © VG Bild-Kunst, Bonn 2014 – S. 231 // Simone Büchler, Karlsruhe – S. 146 (3), 149 (2), 153 (6) // Capella Antiqua Bambergensis, Bamberg / i.motion GmbH, Bamberg – S. 52 (3), 56 (2) // Caro Fotoagentur / RobertSeeberg, Berlin – S. 133 // Cinetext, Frankfurt – S. 203 // corbis / © Thomas Kitching & Victoria Hurst, Berlin – S. 35 // Coverartwort nach Max von der Grün. Vorstadtkrokodile. Eine Geschichte vom Aufpassen, erschienen im cbj Verlag, München, in der Verlagsgruppe Random House GmbH – S. 105 // dpa Picture-Alliance / Caroline Seidel, Frankfurt – S. 108; – / Frank May – S. 13; – / Friedel Gierth – S. 45 (2); – / Hinrich Bäsemann – S. 210; – / Maurizio Gambarini – S. 110 // Michael Ende, Der satanarchäolügenialkohöllische Wunschpunsch, mit Illustrationen von Regina Kehn, © 1989 by Thienemann Verlag (Thienemann Verlag GmbH), Stuttgart / Wien – S. 105 // fotolia / © Andreas P. – S. 28, 34 (3); – / © Serr Novic – S. 230 // Cornelia Funke, Die wilden Hühner, Dressler Verlag, in der Verlagsgruppe Oetinger, Hamburg 1993 – S. 105 // Cornelia Funke, Drachenreiter, Oetinger Media GmbH in der Verlagsgruppe Oetinger, Hamburg 2014 – S. 77 // Cornelia Funke, Herr der Diebe, Dressler Verlag, in der Verlagsgruppe Oetinger, Hamburg 2000 – S. 105 // Getty Images / Ulrich Baumgarten, München – S. 90 // i.motion GmbH, Bamberg – Umschlag, S. 7, 30 (4), 31 (3), 103 (2), 139 (2), 148 (2) // Internet-ABC e. V., Düsseldorf – S. 93 // iStockphoto / © skynesher – S. 193 // Magdalena Kandler, Bamberg – S. 141, 231 // Erich Kästner, Emil und die Detektive, Dressler Verlag, in der Verlagsgruppe Oetinger, Hamburg 1929 – S. 105 // Markus Knebel, Bamberg – S. 15 (2), 16, 22 (2), 24, 29 (2) // James Krüss, Tim Thaler oder das verkaufte Lachen, Oetinger Verlag, Hamburg 2013 – S. 105 // Limit Sports Deutschland, Mainz – S. 54, 56 (2)// Astrid Lindgren, Ronja Räubertochter, Oetinger Verlag, Hamburg 1982 – S. 105, 225 // Salah Naoura, Matti und Sami und die drei größten Fehler des Universums, © 2011 Beltz & Gelberg, in der Verlagsgruppe Beltz, Weinheim / Basel – S. 6, 105, 108 // National Gallery of Art / Sammlung Mr and Mrs Paul Mellon, Wahington D. C. © VG Bild-Kunst, Bonn 2014 – S. 10, 231 // Otfried Preußler, Krabat, dtv, München 2008 – S. 105 // Louis Sachar, Der Fluch des David Ballinger, dtv, Reihe Hanser, München 2004 – S. 105 // shutterstock / © Kjpargeter – S. 8, 155, 157, 158, 159 (3), 161, 162 (2), 164, 165 // Peter Sudermann, Edewecht – S. 3, 12 // thinkstock / Creatas Images – S. 175; -- / Jupiterimages – S. 27; – / Digital Vision – S. 139, 155; -- / Darrin Klimek – S. 133; – / Fuse – S. 9, 37, 187 (2), 188; – / Gerville Hall – S. 193; -- / Christopher Futcher – S. 141; – / Hemera / Ron Chapples studios – S. 14; -- / Ruslan Olinchuk – S. 110; – / Ingram Publishing – S. 13, 23, 25; – / iStock / 3dalia – S. 146; -- / 7Michael – S. 210; -- / Anna-Ponchina – S. 121; -- / bogdandreava – S. 106; -- / BrianAJack – S. 130; -- / charnsitr – S. 21; -- / Creative Outlet – S. 36; -- / daboost – S. 198; -- / Damianno – S. 20; -- / darksite – S. 150; -- / david franklin – S. 171; -- / dianazh – S. 23; -- / Elena Schweitzer – S. 89; -- / GlobalP – S. 37; -- / GoDween123 – S. 77; -- / Grigorii Pisotckii – S. 127; -- / GuidoVrola – S. 181; -- / Imnature – S. 155; -- / IPGGutenbergUKLtd – S. 178; -- / jopelka – S. 176; -- / Jupiterimages – S. 77; -- / jura13 – S. 131; -- / KursedSenses – S. 123; -- / Les Cunliffe – S. 145; -- / Liesel Fuchs – S. 104; -- / Lunamarina – S. 200; -- / Iurii – S. 110; -- / Marek Walica – S. 220; -- / MariaGuti – S. 38; -- / Mark Winfrey – S. 20; -- / Matc13 – S. 131; -- / Maxvis – S. 43; -- / mayalain – S. 90; -- / MeltonBoy – S. 128; -- / Michael Fair – S. 218; -- / MichaelJay – S. 140; -- / michaklootwijk – S. 217; -- / Miklav –S. 3, 26; -- / Monkeybusinessimages – S. 87; -- / mthaler – S. 176; -- / Nasared – S. 41; -- / nensuria – S. 5, 87 (2); -- / Olga Danylenko – S. 27; -- / pablographix – S. 20; -- / photo prudkov – S. 18; -- / pkazmieracak – S. 169; -- / RusN – S. 216; -- / scisettialfio – S. 130; -- / seamartini – S. 213; -- / Seppo Kauppinen – S. 110; -- / shironosov – S. 39, 96; -- / Stepan Bormotov – S. 177; -- / sunstock – S. 204; -- / Tsekkmister – S. 126; -- / urfinguss – S. 93; -- / Whitepointer – S. 38; -- /Mega Pixel – S. 99; – / Jupiter Images – S. 187 (2); – / mood board – S. 111; – / Photo Disc / Darrin Klimek – S. 27; -- / David De Lossy – S. 133; -- / Rayes – S. 176; -- / Ryan McVay – S. 143; – / Purestock – S. 133; – / Wavebreak / Media Ltd. – S. 57; – / Zoonar – S. 172, 180 // www.blinde-kuh.de – S. 92 // www.roggenthin.de / Peter Roggenthin, Nürnberg – S. 186, 194, 195 // www.wikimedia.org / Jens Rötzsch / CC BY-SA 3.0 – S. 13